Tina Sachs

Aus Angst um mein Kind

Tina Sachs

Aus Angst um mein Kind
Flucht aus Tunesien

Alles, alles liebe zu Weihnachten Schwiegerma
Schön dass es dich gibt.
Dein Schwieso

Fackelträger

FSC
Mix
Produktgruppe aus vorbildlich bewirtschafteten Wäldern und anderen kontrollierten Herkünften

Zert.-Nr.GFA-COC-001278
www.fsc.org
© 1996 Forest Stewardship Council

Satz: Bild1Druck GmbH, Berlin
Gesamtherstellung: VEMAG Verlags- und Medien AG, Köln
Printed in Germany

ISBN 978-3-7716-4406-2

www.fackeltraeger-verlag.de

»Wenn man nur die wahre von der falschen Liebe unterscheiden könnte, so wie man essbare von giftigen Pilzen unterscheidet.«

Katherine Mansfield

Inhalt

Erster Teil

Urlaubsliebe unter Palmen – Der charmante Fremde

Der erste Urlaub

Anfang Mai 1992 saß ich voller Vorfreude im Reisebüro, um eine Flugreise nach Mallorca zu buchen. Dummerweise war alles ausgebucht, aber die Reisefachkraft legte mir wärmstens Tunesien ans Herz – die freundlichen Menschen, das herrlich sonnige Wetter, die luxuriösen Hotels, und das alles zu erschwinglichen Preisen. Tunesien war zwar nicht gerade mein Traumziel, aber egal. Hauptsache Sonne, Strand und Meer.

Meine Mitreisenden – eine Bekannte mit ihrem behinderten Sohn und meine Mutter – waren einverstanden, also buchten wir einen Last-Minute-Urlaub im Marina Club Djerba.

Der Club war genau das, was wir erwartet und wonach wir uns gesehnt hatten: kleine Wohnanlagen in parkähnlicher Umgebung mit Blick auf einen langen, hellen Sandstrand, angenehm warme Temperaturen von Luft und Wasser, ein breit gefächertes Sportprogramm, Essen vom reichhaltigen Büfett, ein unterhaltsames Abendprogramm. Es versprach ein perfekter Urlaub zu werden.

Anfangs hatten wir Bedenken gehabt, weil wir den mongoloiden Sohn unserer Bekannten dabeihatten. Wie würde Hajo auf das tunesische Essen reagieren? Und wenn es ihm nicht schmeckte? Was sollten wir dann tun? Wie würde er sich in der fremden Umgebung zurechtfinden? Wie würde er auf die ihm unbekannten Gesichter reagieren?

All unsere Sorgen erwiesen sich aber als überflüssig, denn das Personal war aufmerksam und einfühlsam. Hajo wollte kein *brik*? Kein Problem, dann wurden für ihn Spaghetti aus der Küche geholt. Er wollte lieber Eistee als Wasser zum Essen? Ein Krug mit dem Getränk wurde herbeigeschafft. Auch die Kinder-Animateure kümmerten sich rührend um ihn, es war ein Vergnügen, Hajo beim Spielen und Toben mit ihnen zu beobachten.

Am liebevollsten und aufmerksamsten um uns besorgt war der Maître d'hôtel Kamal, der sich bei allen Mahlzeiten um unsere kleine Gruppe kümmerte. Täglich war unser Tisch mit frischen Blumen geschmückt, stets hatte er eine Extra-Nascherei für Hajo parat. Und man konnte sehen, dass die Zuneigung beiderseitig war, denn Hajo war von seinem neuen Freund begeistert. Für Kamal sammelte er Muscheln am Strand, pflückte Blumensträuße, und er gab sich große Mühe, ein Bild zu malen. Auch wir Frauen waren beeindruckt von Kamals geballten Charme-Attacken. Zudem war er ein ausgesprochen attraktiver Mann, zwar nur mittelgroß, aber schlank und durchtrainiert, mit schwarzen Locken, samtiger Haut und goldbraunen Augen, in seinen Bewegungen gewandt und geschmeidig wie ein Tänzer. Was für ein reizvoller Adonis mit Samthaut und Nougataugen! Besonders Hajos Mutter Lydia konnte ihre Augen kaum abwenden, wenn Kamal diensteifrig um unseren Tisch herumtänzelte, und geriet heftig ins Schwärmen. Denn trotz der offenkundigen Sympathie auf beiden Seiten war er nie aufdringlich oder zu vertraulich, sondern wusste stets die nötige Distanz zu wahren. Ein Mann zum Verlieben!

Abends auf unserer Terrasse sprachen wir oft über ihn und rätselten, ob er wohl eine Ehefrau oder Freundin habe, wie und wo er leben würde und warum er so perfekt Deutsch und Französisch sprach. Es fiel ins Auge, dass er ausnehmend gut und teuer gekleidet war, dass er edles Schuhwerk trug und eine sicher nicht billige Schweizer Uhr am Handgelenk hatte.

Unser Urlaub plätscherte dahin, wir unternahmen Ausflüge in die Oase nach Gabès, sahen uns die Höhlenwohnungen von Matmata an, bummelten über die malerischen Märkte von Midoun und Houmt Souk; wir lagen am Strand, wir schwammen, segelten und surften. Dass wir bei all unseren Aktivitäten im Club immer von Kamal beobachtet wurden, merkten wir bald und waren geschmeichelt. Dieser geheimnisvolle Mann mit den aufregend guten Manieren interessierte sich für eine von uns!

Zwei Tage vor unserer Abreise kam ich abends aus der hoteleigenen Boutique. Die anderen waren bereits vorausgegangen, um an der Bar noch einen Aperitif zu nehmen. Als ich aus der Tür trat, stand Kamal vor mir. Hatte er mich wieder einmal beobachtet und dann auf mich gewartet? Wir plauderten kurz über meine Souvenireinkäufe, dann erzählte er, dass er am nächsten Tag frei hätte. Ob wir nicht gemeinsam Abend essen könnten, sein Freund hätte ein nettes Lokal direkt am Strand. Obwohl ich insgeheim auf eine Einladung gehofft hatte, wurde ich verlegen und wusste nicht, was ich antworten sollte. Er nahm meine Hand, küsste sie flüchtig und meinte, ich könne ihm ja nach dem Essen Bescheid geben. Dann drehte er sich um und ging davon. Sprachlos und entzückt schaute ich ihm nach und freute mich schon insgeheim auf einen Abend mit ihm.

Als ich beim Abendessen auf die Einladung zu sprechen kam, merkte ich sofort, dass Lydia darüber alles andere als erfreut war, hatte sie doch selbst auf eine Einladung ihres »Traummannes« gehofft. Sie schmollte ganz offen und zog sich nach dem Essen sofort auf ihr Zimmer zurück. Meine Mutter äußerte heftige Bedenken. So nett sie Kamal auch fand, sie hatte Angst, mich allein mit ihm losziehen zu lassen. Auf jeden Fall sollte ich die Adresse des Lokals erfragen und sie bei ihr hinterlegen.

Der nächste Tag – unser letzter im Marina Club – verlief in eisigem Schweigen. Lydia war noch immer sauer, dass ich und nicht sie eingeladen worden war, meine Mutter war alles andere als entzückt über meinen geplanten abendlichen Ausflug.

Ihre Sorge sollte sich als unbegründet erweisen. Kamal war der perfekte Gentleman, der mich im Taxi abholte und uns zum Restaurant »Da Mario« fahren ließ. Der Abend auf der mit Windlichtern romantisch beleuchteten Terrasse lief ab wie in einem rosaroten Kitschfilm: Vollmond über dem silbrig glänzenden Meer, leise rauschende Palmen im warmen Wind, italienische Schmalzmusik aus dem Lautsprecher. Kamal war ein eloquenter Redner, der über Gott und die Welt unterhaltsam zu plaudern verstand. Mir fiel auf, dass er fast ausschließlich Wasser trank und nur zum Essen ein Glas Rotwein nahm. Sein Auftreten, seine Gewandtheit, seine Tischmanieren waren vollkommen; ich war einmal mehr beeindruckt von so viel Eleganz und weltmännischem Auftreten.

Seine Fürsorge und Rücksichtnahme bewies er, als er mich kurz vor Mitternacht in den Club zurückbrachte, denn wir mussten am nächsten Morgen bereits um halb acht zum Flughafen aufbrechen.

Die Einladung

Am nächsten Morgen saßen wir bereits um sechs Uhr beim Frühstück; bald würde der Shuttle-Bus vor der Tür stehen, um uns zum Flughafen zu bringen. Die Atmosphäre hatte sich entspannt, vor allem, nachdem ich meiner Mutter und Lydia erzählt hatte, dass der Abend zwar harmonisch, aber distanziert verlaufen war. Was hatte Lydia denn erwartet? Dass ich mich wie ein Tier auf den Schönling stürzen und ihn in mein Bett zerren würde? Eine feine Meinung hatte sie von mir!

Der Bus wartete vor der Eingangshalle, die Koffer wurden bereits verladen. Von Kamal weit und breit nichts zu sehen. Sein Ausbleiben verursachte bei mir ein leichtes Beben in der Magengegend. Noch nicht einmal »Auf Wiedersehen« wollte er mir sagen? Meine Enttäuschung war groß, und ich trödelte beim Einsteigen, sah noch einmal nach, ob unser gesamtes Gepäck verladen war, winkte noch einmal dem Angestellten an der Rezeption zu – und dann gab es keinen Grund mehr, nicht in den Bus zu steigen. Gerade wollte ich die Stufen hochklettern, da tippte mir jemand auf die Schulter: Kamal! Er war doch noch gekommen. Schnell drückte er mir ein kleines Päckchen in die Hand: »*Bes-slama, habibati*!« Seine Augen glänzten feucht. Waren das etwa Tränen? Tränen meinetwegen? Weil ich abreiste? Ich war gerührt, verlegen, verwirrt, traurig und erleichtert und wollte ihm noch etwas sagen, aber der Busfahrer drängte mich in den Innenraum, schloss die Tür, und im gleichen Moment waren wir schon auf dem Weg zum Flughafen. Ich stand immer noch im Mittelgang und schaute aus dem Fenster. Er hatte sich vor dem Eingang postiert und winkte, winkte und winkte, bis der Bus das Clubgelände verließ und nach rechts auf die Hauptstraße abbog in Richtung Flughafen.

Ich ließ mich auf den nächsten freien Sitz fallen und wickelte das Päckchen aus. Eine weiße Schmuckschatulle kam zum Vorschein und darin ein kleines goldenes Herz an einer feinen Goldkette. Darunter lag ein handgeschriebener Zettel mit einer Adresse und Telefonnummer, dazu die Aufforderung: »Ruf mich an, bitte!« Diese Urlaubsbekanntschaft schien sich doch tatsächlich zu einer echten Romanze zu entwickeln. Auf jeden Fall freute ich mich über das Präsent und legte mir die Kette lächelnd um den Hals.

In Deutschland angekommen, grübelte ich, ob ich mich tatsächlich bei ihm melden sollte. Ich hatte gerade eine desaströse Affäre hinter mir und mir selbst eine Beziehungspause verordnet. Aber Kamal war so weit weg, was sollte da Schlimmes passieren? Und ein Anruf oder ein Brief bedeuteten ja nicht gleich eine Beziehung, oder?

Während ich noch über die Sache nachdachte, klingelte am zweiten Tag nach meiner Rückkehr das Telefon. Ich fiel aus allen Wolken, als ich Kamals Stimme hörte. »Woher hast du meine Telefonnummer?«, wollte ich als Erstes wissen.

»Ma douce, das war gar kein Problem. Aus dem Telefonbuch.«

Aber woher kannte er meinen Familiennamen, meine Adresse? Nach einigem Hin und Her rückte er mit der Sprache heraus, dass ihm sein Freund an der Rezeption »geholfen« hatte. Der Name, der Wohnort … alles Weitere war kein Problem gewesen.

Ich war nicht begeistert von der Erkenntnis, dass die tunesischen Mitarbeiter offensichtlich sehr freigebig mit den Daten ihrer Gäste umgingen. Aber Kamal säuselte mir ins Ohr, wie sehr er unter meiner Abreise leide, wie unglaublich heftig er mich vermisse, wie leer und öde sein Leben nun ohne mich sei. Auch mein Hinweis, dass wir uns doch kaum kennen würden, konnte seine brennende Sehnsucht nicht löschen. Beinahe täglich kam nun ein Anruf aus Tunesien, und nach einer Woche lag ein Blumenstrauß vor meiner Tür. In krakeliger Schrift war auf einer beigefügten Karte zu lesen, dass Kamal sein bis dahin einsames Herz an mich verloren habe. Wow! Ein Blumengruß aus dem fernen Nordafrika! Was der wohl gekostet haben mochte? Nun war ich gezwungen, *ihn* anzurufen und mich zu bedanken. Er erzählte mir mit viel Gefühl in der Stimme, dass er einen guten Freund beauftragt hätte, mir durch eine deutsche Firma den Blumenstrauß zustellen zu lassen. Und wieder einmal fand ich keine Worte für so viel Charme und Einfühlungsvermögen.

Immer wusste Kamal das Richtige zu tun oder zu sagen. Er schien es zu spüren, wenn ich gerade an ihn dachte, denn oft klingelte genau dann das Telefon. Trotz der Entfernung von fast 3000 Kilometern gab er mir das Gefühl von Nähe, das Gefühl, immer für mich da zu sein. Mein ehemaliger Lebensgefährte war das Gegenteil von ihm gewesen, ein Egomane mit Tunnelblick, der nur seine eigenen Bedürfnisse und Probleme wahrnahm. Kamal aber schien zu spüren, wenn es mir schlecht ging, wenn ich jemanden zum Reden brauchte.

Nach etwa sechs Wochen kam ein Brief aus Tunesien. Ich hatte Mühe, die Schrift zu entziffern, zudem war er in Französisch geschrieben. Aber so viel verstand ich, dass Kamals Eltern mich ganz herzlich einluden, sie auf Djerba zu besuchen und meinen nächsten Urlaub bei ihnen zu verbringen.

Meine Familie, meine Freunde, meine Arbeitskollegen, ausnahmslos alle rieten mir von dieser Reise ab. Die meisten waren sogar dafür, den Kontakt zu Kamal sofort und kompromisslos abzubrechen. War es dieser geballte Widerstand, der mich veranlasste, trotzdem zu fliegen? Wollte ich allen beweisen, dass er doch ganz anders war als von ihnen eingeschätzt? Oder war es dieses prickelnde Gefühl, ein Abenteuer aus Tausendundeiner Nacht zu erleben, voller Romantik und Gefahr? Bis heute weiß ich nicht, was mich zu dieser Reise getrieben hat.

Der zweite Urlaub

So stand ich also vier Monate nach meinem ersten Aufenthalt in Nordafrika erneut am Flughafen von Djerba. Nur wurde ich diesmal nicht von einer deutschen Reiseleiterin, sondern von einem gut aussehenden, eleganten Mann erwartet, der die Blicke vieler Frauen auf sich zog. Halb verdeckt von einem riesigen Blumenstrauß stand er genau vor dem Ausgang, vor dem erstaunlich viele attraktive, gut gekleidete junge Männer herumstanden. Aber kein einziger war mit einem solch überwältigenden Blumenarrangement bewaffnet wie Kamal. Einige der Herren waren in leise Gespräche vertieft; mit meinem heutigen Wissen kann ich mir denken, worüber sie sich so angeregt unterhielten.

Kamal schien vor Freude über meinen Besuch schier aus dem Häuschen zu geraten. Immer wieder umarmte er mich und beteuerte, wie glücklich er über mein Kommen sei. Er hatte an alles gedacht: Ein Kofferträger stand bereit, um mein Gepäck zu einem neu glänzenden Cherokee-Jeep zu transportieren, der auf dem Parkplatz wartete. Diesen hatte er sich von einem Freund ausgeliehen, um mich »standesgemäß« in den Marina Club zu chauffieren. In den Marina Club? War ich denn nicht bei seinen Eltern eingeladen? Sofort wurde mir eine wortreiche Erklärung präsentiert, warum ich erst einmal – für kurze Zeit – ein Zimmer im Club bewohnen sollte. Ich ließ mir nichts anmerken, doch ein leicht mulmiges Gefühl machte sich in mir breit. So war das nicht ausgemacht, so hatte es nicht im Einladungsbrief gestanden. Aber Kamal redete unentwegt beruhigend auf mich ein. Für das Zimmer würden mir keine Kosten entstehen, er würde sich um alles kümmern. Seine Eltern freuten sich doch so sehr auf meinen Besuch. Gleich morgen wollten wir zu ihnen fahren. Trotz aller schönen Reden blieb eine gewisse Unruhe in mir zurück.

Im Club wurde ich von den Angestellten wie ein lang vermisstes Familienmitglied empfangen. Ein Herz aus Rosenblättern war auf mein Bett dekoriert, eine Flasche Wein, ein Korb mit Obst und ein großes Schild »Willkommen auf Djerba!« standen auf dem Tisch. Mein Magenflattern beruhigte sich, ein oder zwei Nächte im Club waren vielleicht gar nicht so schlecht.

Nach einem entspannenden Abend brachen wir am nächsten Morgen nach dem Frühstück auf, um zum Haus seiner Eltern zu fahren. Der Jeep stand uns immer noch zur Verfügung, es würde eine angenehme Kurzreise quer über die Insel Richtung Laguna werden. Ich hatte kleine Geschenke für die Familie mitgebracht: Schokolade, Pralinen, ein buntes Seidentuch für Kamals Mutter. Ich wusste, dass er vier Brüder hatte. Der älteste studierte in Tunis, der jüngste bereitete sich auf sein Abitur vor, die beiden anderen waren als Servicepersonal in verschiedenen Hotels tätig. Auch Kamal hatte Abitur gemacht und die Hotelfachschule in Tunis besucht, das hatte er mir an unserem ersten gemeinsamen Abend im Restaurant erzählt. Seine Eltern legten offensichtlich Wert auf eine gute Schul- und Ausbildung ihrer Söhne. Wert auf Herzensbildung legten sie aber nicht, denn einer von ihnen sollte sich in der Zukunft als ein berechnender und abgebrühter Betrüger erweisen, darauf aus, mich zu täuschen und sich durch meine Person alle erdenklichen Vorteile zu verschaffen.

Damals wusste ich von nichts, war unvoreingenommen und naiv, freute mich über die gastfreundliche Einladung und die so offen gezeigte Freude über meinen Besuch. Der Begriff *Bezness* hatte für mich zum damaligen Zeitpunkt keinerlei Bedeutung; ich hatte noch nie davon gehört.

Das katastrophale Abenteuer, in das zu stürzen ich bereit war, konnte ich damals noch nicht einmal ansatzweise erahnen. Nie hätte ich für möglich gehalten, dass mir jemand mit so argloser Miene so viele Lügen auftischen, mich mit so vielen Heimlichkeiten und Betrügereien kaltblütig hintergehen und mit so vielen blumigen Worten blenden könnte.

Nicht mit aller Fantasie hätte ich mir damals vorstellen können, dass mein ganzes bisheriges Leben aus den Fugen geraten, dass ich Freunde und Arbeit verlieren und in die Fänge eines Gefühlsbetrügers geraten würde, der mich mit einer mir bislang undenkbaren Rücksichtslosigkeit betören und ausnutzen würde, ohne jegliche Skrupel oder Mitleid.

Von all diesen Dingen wusste ich zu diesem Zeitpunkt nichts und ahnte auch nichts davon – und hätte mir jemand von *Bezness* und seinen dramatischen Folgen erzählt: Ich hätte ihm kein Wort geglaubt.

Willkommen auf Djerba!

Während wir auf der Route Touristique gemächlich Richtung Süden fuhren, hatte ich Gelegenheit, mir die Gegend genauer anzusehen.

Die pittoreske Küstenstraße führt von der Inselhauptstadt Houmt Souk am Strand entlang Richtung Zarzis und der libyschen Grenze. An ihr liegen alle namhaften Hotels mit direktem Zugang zum feinen weißen Sandstrand. Die Insel ist flach wie ein Pfannkuchen, die höchste Erhebung misst gerade einmal 54 Meter. Der Saharasand bedeckt alles und lässt die Landschaft in einem einheitlichen Goldbraun erscheinen, die Eintönigkeit nur unterbrochen vom gelegentlichen Grün der Dattelpalmen oder von gefährlich stacheligen Kakteenpflanzen, an denen am Ende des Sommers Kakteenfeigen reifen. Hinter dem Sandstrand spiegelte sich das Mittelmeer in der gleißenden nordafrikanischen Sonne. Weiße Häuser mit Kuppeldächern und wasserblauen Türen und Fensterläden glänzten im hellen Licht und wirkten verlassen und still.

»Ist sie nicht einfach herrlich, meine Djerba la Douce, meine wunderschöne Insel? Schon Odysseus und seine Männer wollten für immer hierbleiben.« Lachend zwinkerte mir Kamal zu.

Ich war fasziniert. Nur zweieinhalb Flugstunden von Deutschland entfernt, war ich in einer völlig fremden, bedrohlich anziehenden Welt gelandet. Mir gefiel alles, was ich sah, denn Kamal wusste die Insel von ihrer besten Seite zu präsentieren. Bei geöffneten Fenstern genoss ich den warmen Fahrtwind und ließ diese ungewohnten und schönen Eindrücke auf mich wirken.

Währenddessen erzählte Kamal von seinen Eltern. Von seiner Mutter sprach er mit aufrichtiger Liebe, von seinem Vater mit großem Respekt. Ich stellte mir einen würdevollen Patriarchen vor, der die Familie mit lauter Stimme und eiserner Faust beherrschte, und wieder beschlich mich ein leises Gefühl von Unwohlsein. Ich unterdrückte es und versuchte, mich auf den bevorstehenden Besuch zu freuen. Er erzählte mit Begeisterung von dem schönen, alten Haus aus dem 18. Jahrhundert, in dem seine Eltern und drei seiner Brüder wohnten. Dieses Haus war seit vielen Generationen in Familienbesitz und wurde, entsprechend der Tradition, immer an den jüngsten Sohn der Familie vererbt. Einerseits war ich sehr gespannt, einen Einblick in das arabische Familienleben zu erhalten, andererseits wäre ich am liebsten umgekehrt und ins Hotel zurückgefahren. Wir bogen von der Küstenstraße auf eine Sandpiste ab, und nun verstand ich, weshalb auf Djerba so viele Jeeps unterwegs waren. Befestigte Wege gab es nur wenige, die abseits der Hauptstraßen liegenden Wohnhäuser waren ausschließlich über tückische Sandpisten erreichbar.

Nach zehn Minuten Fahrt von einem Schlagloch ins nächste kam ein riesiges, flaches Gebäude in Sicht, mit fensterlosen Mauern, teilweise gut erhalten und blendend weiß gestrichen, teils zur Ruine verfallen. Als das Auto hielt, fragte ich mich, wo wohl das von Kamal so begeistert beschriebene Wohnhaus sein sollte. Doch schon öffnete sich die Haustür, und eine kleine, rundliche Frau mit buntem Kopftuch trat heraus. Als sie uns sah, stimmte sie gellend laute Triller an, *zagharied*, den Freudenschrei arabischer Frauen. Sie stürzte auf Kamal zu und umarmte ihn stürmisch, während sie unentwegt mit hoher, aufgeregter Stimme auf ihn einredete. Ich stieg langsam aus dem Auto und beobachtete staunend, wie sich der Vorplatz innerhalb von Sekunden mit Menschen füllte. Junge Mädchen, Erwachsene, Kinder und alte Männer kamen von allen Seiten gelaufen, um Kamal zu begrüßen, zu umarmen und in höchster Lautstärke durcheinanderzuschreien.

Schließlich machte er sich frei, legte den Arm um seine Mutter und schob sie in meine Richtung. Die ganze vorher auf ihn fixierte Aufmerksamkeit richtete sich nun auf mich. Seine Mutter nahm mich in ihre Arme, küsste mich mehrmals auf beide Wangen, strich mir wohlwollend über Stirn und Haare. Nun wurde ich weitergereicht von einer jasminduftenden Umarmung in die nächste. Arabische Wortfetzen schwirrten um mich herum, ich sah in fröhlich lachende Gesichter. Unzählige Hände griffen nach meinen Händen, meinen Armen, streichelten über meine Haare und schoben mich in Richtung Haustür. Wieder stimmten die Mädchen und Frauen jubelnd den *zagharied* an, um ihre Freude über meine Ankunft zum

Ausdruck zu bringen. Die verschiedensten Gefühle stürmten auf mich ein. Einerseits war da dieses Hochgefühl, von allen mit solch offensichtlicher Freude empfangen zu werden, zum anderen das Empfinden, dass eine solch übertriebene Begrüßung doch niemals echt sein konnte. Ich wollte davonlaufen, aber zugleich auch gern bleiben und einen Blick in dieses fremdartige Leben werfen.

Ein berauschendes Fest mit ernüchterndem Ausgang

Umringt von mindestens zwanzig Leuten, die sich um mich drängten und laut durcheinanderriefen, wurde ich über zwei Stufen in einen weiträumigen Atriumhof geschoben, wo schon alles für ein Festessen vorbereitet war. Unzählige *madlass*, mit buntem Stoff bezogene Matratzen, lagen auf dem Boden. Dazwischen standen niedrige Tische, die sich unter Schüsseln, Schalen, Töpfchen und Gläsern bogen. Mittendrin dampfte ein *canoun*, ein irdenes Holzkohlebecken, auf dem in der Glut eine große metallene Kanne thronte.

Ich wurde zu einem Platz in der Mitte geführt, von wo aus ich den ganzen Hof überblicken konnte. Man bat mich, Platz zu nehmen. Rechts neben mir ließ sich Kamal nieder, auf meiner linken Seite saß seine Mutter. Die jungen Frauen und Mädchen rannten geschäftig hin und her, um Wasser, frisches Obst und Handtücher zu holen. Eine nahm die Kanne vom Feuer und goss mit geübtem Schwung eine kochend heiße Flüssigkeit in ein winziges Trinkglas. »*Tay ben-na-na*, Pfefferminztee«, informierte mich Kamal. Ein aromatischer Duft verbreitete sich, als seine Mutter frisch gehackte Pfefferminzblätter auf dem Tee verteilte. Vorsichtig nippte ich daran. Zuckersüß und glühend heiß. Wie konnte man bei 35 Grad dieses heiße Getränk zu sich nehmen? »Versuch es, es erfrischt!« Und tatsächlich, trotz der unglaublichen Hitze bekam dieses Getränk mir besser als kaltes Wasser und brachte meinen Kreislauf in Schwung.

In der Zwischenzeit wurden die Köstlichkeiten vor mir aufgebaut, an denen die Frauen der Familie sicher den ganzen Tag gearbeitet hatten. Unmengen von Spaghetti, Couscous, Suppe, Hühnerfleisch, verschiedene Salate und Brot waren aufgetragen worden. Jeder griff ungeniert mit den Händen zu, nur ich hatte einen Löffel vor mir liegen. Auch Kamal, der sonst mit besten Tischmanieren glänzte, griff mit den Händen in den Couscous-Topf. Wie fremd, wie anders war doch diese Mahlzeit als das, was ich jeden Tag in den feinen Touristenhotels zu sehen bekam. Mit welchem Genuss und welcher Freude hier gegessen wurde! Ich probierte vorsichtig von allem, was mir vorgesetzt wurde. Das meiste war stark gewürzt, aber alles schmeckte hervorragend. Mutig geworden, langte ich tüchtig zu, was die Frauen mit großem Beifall zur Kenntnis nahmen. Kaum waren die Schalen und Schüsseln geleert, als auch schon große Platten mit frischen Früchten aufgetischt wurden. Mokka war in der Küche zubereitet worden und wurde den Gästen serviert, die keinen Tee wollten. Während sich alle satt und zufrieden zurücklehnten, betrat ein alter Herr den Hof. Er trug einen *fes*, die traditionelle Kopfbedeckung der tunesischen Honoratioren aus rotem Filz mit schwarzer Quaste, und einen grauen Mantel. Durch seine straffe, aufrechte Haltung strahlte er Würde und Stolz aus. Die jüngeren Männer erhoben sich, um ihn zu begrüßen, und Kamals Mutter stand auf, um ihrem Mann den Platz an meiner Seite zu überlassen. »Bonjour, Mademoiselle! Comment ça va?«, begrüßte er mich in gutem Französisch.

»Mein Vater spricht Italienisch und Französisch, aber kein Deutsch und kein Englisch«, flüsterte Kamal mir zu.

»Bonjour, Monsieur … et merci bien … pour votre invitation!« Nur zögernd kamen mir die französischen Worte über die Lippen, hatte ich doch seit meiner Schulzeit keine Gelegenheit gehabt, meine Sprachkenntnisse zu nutzen. Gnädig nickte der alte Herr und ließ sich auf einer Matratze nieder. Sofort stürzten die Damen des Hauses herbei und setzten ihm das Essen vor.

»Mein Vater war in der Moschee, deshalb hat er sich ein wenig verspätet«, erklärte Kamal. Wie sein Vater als gläubiger Moslem meinen Besuch wohl aufnehmen würde? Aber dieser zeigte keinerlei Scheu oder Ablehnung, und es entspann sich ein ungezwungenes Gespräch auf Französisch, bei dem Kamal des Öfteren übersetzen musste, weil mir die richtigen Worte nicht einfielen oder ich einen Satz nicht verstand.

Als schließlich alle leeren Teller und Platten in die Küche getragen worden waren, holten zwei jüngere Männer bongoähnliche Trommeln hervor. Rhythmisch begannen sie zu trommeln und zu singen. Sofort fielen die Frauen mit hohen *zaghTried*-Trillern und Gesang ein, und die jüngeren sprangen auf und wiegten ihre Hüften. Ein besonders hübsches Mädchen mit langen dunkelbraunen Locken band sich ein rotes Tuch um die Hüften und begann zu tanzen, begleitet von anmutigen Hand- und Armbewegungen. »Das ist djerbischer Bauchtanz«, erklärte Kamal.

»Dürfen die Frauen denn vor den Männern tanzen?«, staunte ich.

»Aber ja, das ist doch alles Familie.« Aha, wieder etwas gelernt! Innerhalb der Familie war das also erlaubt. Auch die Männer begannen nun zu singen, die Frauen klatschten rhythmisch in die Hände, ein Mädchen schlug den Takt auf einem Tamburin. Was war das für ein atemberaubender Augenblick, inmitten dieser ausgelassen feiernden, fröhlichen Menge! Wie eine Szene aus einem Film, wild, exotisch und unwirklich kam es mir vor. Gebannt sah ich zu, wie die Mädchen sich beim Tanzen abwechselten, hörte, wie der Rhythmus der Trommeln einmal schwer und langsam, einmal schnell und wirbelnd wurde. Als der Tanz, begleitet von den hohen Trillern der Frauen, schließlich endete, zog mich Kamal Richtung Tür, und wir traten in den Garten. »Hier wachsen Feigen und dort drüben Granatäpfel. Das hier ist ein Mandelbaum.«

»Und das dort hinter den Bäumen? Was ist das? Eine Ruine?«

»Komm mit, ich zeig es dir!« Kamal fasste mich am Arm, und wir schlenderten auf das dunkle Gebäude zu. Nein, das war keine

Ruine, das war der Rohbau eines Hauses. »Hier baue ich meinen Bungalow. Ich möchte bald heiraten und eine Familie. Das ist mein allergrößter Wunsch. Mein Vater hat mir das Grundstück geschenkt, das Haus habe ich mit meinem Geld gebaut.« Viel war es ja noch nicht, nur die Außenwände und das Flachdach. Aber immerhin, ein Anfang war gemacht.

»Möchtest du den restlichen Urlaub hier bei meinen Eltern verbringen?«, fragte mich Kamal, während wir zurückgingen.

»Ich weiß nicht recht …«

»Komm, ich zeige dir ihr Haus!« Durch einen kleinen Seiteneingang schlichen wir uns hinein und standen in einem langen, schmalen Raum. Im Halbdunkel konnte ich nicht viel erkennen, nur ein breites Bett in einer Ecke, daneben einen Wohnzimmerschrank aus den Fünfzigerjahren. Weiter hinten stand ein langer, niedriger Tisch, um den Matratzen lagen. Und an der gegenüberliegenden Wand ein riesiges Fernsehgerät. Die dazugehörende Satellitenanlage hatte ich bereits auf dem Dach gesehen. Neben diesem Raum befand sich die Küche, mit Kühlschrank, Kühltruhe, Herd und Schränken ausgestattet. »Meine Eltern sind gut eingerichtet«, meinte Kamal zufrieden.

»Und wo sind das Badezimmer und die Toilette?« Denn dort musste ich ganz dringend hin.

»Draußen«, war die lakonische Antwort.

»Draußen? Wo denn?«

Wir schlüpften aus der kleinen Seitentür und entfernten uns einige Meter vom Haus. Hinter den Granatapfelbüschen stand ein winziges Toilettenhäuschen. »In alten Häusern gibt es keine Toiletten. Das galt früher als unrein.«

Nun gut. Ich knipste die Beleuchtung an, öffnete die Tür und wich entsetzt zurück. Ein unbeschreiblicher Gestank schlug mir entgegen, der Fußboden war mit Kot und Urin verschmutzt. Kakerlaken, Ameisen und anderes ekliges Getier flüchtete in alle Richtungen. Und die Toilettenschüssel! Diese stinkende Kloake war noch nie mit einem Reinigungsmittel oder einem Scheuertuch in Berührung gekommen. Voller Abscheu knallte ich die Tür zu. Nun war mir klar, dass ich meinen Urlaub nicht in diesem Haus verbringen wollte.

»Alles in Ordnung?«, kam die Frage aus der Dunkelheit.

»Äh, ja, ich denke schon!« Es war mir peinlich, ihm zu sagen, dass ich noch nie eine derart verdreckte Toilette gesehen hatte und dass ich mich so sehr ekelte, dass ich am liebsten sofort zurück ins Hotel gefahren wäre. Der Gedanke, dass in der Küche vielleicht ähnlich unsaubere Verhältnisse herrschen könnten, kreiste in meinem Kopf.

Die Szenerie aus Tausendundeiner Nacht hatte sich schlagartig in nichts aufgelöst, die in bunten Farben schillernde Seifenblase war zerplatzt. Ich war in der Realität gelandet.

Familienausflug nach Laguna

Obwohl meine Begeisterung für Kamals Zuhause einen erheblichen Dämpfer erhalten hatte, fuhren wir doch jeden Tag zu seinen Eltern, um Tee zu trinken und Zeit mit der Familie zu verbringen. Mit Kamals Brüdern verstand ich mich gut, und auch sie schienen mich zu mögen. Sein ältester Bruder Riyad lebte in Tunis, der zweitälteste, Mounir, der noch bei den Eltern wohnte und in einem Luxushotel arbeitete, war immer blendend gelaunt und zu jedem Unsinn aufgelegt. Er sprach ausgezeichnet Deutsch, denn wie er erzählte, kam seine Klientel vorwiegend aus Deutschland. Er hatte eine Zeit lang in Düsseldorf und Frankfurt gearbeitet und dort seine Sprachkenntnisse vervollkommnet. Sharif und Khalil, die beiden jüngeren Brüder, waren eher ruhig und zurückhaltend, kamen aber immer gelaufen, um mich zu begrüßen und sich mit mir auf Deutsch, Französisch und Englisch zu unterhalten. Oft trafen wir auf Tanten und Cousinen, die mich mit Umarmungen und Küsschen begrüßten, während sie in schnellem Arabisch auf mich einredeten. Immer sah ich in lächelnde, offene und freundliche Gesichter, immer gaben sie mir das Gefühl, von Herzen willkommen zu sein.

So verging die Woche wie im Flug. Ich pendelte zwischen dem Hotel und Kamals Familie, zwischen westlichem Luxus und dem bodenständigen und einfachen Leben der Einheimischen.

Für meinen letzten Tag auf der Insel hatte die Familie eine besondere Überraschung für mich geplant. Am Sonntagmorgen kam Kamal in einem Pick-up-Truck mit offener Ladefläche in den Club gefahren. Ich hatte meine Badetasche dabei und war gespannt, was mich an diesem Tag erwarten würde. Als wir an seinem Elternhaus vorfuhren, wartete schon die gesamte Familie auf uns: Seine Eltern, seine Brüder, drei Cousinen, eine Tante und zwei ihrer Enkeltöchter, bepackt mit umfangreichen Korbtaschen, Wasserflaschen und einem *canoun*, nahmen unter Lachen, Rufen und Getöse auf der Ladefläche Platz. Ein lustiges Völkchen war das, das so viel Lärm veranstaltete, dass man kaum sein eigenes Wort verstand. »Wohin fahren wir eigentlich?«, wollte ich wissen.

»Zur Blauen Lagune.« Der Name sagte mir nichts.

Wir fuhren etwa zwei Kilometer Richtung Süden und bogen dann auf eine schmale Sandpiste ein. Nach wenigen Hundert Metern hatten wir großartige Sicht auf eine einsame, seichte Bucht. Die Lagune bot einen überwältigenden Anblick. Dieser Badeplatz war bei den Einheimischen sehr beliebt, wie man mir später erzählte. Ich war hingerissen von dem breiten, weißen Sandstrand, der scheinbar unberührt vor uns lag: keine Touristen, keine Strandkneipen, keine aufdringlichen Verkäufer, keine Strandreiter. Nur Meer, Strand und Sonne.

Während ich noch den grandiosen Anblick in mich aufnahm, waren die anderen aus dem Auto gesprungen, hatten Taschen und Kisten ausgepackt und ein Lager am Strand errichtet. Webteppiche wurden auf dem Sand ausgebreitet; schon glühten die Holzkohlen im *canoun*. Selbst Kamals Mutter legte ihr traditionelles weißes

Wickelgewand, die *fuddah*, ab und schien sich in einem leichten bunten Baumwollkleid außerordentlich wohlzufühlen. Sie war die Erste, die sich bis zu den Knien ins Wasser wagte und dieses ungewohnte Vergnügen in vollen Zügen genoss. Jubelnd tobten die beiden Mädchen im flachen Wasser herum, während sich die älteren Jungs mit Geschrei in die Fluten stürzten. Nur Kamals Vater nahm würdevoll wie immer auf einem eigens für ihn mitgebrachten Hocker Platz, bekleidet mit dem typischen Mantel und *fes*. Er betrachtete das laute Treiben um sich herum mit sichtlichem Wohlwollen und schien sich – im Rahmen seiner Möglichkeiten – ebenfalls ausgezeichnet zu amüsieren. So locker und zwanglos hatte ich mir arabisches Familienleben nicht vorgestellt. Hier badeten Frauen und Männer ganz ungezwungen gemeinsam am Strand, alles schien genauso normal, wie ich es von zu Hause kannte. Waren das alles nur dumme Vorurteile meinerseits gewesen? Oder gab sich Kamals Familie besondere Mühe, mir ihre Weltoffenheit zu zeigen? Aber an diesem herrlichen Sommertag wollte ich mich nicht mit misstrauischen Gedanken belasten, sondern einfach nur das genießen, was mir geboten wurde – einen perfekten Urlaubstag mit lieben Menschen und einem attraktiven Mann an meiner Seite.

Und es wurde ein perfekter Tag, bis ins kleinste Detail. Wir schwammen, spielten Volleyball, verschlangen heißhungrig die mitgebrachten Sandwiches, tranken Pfefferminztee und eigens in Kühltaschen mitgebrachte Limonade. Wir lagen in der Sonne, redeten über Gott und die Welt, und ich wünschte, dass dieser Tag nie enden würde.

Als die anderen nach dem Essen faul auf Decken und Teppichen lagen, spazierten Kamal und ich schweigend am Strand entlang. Ich dachte an meine morgige Abreise und fühlte dieses vertraute Ziehen in der Magengegend. Da drehte er sich plötzlich zu mir, zog mich in die Arme, und in dieser malerischen, unwirklich schön erscheinenden Lagune küsste er mich zum ersten Mal. Es war so kitschig-romantisch, entsprach so sehr jedem bekannten Klischee, dass es geradezu wehtat. Und obwohl ich in dieser Situation genau so dachte und sie normalerweise mit einem Grinsen und Schulterzucken beendet hätte, reagierte ich anders, denn es gefiel mir; es gefiel mir sogar sehr, und Kamal gefiel mir auch mit jedem Tag besser.

War es die unbekümmerte Sommer-Sonnen-Urlaubslaune, die mich so ganz anders reagieren ließ als sonst? Einen derartigen Zwiespalt hatte ich noch nie erlebt. Ich fühlte mich ganz zu diesem gut aussehenden, warmherzigen, liebenswerten Mann hingezogen. Er hatte all das, was sich jede Frau an ihrem Partner wünscht: Er war attraktiv, gebildet, wortgewandt, sensibel, intelligent, er hatte einen guten Job und eine vielversprechende Zukunft. Doch mein Verstand schrie, dass ich an so etwas wie eine Beziehung nicht einmal denken sollte.

An diesem Abend trennten wir uns nicht, wie sonst üblich, mit einem freundschaftlichen Gutenachtkuss vor meiner Tür. Dieses Mal ließ er sich nicht abweisen, und ich war bereits so geblendet, dass ich alle Widerstände über Bord warf und ihn mit in mein Zimmer nahm.

Es war eine romantische, wilde, zärtliche und unvergessliche erste Nacht. Er war genau so, wie ich ihn mir vorgestellt hatte – ein perfekter Körper, muskulös, durchtrainiert, wohlproportioniert. Samtweiche Haut, angenehm duftend und elektrisierend. Alles an ihm war gepflegt und schön. Er war ein sanfter, beherrschter, starker und selbstloser Liebhaber. Seine Liebkosungen zeugten von einiger Erfahrung: Kamal wusste genau, wo er meinen Körper erst sanft, dann fester berühren, streicheln und massieren musste. Und immer war er darauf bedacht, nicht selbstsüchtig zu sein – er wollte mir Genuss verschaffen. Erst nachdem ich zum Höhepunkt gekommen war, ließ auch er sich gehen und gab sich ganz unseren Liebesspielen hin.

Der dritte Urlaub

Zu Hause in Deutschland wurde mir ohne Kamal die Zeit lang, und meine Sehnsucht nach ihm wuchs von Tag zu Tag. Wir telefonierten so oft wie möglich. Mindestens zweimal pro Woche erhielt ich Post aus Djerba. Es kamen nicht nur Briefe von Kamal, auch sein ältester Bruder Riyad und dessen Verlobte schickten mir Postkarten aus Tunis, genau wie Khalil, der jüngste Bruder, der mir allwöchentlich von seinen schulischen Erfolgen berichtete. Päckchen mit *baklava* und Nougat kamen für mich an, und immer wieder wurde mir versichert, wie sehr man mich vermisste.

Kamal drängte mich, die Weihnachtsfeiertage mit ihm zu verbringen. Er hatte eine kleine Wohnung unweit seines Elternhauses gemietet und für die Silvesterfeier im Club Méditerranée einen Tisch reserviert. Da alles offenbar schon fest gebucht war, sagte ich schließlich zu und flog kurz vor Weihnachten wieder nach Tunesien.

Auch diesmal waren es wunderbare Urlaubstage, ausgefüllt mit Familienbesuchen, Ausflügen, Wellness-Tagen in verschiedenen Hotels, mit langen Gesprächen am Abend und ausgiebigem Frühstück am Morgen. Ich fand heraus, dass Kamal ein hervorragender Koch war, der geschickt mit Messern, Töpfen und Pfannen zu hantieren verstand und mit wenig Aufwand ein perfektes Essen auf den Tisch zaubern konnte. Er nahm, genau wie ich, gern ein Buch zur Hand, liebte Karten- und Gesellschaftsspiele, und oft endete der Abend in vergnügter Runde mit einem Monopoly- oder Rommé-Spiel. Er schien ruhig und häuslich zu sein und all die Dinge zu lieben, die ich auch mochte. Es klappte zwischen uns ohne lange vorherige Absprachen, und oft hatte ich den Eindruck, als würden wir uns schon sehr lange kennen. Bald waren mir alle seine kleinen Eigenheiten vertraut, und das war ein herrliches Gefühl. Es schien, als wären wir das perfekte Paar.

Den Abend vor meiner Abreise wollten wir in trauter Zweisamkeit verbringen und ein letztes Mal gemeinsam kochen. Als er nach dem Essen den Mokka vor mich hinstellte, war sein Gesicht angespannt und ernst, und ich wusste sofort, dass er etwas auf dem Herzen hatte. Doch erst nach mehrmaligem Nachfragen gestand er zögernd, sich mit dem Anmieten der Ferienwohnung verschuldet zu haben. Er wand sich förmlich vor Verlegenheit, und ich musste ihm diese Information quasi aus der Nase ziehen. Nach langem Hin und Her gab er zu, dass ihm 500 DM fehlten. Das schien mir eine ganze Menge Geld für diese kleine Wohnung zu sein, aber ich wollte uns den Abend nicht verderben und gab ihm den Betrag. Vor Erleichterung war er völlig aufgelöst, umarmte mich und bedankte sich immer und immer wieder. Ich wusste, dass die Löhne in Tunesien nicht denen in Deutschland entsprachen, aber ich wusste auch, dass Kamal für tunesische Verhältnisse ausgesprochen gut verdiente. Deshalb war mir nicht ganz klar, warum er plötzlich in solcher Geldnot zu sein schien. Irgendwie hatte der Abend seinen feinen Glanz verloren, ein fader Nachgeschmack blieb zurück.

Er verflog erst am nächsten Nachmittag, als ich am Flughafen zum Abschied ein Paar fein gearbeitete Goldohrringe erhielt. Für dieses Geschenk hatte er also sein Geld ausgegeben, dachte ich erleichtert. Obwohl mich immer noch die Bitte um Geld vom vorherigen Abend beschäftigte, freute ich mich über den Schmuck, denn wie immer hatte Kamal viel Geschmack gezeigt und ein besonders schönes Stück ausgewählt. Trotzdem fiel mir der Abschied dieses Mal leichter als bisher, und ich war froh, als ich im Flugzeug saß.

Als ob er gespürt hat, dass ich mich seit diesem Abend innerlich von ihm zurückzog, begann nun ein regelrechtes Telefonbombardement. Zu jeder Tages- und Nachtzeit klingelte mein Telefon, jeden Tag kamen Briefe und Päckchen aus Tunesien an. Kamal war stets präsent, auch wenn er Tausende Kilometer von mir entfernt war. Er umwarb mich, überschüttete mich mit Komplimenten, Liebesschwüren und Geschenken. Wieder einmal war ich hin- und hergerissen zwischen Verstand und Gefühl, wusste nicht, wie ich mich verhalten oder entscheiden sollte. Und wieder hatte er den richtigen Riecher, denn gerade als ich mich schon für eine Trennung aussprechen wollte, gestand er mir am Telefon, dass er das Studium seines Bruders mitfinanzieren und auch seiner Mutter hin und wieder Geld zustecken würde. Er entschuldigte sich, dass er sein Geld zusammenhalten müsse, da er nun einmal diese Verpflichtungen eingegangen sei. Er schien tieftraurig und bat mich immer wieder um Verzeihung dafür, dass ich seine Mietschulden hatte begleichen müssen.

Ich schmolz dahin vor so viel Familiensinn und Verantwortungsbewusstsein, verzieh ihm auf der Stelle und hakte die Sache innerlich ab.

Die Wochen und Monate gingen dahin, immer wieder unterbrochen von einer oder auch zwei Urlaubswochen auf Djerba. Mittlerweile kannte ich die meisten Familienmitglieder, die vielen Onkel, Tanten, Cousinen und Cousins ersten, zweiten und dritten Grades, Nennonkel und -tanten; mit seinen Freunden verstand ich mich bestens. Djerba war mein zweites Zuhause geworden.

Claudine geht

Monatelang pendelte ich zwischen Deutschland und Tunesien hin und her. Wann immer ich es mir leisten konnte, flog ich für ein paar Tage auf die Insel. Mal wohnte ich im Club, da der Preis für mich etwas günstiger war als für die anderen Gäste, mal wohnten wir in verschiedenen Ferienwohnungen, wobei immer ich den größeren Teil der Unkosten übernehmen musste.

Mittlerweile kannte ich mich in Midoun und Houmt Souk fast so gut aus wie in meiner Heimatstadt. Ich lernte fleißig Französisch, feilschte zur größten Erheiterung der Händler auf den Bazaren in schlechtem Arabisch um Souvenirs und Lebensmittel, pflegte Freundschaften mit Einheimischen und dem Clubpersonal aus verschiedenen europäischen Ländern und saß oft mit Kamal in meinem von Bougainvilleen umrankten Lieblingscafé in Houmt Souk. Mit jedem Aufenthalt fühlte ich mich heimischer auf der Insel. Der geheimnisvolle Orient und vor allem das entspannte Laisser-faire der Inselbewohner hatten mich verzaubert und in ihren Bann gezogen.

Ende Oktober 1993, Kamal und ich kannten uns nun 18 Monate, war ich abends mit der Geschäftsführerin der Club-Boutique zum Essen verabredet. Claudine, eine ausgesprochen attraktive Rothaarige aus dem Elsass, lebte und arbeitete bereits seit vier Jahren auf Djerba. Sie war mit einem der Kinder-Animateure liiert, einem athletischen Schönling mit schulterlanger wilder Lockenmähne, verführerischen Augen und einem Akzent zum Dahinschmelzen. Ihre Beziehung allerdings war ein einziges Auf und Ab, denn Ibi tendierte dazu, Claudine immer wieder mit willigen weiblichen Gästen zu betrügen. Mehr als einmal war es zu hitzigen Auseinandersetzungen zwischen den beiden gekommen, wobei Claudine ihm immer wieder gedroht hatte, die Beziehung zu beenden und nach Frankreich zurückzukehren.

Als ich in den Laden kam, sah ich sofort, dass es heute wieder Streit zwischen den beiden gegeben hatte. Claudines Augen waren vom Weinen rot und geschwollen, ihre Miene traurig und abweisend. Sie wollte nicht mit zum Essen ins Restaurant, sondern lieber mit mir über ihre Probleme sprechen. Da ich nicht in dem heißen, stickigen Laden sitzen mochte, schnappten wir uns an der Bar eine Flasche Rotwein und zwei Gläser und gingen an den Strand.

Nachdem wir es uns auf zwei Liegestühlen bequem gemacht hatten, erzählte sie mir ihre Djerba-Geschichte, eine Geschichte über Lügen und Betrug. Drei Jahre lang hatte sie gehofft, dass ihr über alles geliebter Ibi sich und sein Leben ändern würde. Sie hatte mit ihm geredet, diskutiert, gestritten und sich versöhnt – geändert hatte sich an der Situation aber nichts. Immer wieder wurde sie von ihrem Lebensgefährten betrogen und ausgenutzt. Er hatte sich des

Öfteren Geld von ihr geliehen, es aber nie zurückbezahlt. Sie hatte für beide den Lebensunterhalt bestritten, da sie in ihrer Position mehr verdiente als er. Immer wieder war über Heirat gesprochen worden, doch Ibi hatte sich nie festlegen wollen. Und es hatte immer wieder Affären mit anderen Frauen gegeben, immer wieder war sie mit seiner Untreue konfrontiert worden. Nun war der Zeitpunkt gekommen, wo es nur noch eine Möglichkeit gab: dass sie ihn und die Insel verließ und nach Hause zurückkehrte. Obwohl sie wusste, dass es keinen Sinn hatte, weiter auf ihn zu warten und auf eine Ehe mit ihm zu hoffen, sträubte sich alles in ihr gegen den Entschluss, die Koffer zu packen und nach Frankreich heimzukehren.

Stundenlang saßen wir am menschenleeren Strand und redeten und redeten. Als alles zum zigsten Mal durchgekaut war, fragte sie plötzlich: »Hättest du nicht Lust, meinen Job zu übernehmen, wenn ich jetzt gehe?« Mein Herz stolperte vor Aufregung. Die Chance, hier zu arbeiten und zu leben, war ganz plötzlich zum Greifen nahe. Eine feste Beziehung mit Kamal aufbauen, mit ihm den Alltag erleben, testen, ob unsere Beziehung diesen Anforderungen gewachsen war … Dort arbeiten und wohnen, wo andere Urlaub machten … Ich war so aufgewühlt, dass ich kein Wort herausbrachte. »Überleg es dir in Ruhe, wir sprechen morgen noch einmal darüber«, meinte Claudine, während wir unsere Sachen zusammensuchten, um uns auf den Heimweg zu machen.

In meinem Kopf schwirrten die Worte »Job«, »Djerba« und »Kamal« wild durcheinander, während ich im Zimmer auf ihn wartete. Das wäre *die* Gelegenheit für mich, endlich herauszufinden, ob es zwischen uns eine ernsthafte Sache werden könnte. Und falls es mir in Tunesien nicht gefiel, könnte ich vielleicht in einem anderen Marina Club arbeiten, denn die gab es im gesamten Mittelmeerraum. Kamal war außer sich vor Begeisterung, als ich ihm die Neuigkeit erzählte. Er drängte mich, sofort am nächsten Morgen mit Claudine zu sprechen und anschließend gleich einen Termin mit dem Chef des Marina Clubs zu vereinbaren, damit ich mich so schnell wie möglich offiziell auf die Stelle bewerben könne. Solch eine fantastische Gelegenheit würde sich so schnell nicht mehr bieten, nun mussten wir zugreifen, es war Kismet, das Schicksal meinte es gut mit uns und hatte es so für uns entschieden … Schon malte er unsere Zukunft in den schillerndsten Farben für mich aus, freute sich wie ein Kind über die Chance, die sich mir bot, und konnte sich gar nicht mehr beruhigen. Er wollte mich bei sich haben, jeden Tag und jede Stunde seines Lebens, das glaubte ich aus seiner Freude herauszuhören.

Am nächsten Tag setzte ich mich nach dem Frühstück noch einmal mit Claudine zusammen, um in Ruhe alle Punkte durchzusprechen. Das Gehalt erschien mir angemessen, außerdem wurden Kost, Unterbringung und Arbeitskleidung kostenfrei vom Hotel gestellt. Claudine wollte in einem Gespräch unter vier Augen bei ihrem Chef vorfühlen, wie er zu meiner Bewerbung stand. Erst wenn das geklärt war, sollte ich mich offiziell bewerben.

Claudine hatte offenbar einen guten Stand bei der Geschäftsleitung, denn schon am gleichen Abend gab sie mir grünes Licht für das Gespräch. Sie hatte dem Chef empfohlen, persönlich mit mir zu sprechen und sich einen eigenen Eindruck zu verschaffen. Gleich am nächsten Tag wurde ich zu einem »Vorstellungsgespräch« in die Bar gebeten. Ich kannte Robert, den Leiter des Clubs, natürlich schon, hatte aber noch nie anderes als freundliche Belanglosigkeiten mit ihm ausgetauscht. Es war eine gegenseitige Sympathie vorhanden, sodass es mir nicht schwerfiel, ihm von meinen Zukunftsplänen mit Kamal zu erzählen und von meiner Hoffnung, beruflich auf Djerba Fuß zu fassen. Nach vierzig Minuten war alles gesagt, und er schien einer Zusammenarbeit mit mir nicht abgeneigt. Das letzte Wort allerdings hatte der Personalchef in der deutschen Hauptverwaltung.

Zurück in Deutschland, reichte ich meine Unterlagen bei der Hauptverwaltung ein, und nicht nur ich, auch Kamal und seine

Familie warteten gespannt auf das Ergebnis. Meine Familie dagegen war alles andere als begeistert von meinen wilden Plänen, verkniff sich aber abwertende Kommentare, da ich in aufgekratzter Stimmung auf die Zusage wartete.

Diese kam nach drei Wochen – endlich konnte ich mich Hals über Kopf in mein orientalisches Abenteuer stürzen.

Zweiter Teil

Der Traum vom Paradies – Hochzeit auf Djerba

Start in ein neues Leben

Voller Enthusiasmus machte ich mich an die Vorbereitungen für meinen Umzug nach Nordafrika. Meine Arbeit und die Wohnung waren schnell gekündigt. Bücher, Geschirr, Bilder und persönliche Dinge lagerte ich bei meinen Eltern ein. Die Möbel, von denen ich mich nicht trennen wollte, wurden bei einer Spedition untergestellt. Um die Arbeits- und Aufenthaltspapiere für Tunesien brauchte ich mir keine Sorgen zu machen, darum kümmerte sich die Hotelverwaltung. Ich war wie in Trance, mir konnte es mit dem Packen nicht schnell genug gehen. Kamals tägliche Anrufe taten ein Übriges, ich wollte weg aus Deutschland, wollte nach Djerba, in die Sonne, an den Strand; zu ihm, der voller Ungeduld auf mich wartete.

Bald war es so weit, meine Abreise nach Djerba stand kurz bevor. Meine Familie und Freunde konnten und wollten immer noch nicht so recht glauben, dass ich mich tatsächlich zu diesem waghalsigen Schritt entschlossen hatte. Viele meiner Freunde reagierten mit absolutem Unverständnis auf meine Entscheidung. Es kam zu einigen heftigen Szenen, zwei Freundschaften gingen dabei in die Brüche.

Unter anderen Umständen hätten mich diese Streitigkeiten bedrückt und traurig gemacht, aber in meinen Gedanken war ich schon nicht mehr in meiner Heimatstadt und im vertrauten Bekanntenkreis, sondern stand bereits in »meinem« Geschäft und genoss das Leben im Club.

Und dann war er da, der lang ersehnte Tag der Abreise. Da ich für den Anfang im Hotel eine Menge Dinge benötigte, hatte die Hotelleitung bei der Fluglinie angefragt, ob ich statt der üblichen 20 Kilogramm die weitaus größere Menge von 80 Kilogramm Gepäck mitnehmen könnte. So hatte ich drei schwere Koffer, diverse kleinere Taschen und Handgepäck zu schleppen.

Endlich hatte ich meinen Boarding-Pass in der Hand, mein Gepäck war verladen. Nun stand der Abschied von meinen Eltern, meinem Bruder und meiner Schwägerin bevor. Unter Tränen wurde ich von meiner Familie umarmt und geküsst und bekam viele gute Wünsche und mindestens genauso viele Ermahnungen mit auf den Weg. Ich wusste, wie sehr sie sich um mich sorgten und dass sie mich am liebsten zurückgehalten hätten, aber sie ließen mich trotz ihrer großen Bedenken ziehen. Heute weiß ich, wie sehr vor allem meine Mutter damals gelitten hat und mit welchen Ängsten sie sich herumschlagen musste. Sie schien zu ahnen, dass im sonnigen Süden alles andere als das erhoffte Glück auf mich wartete.

Meine Vorfreude allerdings war durch nichts und niemanden zu erschüttern. Die knapp drei Stunden Flug dauerten mir viel zu lange, ich war ungeduldig und nervös. Kamal würde sicher schon am Flughafen auf mich warten. Welches Zimmer würde man mir im Club zuteilen? Ob ich das geräumige Appartement von Claudine übernehmen konnte? Wahrscheinlich nicht, denn sie hatte es sich als Wohngemeinschaft mit Ibi geteilt; ich würde vorerst allein wohnen.

Zahllose Gedanken rasten durch meinen Kopf, ich konnte keinen festhalten und zu Ende denken, denn ich war zu aufgeregt.

Und endlich, endlich fuhren wir im Bus über das Rollfeld auf das Flughafengebäude zu. Die Sonne brannte von einem wolkenlos blauen Himmel, vom Meer wehte ein laues Lüftchen – darauf hatte ich gewartet und mich wochenlang gefreut. Und gleich würde mich Kamal in die Arme schließen. Ich war rundum glücklich.

Doch meine Euphorie fand in der Ankunftshalle ein schlagartiges Ende: Mit meinem stattlichen Gepäck stand ich ungeduldig am Ausgang und hielt vergebens Ausschau nach meinem Liebsten, aber weit und breit war nichts von ihm zu sehen. Behindert durch meinen Kofferberg, war es mir unmöglich, an ein öffentliches Telefon zu kommen. Na großartig! Das fing ja gut an!

Mittlerweile war mir auch unangenehm warm geworden. Die Kleidung klebte mir am Körper, während ich versuchte, mit den beiden hoch beladenen Gepäckwagen fertig zu werden. Immer noch kein Kamal in Sicht, und ich wartete nun schon fast eine Stunde.

Endlich kam ein Bediensteter von Tunisair vorbei, den ich vom Sehen kannte. Ich sprach ihn an, und er erwies sich als hilfsbereit und besorgte mir einen Gepäckträger, der Koffer und Taschen auf sein Gefährt packte und dieses zu einem Taxi bugsierte. Völlig verschwitzt und stinksauer ließ ich mich auf die Rückbank des Wagens fallen. Nur raus aus der mörderischen Hitze! Ich schwitzte, ich hatte Durst, meine Schuhe drückten und mein zukünftiger Lebenspartner hatte mich am Flughafen stehen lassen. Wenn das kein fulminanter Start in ein neues Leben war!

Auf der Fahrt Richtung Midoun versuchte ich, mich zu beruhigen. Sicher gab es eine plausible Erklärung für sein Nichterscheinen. Vielleicht musste er arbeiten. Oder er hatte kein Taxi bekommen. Oder sich ein Auto geliehen, das dann gestreikt hatte und nicht angesprungen war. Er hatte mich noch nie versetzt, warum sollte er ausgerechnet heute damit anfangen?

Im Hotel angekommen, zerrte ich mit Unterstützung des Fahrers entnervt mein Gepäck aus dem Taxi und stapelte es vor dem Eingang auf. Während ich bezahlte, bemerkte ich aus den Augenwinkeln, wie sich an der Rezeption hektisches Treiben entwickelte. Einer der Angestellten sprach wild gestikulierend ins Telefon, der andere rannte – ohne mich zu grüßen oder auch nur anzusehen – an mir vorbei in Richtung der Bungalows.

»Karim, hilf mir doch bitte mit dem Gepäck!«, rief ich dem Rezeptionisten zu. Er machte keinerlei Anstalten, mir zu helfen, sondern telefonierte weiter auf Arabisch.

»Hallo! Kannst du mir bitte helfen!« Langsam verlor ich die Geduld. Endlich bequemte sich Karim hinter der Rezeption hervor und kam mir langsam entgegengeschlendert.

»Wo ist denn Kamal? Er wollte mich doch vom Flughafen abholen?«

Der sonst so herzliche Karim sah mich nicht an, sondern an mir vorbei auf den Vorplatz. »Hallo, willkommen bei uns! Schön, dass du da bist. Es gibt ein kleines Problem, Kamal kommt aber gleich.«

»Problem? Welches Problem?«

»Ähm, ich weiß auch nicht genau. Warte doch bitte, bis er da ist. Wir bringen deine Sachen schon einmal ins Appartement, ist das okay?«

Man hatte mir tatsächlich Claudines ehemalige Wohnung zugewiesen. Ein wenig freute ich mich über diese Großzügigkeit der Hotelleitung, aber mir war der Empfang durch Kamals Unzuverlässigkeit gründlich verdorben.

Ich nahm den Schlüssel entgegen und machte mich zum ersten Mal auf den Nachhauseweg, allein, nicht mit Kamal, wie geplant.

An der Eingangstür hing eine bunte Girlande mit einem riesigen Schild: »Herzlich willkommen im Club!« war in Riesenlettern zu lesen. In der Wohnung warteten ein Blumenstrauß, eine wohlgefüllte Obstschale und eine Flasche Crémant, ein mit Rosenblättern bestreutes Bett und eine weitere Girlande mit einem Willkommensgruß auf mich. Langsam verrauchte mein Ärger. Kamal und seine Leute hatten sich wirklich die größte Mühe gegeben, mir einen herzlichen Empfang zu bereiten.

Ich öffnete die Terrassentür. Wenn man sich über das Geländer beugte, konnte man sogar ein Stück vom Strand sehen, ansonsten hatte ich den exotischen Palmengarten direkt vor meinem Fenster. Meine Laune hob sich merklich – der Willkommensgruß und die schöne Wohnung versöhnten mich mit dem verpatzten Abholmanöver.

Nachdem ich geduscht und mir leichte Freizeitkleidung angezogen hatte, richtete ich mich häuslich ein. In der Mittagszeit würde ich niemanden aus der Verwaltung antreffen, daher musste ich bis nach der Siesta warten, um mich im Büro zu melden. In der Zwischenzeit konnte ich ja schon einmal auspacken. Irgendwann fiel ich todmüde aufs Bett und schlief ein.

Lautes Klopfen und Rufen weckte mich. Es war heiß und stickig im Zimmer, und ich taumelte schlaftrunken zur Tür. Kamal stand mit ausgebreiteten Armen und einem unwiderstehlichen Lachen davor, ein Sträußchen frischen Jasmin in der Hand. »*Ya lili, ya aini*, mein Augenlicht, da bist du ja endlich! So lange habe ich auf dich gewartet!« Er zog mich in seine Arme, schwenkte mich herum, drückte und küsste mich voller Begeisterung. Völlig benommen von seinem Überschwang, war ich nicht in der Lage, etwas darauf zu antworten. Er war schon im Wohnzimmer, hatte den Crémant aus dem Kühler genommen und war dabei, ihn zu entkorken.

»Nein, bitte, lass das, ich möchte jetzt keinen Alkohol. Außerdem ist der Crémant viel zu warm! Und ich muss gleich noch zum Chef!«

»Aber ich will mit meiner *habibati* auf unser gemeinsames Leben auf Djerba anstoßen. Das ist ein Freudentag, da müssen wir ein Glas trinken!«

»Ich dachte, du trinkst nicht?«

»Heute schon, heute ist mein Glückstag, da muss ich etwas trinken. Nur mit dir, mein Liebling, sonst trinke ich nicht.« Er drückte mir ein halb volles Glas in die Hand und hob das seine freudestrahlend. »Auf uns und unser wundervolles Leben zusammen auf Djerba. Ich verspreche, ich werde alles tun, dass du dich hier wie zu Hause fühlst und nie mehr von hier wegwillst!«

Ich nippte an dem lauwarmen Getränk und stellte das Glas leicht angewidert wieder zur Seite. Kamal kippte seines in einem Zug hinunter. Keine schlechte Leistung für jemanden, der sonst keinen Alkohol anrührte.

»Wo warst du heute Vormittag? Ich habe am Flughafen auf dich gewartet.«

»*Khalili*, Liebste, mein Vater ist krank, ich habe ihn ins Krankenhaus gebracht. Nichts sonst hätte mich aufgehalten, aber meinem Vater ging es sehr schlecht.«

»Um Himmels willen, was hat er? Wie geht es ihm? Ist er noch in der Klinik?«

Sein Vater hatte morgens über starke Schmerzen in der linken Brust geklagt. Da er herzkrank war, hatte ihn Kamal sofort ins Auto gesetzt und war mit ihm in die nächstgelegene Klinik gefahren. Und weil dort großer Andrang herrschte, war eine lange Wartezeit unausbleiblich. Aus diesem Grund konnte er mich nicht vom Flughafen abholen, worüber er untröstlich war.

Er entschuldigte sich mehrmals und schien aufrichtig zerknirscht über diesen Ausrutscher zu sein. Und konnte ich denn ernsthaft böse darüber sein, dass er sich um seinen kranken Vater gekümmert hatte?

Am späten Nachmittag traf ich mich mit dem Chef des Marina Clubs. Doch nicht etwa im Büro, denn auf Djerba wurden Geschäftsangelegenheiten im Café oder im Strandrestaurant besprochen. Danach kam die offizielle Vorstellungsrunde im Club. Obwohl ich die meisten der Angestellten bereits aus meinen diversen Ferienaufenthalten kannte, wurde ich jetzt als neue Leiterin der Boutique präsentiert. Überall wurde ich freundschaftlich und mit netten Worten begrüßt, man versicherte mir, wie sehr man sich für mich und Kamal freute.

Den misslungenen Empfang vom Vormittag hatte ich schon fast vergessen, und verziehen hatte ich Kamal auch. Ärger gleich am ersten Tag – das musste ja wirklich nicht sein.

Kamal musste zwar arbeiten, ich jedoch genoss meinen letzten freien Abend. Heute konnte ich mir noch einmal die Abendshow ansehen, im Strandrestaurant sitzen und mich amüsieren. Ab morgen wehte ein anderer Wind, denn ich würde an sechs Tagen in der Woche in der Boutique arbeiten und, bis ich mich eingearbeitet hatte, sehr wenig Freizeit haben.

Samira, die tunesische Aushilfe, machte mir den Einstieg in den neuen Job einfach. Sie war bereits seit acht Jahren in der Boutique angestellt, sprach sehr gut Deutsch und Französisch und war eine aufgeschlossene, fröhliche junge Frau, mit der ich mich besonders gut verstand. Von Anfang an herrschte ein angenehmer Ton zwischen uns. Wir hatten viel zu reden, und mit der Zeit entwickelte sich ein freundschaftliches Verhältnis zwischen uns. Sie war mit allen Geschäftsabläufen vertraut, kannte alle Lieferanten und Händler, hielt Adressen und Telefonnummern für mich bereit.

Bei diesen Voraussetzungen konnte ich mich rasch in das neue Metier einarbeiten, und mir gefiel meine neue Arbeit von Tag zu Tag besser. Unsere Kunden waren in Urlaubslaune, manchmal in aufgekratzter Stimmung durch das eine oder andere Gläschen Wein, und bei den meisten saß das Geld locker, sodass wir keine Schwierigkeiten hatten, unsere Sport- und Strandkleidung an die Frau oder den Mann zu bringen. Der Chef war mit unseren Umsätzen mehr als zufrieden, und unsere Arbeit war nicht allzu anstrengend. In der Mittagspause hatte ich immer Zeit, mich ein Stündchen an den Strand zu legen, eine Runde Wasserski zu fahren oder mir bei der Sport-Animation ein Brett zum Surfen auszuleihen. Genau so hatte ich es mir vorgestellt: dort zu arbeiten, wo andere Urlaub machten.

Meine Beziehung mit Kamal vertiefte sich, wir waren ein Herz und eine Seele. Nach dem schlechten Start gab er sich alle Mühe, mir ein schönes Leben zu bieten. Wir hatten unseren freien Tag aufeinander abgestimmt, und an den Montagen hatte er immer etwas Aufregendes für uns geplant. Ob ein Tag in der Blauen Lagune, ob ein Ausflug aufs Festland nach Medenine oder Zarzis – nie war es langweilig mit ihm. Nie ging uns der Gesprächsstoff aus, oft saßen wir bis spät in die Nacht auf meiner kleinen Terrasse und redeten.

Als wir uns kennenlernten, hatte ich ihm erzählt, dass ich gern einmal am Strand ausreiten würde. Zwei- oder dreimal war ich bereits mit einem der Reitlehrer ausgeritten, aber wir waren immer auf den ausgetretenen Touristenpfaden unterwegs.

An einem Montagmorgen kurz nach sechs Uhr rief jemand vor meiner Tür laut meinen Namen. Ich sprang aus dem Bett, rannte ans Fenster – und da stand mein Kamal mit zwei herrlichen Araberpferden. Er ritt ohne Sattel, das andere Pferd, eine kleine, zierliche Stute, trug dagegen einen glänzenden Sattel. Blitzschnell war ich zurechtgemacht, und wir trabten am menschenleeren Strand entlang. Die Sonne ging über dem Meer auf, es war ganz still, die Luft war samtig warm, das Wasser spiegelglatt. Eine unwirklich schöne Szenerie, die ganze Insel schien uns zu gehören. Kamal war ein exzellenter Reiter, der sein Pferd auch ohne Sattel mühelos zu lenken verstand. Wir ließen die Tiere im Wasser laufen und galoppierten anschließend um die Wette, dass der Sand nur so flog. Ich fühlte mich absolut frei und glücklich, mit mir und meiner Welt im Reinen. Alle Zwänge und Ängste waren von mir abgefallen, ich fühlte mich wie neugeboren.

Zum Frühstück kehrten wir bei Kamals Freund Saad ein, der vor Kurzem ein gemütliches kleines Strandcafé eröffnet hatte. Wir waren die ersten Gäste an diesem Morgen und wurden mit besonderer Aufmerksamkeit bedient.

Anschließend ritten wir noch auf einen kurzen Besuch bei Kamals Eltern vorbei. Was war das für ein Gelächter und Geschrei, als Kamal und ich auf unseren Pferden bis vor die Haustür trabten! Seine Eltern und Brüder kamen aus dem Haus, und im Nu waren wir von einer Kinderschar umringt, die sich schubsten und drängten, um möglichst nahe an die Pferde heranzukommen und uns die Zügel aus der Hand zu nehmen.

Kamals Mutter redete aufgeregt auf Arabisch auf mich ein. »Was sagt sie?«, wollte ich wissen.

»Dass es nicht gut für Frauen ist, zu reiten«, erwiderte Kamal kurz und wandte sich schnell ab, sodass ich nichts darauf erwidern konnte. Was war das denn für ein Unsinn? Warum sollte es nicht gut sein, Sport zu treiben? Kamals Mutter allerdings war alles andere als begeistert von unserem Reitausflug. Egal, mir machte es jedenfalls Spaß.

Wie immer wurden wir gastfreundlich bewirtet. Kamals Mutter schien immer Leckereien, Tee und Kaffee für unerwarteten Besuch parat zu haben.

Nach dem Mittagessen brachen wir auf, um nach Hause zu reiten. In gemächlichem Tempo ging es in Richtung Marina Club. Unterwegs legten wir noch eine kurze Pause ein, um im Meer zu schwimmen, und kamen am späten Nachmittag müde und erschöpft zu Hause an. Wir ließen diesen perfekten Tag auf der Terrasse ausklingen, mit Rotwein und frischem *baklava*; denn entgegen seinen früheren Aussagen war Kamal einem guten Glas Rotwein durchaus nicht abgeneigt.

Ich war felsenfest davon überzeugt, dass es kein schöneres Leben geben konnte als das, welches ich hier und jetzt mit Kamal führte.

Wie im Flug verging die Zeit. Ende Januar 1994 war ich nach Djerba gekommen, nun stand der Sommer vor der Tür. Obwohl es erst Mai war, stieg das Thermometer tagsüber schon auf weit über 30 Grad. Es versprach ein langer und heißer Sommer zu werden. Gelegentlich sehnte ich mich nach einem Regentag mit dunklen Wolken und angenehmer Kühle, den man ohne schlechtes Gewissen mit einem guten Buch auf der Couch vertrödeln konnte. Hier war ein Tag wie der andere, wolkenlos blauer Himmel und Sonne, Sonne, Sonne.

Von gemütlichen Abenden zu Hause konnte ich nur noch träumen. Man hatte mich dazu verdonnert, bei der allabendlichen Show mitzuwirken. Jeder Angestellte, der zum Animationsteam zählte, war zur Mitarbeit verpflichtet, ob vor oder hinter der Bühne. Bei einem Musical stand ich im Katzenkostüm vor dem Publikum und hasste jede Sekunde. Lieber war es mir, Kostüme vorzubereiten und die Schauspieler für ihren Auftritt zu schminken und zu frisieren.

Die Freizeit wurde knapper und knapper, denn es wurde von uns erwartet, dass wir nach der Show noch in die Bar oder Disco gingen, um uns mit den Gästen zu unterhalten. Was mir noch vor einem halben Jahr als erstrebenswertes Freizeitvergnügen erschienen war, entpuppte sich nun als Knochenjob, der mich von morgens bis spätabends auf Trab hielt. Oft saß ich bis spät in die Nacht über Abrechnungen und Bestellungen, die ich tagsüber nicht erledigen konnte. Entsprechend müde war ich an manchen Tagen, und ich zog mich gern abends zurück, wenn ich nicht für die Unterhaltung der Gäste gebraucht wurde.

Mit Kamal verstand ich mich nach wie vor blendend. Wir stritten selten und waren meistens einer Meinung. Mit ihm an meiner Seite fiel mir die Arbeit leicht. Es gab zwar viel zu tun, aber wir hatten auch eine Menge Spaß, lernten immer wieder neue Leute kennen und hatten einen ständig wachsenden Freundes- und Bekanntenkreis. Das Wort »Langeweile« wurde aus meinem Wortschatz gestrichen, dafür gab es zu viel zu erleben.

Mittlerweile kannten wir Stammgäste, die zweimal oder öfter im Jahr bei uns Urlaub machten. Mit einigen hatten wir uns angefreundet. Sie sorgten für meinen Nachschub an Gummibärchen, Schwarzbrot und Schokolade, ohne die ich nicht leben konnte. Oft erreichte mich spätabends in meinem Appartement noch ein Anruf mit der Frage: »Was brauchst du aus Deutschland? Mein Mann und ich kommen am Freitag nach Djerba.«

Auch meine Eltern und mein Bruder waren in der Zwischenzeit hier gewesen und hatten sich davon überzeugen können, dass es mir gut ging und ich nicht von arabischen Sklavenhändlern verfolgt wurde, die mich in den Sultansharem verkaufen wollten. Ich hatte den Eindruck, dass sie nun etwas lockerer mit der Tatsache umgehen konnten, dass ich in einem muslimischen Land lebte und arbeitete.

Ende Mai hatte sich Lydia für eine Woche angemeldet. So recht freuen konnte ich mich nicht auf ihren Besuch, denn obwohl sie immer bemüht war, freundschaftlich zu wirken, hatte ich ein unbestimmtes Gefühl, als würde sie mir meine Arbeit und die Beziehung zu Kamal neiden. Sie hatte zwar nie etwas in dieser Richtung gesagt, aber ich fühlte mich in ihrer Gegenwart nie ganz wohl und ungezwungen. Ihre überschwängliche Art ging mir auch bald auf die Nerven, und ich war froh, sie an meine Kollegen vom Sportteam weiterreichen zu können. Sie hatte sich für ihren Urlaub mächtig aufgerüscht und eine komplett neue Garderobe erstanden. In diversen knappen Fummeln hatte sie täglich ihre Auftritte im Restaurant und am Strand. Die männlichen Animateure wirkten von ihr begeistert, bei den weiblichen war sie dementsprechend weniger beliebt.

Da in dieser Woche viel Büroarbeit anstand, saß ich abends auf meiner Terrasse, um Schreibarbeiten zu erledigen. Kamal schien auch sehr beschäftigt zu sein, denn er ließ sich, wenn überhaupt, immer nur für kurze Zeit bei mir blicken, um dann gleich wieder ins Restaurant zu eilen. Da ich wusste, dass das Hotel ausgebucht war, machte ich mir deshalb keine Gedanken.

Nachdem wir uns die ganze Woche nur beim Essen gesehen hatten, beschloss ich am Samstagabend, Kamal zu überraschen und ihn im Restaurant abzuholen. Vielleicht könnten wir noch auf einen Drink zu Mario oder Saad fahren. Verdient hatten wir es uns, die Woche war lang und anstrengend gewesen.

Als ich ins Restaurant kam, waren nur noch drei Kellner dort, die gerade die letzten Tische für das Frühstück eindeckten.

»*As-slama*, wo ist Kamal?«, fragte ich.

Drei fassungslose Gesichter schauten mich an.

»Äh, äh, ja … vielleicht im Strandrestaurant?«, stammelte derjenige, der sich als Erster gefasst hatte.

»Um diese Zeit? Was macht er denn dort?«

Keine Antwort.

Ich drehte mich um und machte mich auf den Weg zum Strand. Wie erwartet, war das Lokal dunkel und verschlossen. Wo konnte Kamal sein?

Ich versuchte es in der Disco und zum Schluss in der Bar. Mehr Möglichkeiten gab es nicht. Kamal war nicht da. Unentschlossen blieb ich am Tresen stehen.

»Willst du ein Glas Rotwein? Hier, ich gebe dir eins aus.« Nasser, unser Barmann, drückte mir ein Glas in die Hand. »Bleib doch hier, Kamal kommt sicher gleich.«

Nein, danke, gerade jetzt hatte ich keine Lust, mich unter die beschwipste Menge zu mischen und Small Talk zu üben.

Missgelaunt machte ich mich auf den Weg zu meiner Wohnung. Die Überraschung war ein Schlag ins Wasser gewesen. Der Einzige, der wirklich überrascht war, war ich. Ich warf mich auf die Couch und fing an zu grübeln. Wo könnte Kamal sich aufhalten? Er war nicht an seinem Arbeitsplatz, nicht in seinem Zimmer und auch sonst nirgends im Club zu finden. Ob er zu seinen Eltern gefahren war? Vielleicht war sein Vater wieder krank geworden? Aber warum hatte er mir nichts davon gesagt?

Dann fiel mir ein, dass auch Lydia nirgends zu sehen gewesen war. Ob die beiden etwa zusammen …? Nein, das konnte nicht sein, Kamal mochte Lydia nicht. Er empfand sie, genau wie ich, als überheblich und unnatürlich.

Ach, was soll's, ich würde zu Bett gehen und mich morgen um die Sache kümmern.

Während ich mich auszog, klopfte es heftig an der Tür. »*Habibati*, mach auf, ich bin's, dein Schatz!«

Ich riss die Tür auf – da stand er, ein wenig abgehetzt und außer Atem.

Obwohl ich es nicht wollte, brach es wütend aus mir heraus: »Wo warst du? Ich wollte dich abholen, aber du warst verschwunden!«

»Cara mia, mein Liebling! Beruhige dich! Ich war im Security-Büro und habe mit Nejib ein Bier getrunken.«

Ich atmete tief durch und versuchte, mich zu beruhigen. »Aha, und warum wusste das niemand von deinen Mitarbeitern? Normalerweise wissen die doch immer alles. Und auch Nasser wusste nicht, wo du warst.«

»Es hat sich einfach so ergeben. Nejib und ich haben noch ein wenig geplaudert. Was ist denn dabei? Warum regst du dich bloß so auf?«

Nach einigem Hin und Her erzählte ich ihm schuldbewusst, dass ich vermutet hatte, er sei mit Lydia unterwegs gewesen. Kamal lachte laut, nahm mich in die Arme und meinte: »Du weißt doch genau, was ich von ihr halte, oder etwa nicht? Wie kommst du dann nur auf solch dumme Gedanken? Hast du gar kein Vertrauen zu mir? *Du* bist meine Frau, und ich liebe nur dich. Nie würde ich dich betrügen – und ganz besonders nicht mit so einer.«

»Was meinst du damit?«

»Sie geht mit jedem aufs Zimmer, heute mit dem, morgen mit einem anderen. Das weiß ich von den Animateuren. Alle sprechen über sie.«

»Bist du sicher, dass das stimmt?«

»Ganz sicher. Ich habe selbst gesehen, wie sie mit Amir abgezogen ist. Sie ist widerlich, eine Schlampe! Ich möchte nicht, dass sie deine Freundin ist. Die Leute reden schlecht über sie, eine Schande! Sie ist eine Sextouristin, kommt hierher nur für ›Takataka-Machen‹, du weißt schon.«

Fassungslos starrte ich Kamal an. Lydia eine Sextouristin, die wahllos mit jedem Animateur ins Bett ging? Darüber hatte ich noch nie nachgedacht; sie war mir einfach nicht wichtig genug, um mich mit ihr und ihrem Verhalten länger zu befassen. Aber es fiel mir nicht leicht, zu glauben, dass jemand aus meiner Bekanntschaft in die Rubrik »Sextouristin« fallen sollte und nur zu diesem Zweck hierherkam.

Noch lange saßen wir auf der Terrasse und diskutierten über das Benehmen deutscher Frauen, die offensichtlich nur zu *einem* Zweck nach Djerba reisten. Kamal verurteilte dieses Verhalten aufs Schärfste und äußerte sich abfällig über solche »Schlampen«, die sich jedem an den Hals warfen.

Schließlich gingen wir zu Bett. Es war schon spät, wir waren versöhnt und in zärtlicher Stimmung.

Der Antrag

Mein erster Sommer auf Djerba war hektisch, anstrengend und vor allem heiß. Im Juli und August kletterten die Temperaturen tagsüber auf über 40 Grad und auch der Abend brachte kaum Abkühlung. Schön für die Gäste, die sich genüsslich am und im Pool oder am Strand aalen konnten, weniger schön für uns Angestellte, die wir bei dieser Hitze arbeiten mussten. Da ich von morgens bis abends auf den Beinen war, machte mir das Wetter ziemlich zu schaffen, und oft fiel ich abends wie erschlagen ins Bett. Der Traumjob war zum Alltag geworden und zudem nervenaufreibend und stressig. Längst war mir die Lust vergangen, mich in meiner Freizeit an der Bar oder in der Disco aufzuhalten. Ich war froh um jede Stunde, die ich in meiner Wohnung verbringen und die Füße hochlegen konnte. Kamal sah ich fast nur noch während der Arbeitszeit. Abends waren wir beide zu kaputt, um noch etwas zu unternehmen. Selbst an unseren freien Tagen lagen wir meist nur am Strand und faulenzten.

Einen Vorteil hatte dieses arbeitsreiche Leben: Geld ausgeben konnte ich nicht, da sich dafür kaum eine Gelegenheit bot. Wohnung und Essen bekam ich kostenfrei im Hotel und auch die Kleidung, unsere »Uniform«, wurde vom Arbeitgeber gestellt. So konnte ich Monat für Monat mein gesamtes Gehalt sparen und freute mich bei jedem Blick auf meine Kontoauszüge über das konstant wachsende Guthaben, das sich innerhalb von wenigen Monaten angesammelt hatte.

Nur Kamal schien mit seinem Verdienst nie auszukommen. Ständig war er in akuter Geldnot, oft musste ich ihm mit 50 DM oder mehr aushelfen, damit er sich Duschgel, Deo, Zigaretten oder Süßigkeiten leisten konnte. Immer entschuldigte er sich damit, dass er seiner Mutter Geld zusteckte, das Studium seines Bruders mitfinanzierte oder Materialien für den Hausbau anschaffte. Obwohl er ganz offensichtlich überhaupt nicht mit Geld umgehen konnte, sah ich über diesen Fehler hinweg und entschuldigte ihn damit, dass er sich mir und auch seiner Familie gegenüber großzügig zeigte und diese unterstützte, wo er konnte.

Wir kannten uns nun fast zweieinhalb Jahre, und unsere Beziehung hatte sich noch vertieft. Streit gab es nur selten, und falls doch, dann um Nichtigkeiten. Wir konnten einander nie lange böse sein und hatten uns versprochen, niemals im Streit einzuschlafen, sondern die Probleme vorher zu klären. So lebten wir harmonisch zusammen und gingen liebe- und respektvoll miteinander um.

Das einzig Störende für mich war, dass Kamal nun öfters Alkohol trank, und dann nicht nur ein Glas, sondern größere Mengen. Ich hatte ihn bis jetzt zwar nie betrunken gesehen, aber abstinent wie am Anfang unserer Beziehung war er nicht mehr. Da er wusste, wie sehr mich sein Alkoholkonsum störte, trank er in meiner Anwesenheit nur selten. Aber oft merkte ich an seinem Atem und auch an seinem Verhalten, dass er nicht nur Pfefferminztee und Wasser zu sich genommen hatte. Weil er sich aber immer unter Kontrolle hatte und nie ausfällig wurde, hielt ich den Mund und nahm es einfach hin.

An einem Montag Ende August hatten Kamal und ich seinen Cousin Ali und unseren Barmann Nasser zum Abendessen in meine Wohnung eingeladen. Wir hatten auf der Terrasse gegrillt, waren satt und saßen träge herum. Ich plauderte ein wenig mit den beiden Jungs. Erst nach einigen Minuten merkte ich, dass Kamal weg war. Da er in der Wohnung nicht zu finden war, vermutete ich, er sei Getränke holen gegangen.

Nach einer Viertelstunde kam er von der Gartenseite her auf die Terrasse geschlendert, beide Hände auf dem Rücken verborgen.

»Hast du noch Mineralwasser besorgt?«, fragte ich.

Die drei Männer schauten sich verschwörerisch an, und plötzlich fiel Kamal vor mir auf die Knie. Hinter seinem Rücken zog er den größten Rosenstrauß hervor, den ich je gesehen hatte. »Willst du mich heiraten, meine *habibati*? Ich wusste gleich beim ersten Mal, als ich dich sah, dass du die Frau bist, die ich heiraten werde!«

Vor Erstaunen fiel mir die Kinnlade herunter. Mit einem romantischen Heiratsantrag hatte ich heute wirklich nicht gerechnet. Immer hatte ich vermutet, dass er mich einmal ganz beiläufig fragen würde, beim Geschirrspülen oder beim Wäscheaufhängen. Und nun dieser unerwartete, förmliche Heiratsantrag – und dazu noch vor Zeugen.

Im ersten Moment war ich sprachlos.

»Willst du mich nicht heiraten, cara mia? Liebst du mich nicht?«

»Doch, doch, natürlich liebe ich dich. Und ja, ich will dich heiraten!« Ich konnte kaum sprechen vor Überraschung, meine Kehle war wie zugeschnürt.

Die beiden Jungs brachen in Jubelgeheul aus und klatschten laut und begeistert in die Hände. Kamal nahm mich in die Arme, hob mich hoch und drehte sich mit mir im Kreis. Alle lachten und redeten plötzlich durcheinander. Nasser zauberte eine Flasche Sekt und vier Gläser hervor, und im Nu stießen wir auf Kamals Heiratsantrag an.

»War das eine Überraschung? Oh, du hättest dein Gesicht sehen sollen, *habibati*! Du warst ganz erstaunt! Habe ich dich überfallen? Freust du dich?« Kamal war außer sich vor Begeisterung und Aufregung.

Immer noch war ich völlig durcheinander und sprachlos, anders als die drei Männer. Die redeten laut auf Arabisch aufeinander ein und schienen sich über die gelungene Überraschung zu freuen.

Noch lange saßen wir zusammen in dieser Nacht, lachten, redeten und feierten.

Kamal und ich waren nun verlobt.

Die Nachricht verbreitete sich im Club wie ein Lauffeuer. Als wir am nächsten Morgen zum Frühstück erschienen, wussten es bereits alle Kollegen und die meisten der Gäste. Von allen Seiten wurden wir umarmt, geküsst und mit Glückwünschen überschüttet. So viele Kunden wie an diesem Morgen hatten wir noch nie in der Boutique gehabt. Jeder wollte wissen, wie Kamal seinen Antrag vorgebracht hatte und wann die Hochzeit stattfinden würde. Würde es ein europäisches oder ein traditionell arabisches Fest geben? In einem weißen Kleid mit Schleier oder in djerbischer Tracht? Vor allem die weiblichen Gäste waren außerordentlich an all diesen Fragen interessiert, und wir verbrachten den Tag mit viel Gelächter und Plaudereien in unserem Laden. Jeder hatte eine Anregung oder einen Rat, wie man die Feier am besten gestalten könnte.

Noch am gleichen Abend stahlen wir uns davon, um Kamals Eltern die Neuigkeit zu überbringen. Wie üblich tischte seine Mutter erst einmal tüchtig auf, bevor er seinen Eltern und Geschwistern auf Arabisch mitteilte, dass wir nun verlobt waren. Wie erwartet, war die Freude über diese Neuigkeit groß: Seine Mutter stimmte den *zagharied* an, die Brüder klopften Kamal anerkennend auf die Schulter und umarmten ihn. Auch ich wurde umarmt und beglückwünscht. Kamals Vater schüttelte uns beiden würdevoll die Hand, und ich hatte den Eindruck, dass er sich wirklich darüber freute, dass ich in Kürze seine Schwiegertochter werden sollte.

Es wurde noch ein langer Abend, denn der »Buschfunk« funktionierte wieder einmal tadellos. Ständig kamen Verwandte und Nachbarn dazu, die ebenfalls von unserer Verlobung gehört hatten und uns die Hand schütteln wollten. Ich wagte nicht, mir vorzustellen, wie es wohl bei unserer Hochzeit zugehen mochte. Wie viele Gäste, geladene und ungeladene, wir wohl zu erwarten hätten? Mir schien, als würde die ganze Insel Bescheid wissen und sich drängen, an der Feier teilzunehmen. Ein wenig flau wurde mir schon bei diesen Überlegungen. Aber heute wollte ich nicht darüber nachdenken, dazu war später noch Zeit.

Ärger in Gabès

Zum Ende des Jahres wurde es ruhiger im Hotel, es kamen weniger Gäste. Wir hatten nun Zeit, Pläne für das große Fest zu schmieden.

Ich hätte eine schlichte Hochzeit im engsten Familienkreis vorgezogen, in festlicher, aber einfacher Garderobe, eine kleine Familienfeier in einem schicken Hotel, aber das kam für Kamal überhaupt nicht infrage. Er wünschte sich ein großes Fest, zu dem alle eingeladen werden sollten: Familie, Verwandtschaft, Freunde, Arbeitskollegen, Nachbarn. Alle sollten an unserem Glück teilhaben und unsere Hochzeit mit uns feiern. Mir wurde angst und bange bei seinen hochfliegenden und kostspieligen Plänen, die in meinen Augen schon jetzt aus dem Ruder liefen.

Vor allem aber wünschte Kamal sich eine Braut in Weiß. Also würde ich nach Deutschland fliegen und mir dort ein Brautkleid und alle dazugehörigen Accessoires besorgen müssen. Seinen Frack sollte ein bekannter Herrenschneider aus Houmt Souk maßanfertigen. Heiraten wollten wir auf dem Standesamt in Midoun, danach sollte die Riesenparty in Kamals Elternhaus steigen.

Er stellte bereits die Gästeliste zusammen, und zu meinem Entsetzen wurde sie täglich länger und länger, obwohl wir die Hochzeit erst für August nächsten Jahres planten. Ich konnte mir nicht vorstellen, wie wir all die Menschen bewirten sollten, und vor allem wusste ich nicht, wo sie in Kamals Elternhaus Platz finden sollten.

So, wie es momentan aussah, würden wir auch Unmengen an Essen und Getränken benötigen. Wer würde das alles bezahlen? Wo sollte das alles aufgebaut werden, wo die vielen Gäste sitzen? Auch wegen der sanitären Einrichtungen machte ich mir Sorgen, denn ich hatte ja bereits unliebsame Bekanntschaft mit dem elterlichen WC gemacht. Unsere europäischen Gäste würden mit Sicherheit diese Toilette nicht benutzen wollen.

Kamal hatte auch hierfür eine Lösung. Warum bauten wir nicht in der Zwischenzeit unser Haus fertig? Dann könnten die Gäste auf der Terrasse sitzen, es ständen zwei Badezimmer sowie eine Küche zur Verfügung. »Und wer soll das nun noch obendrein bezahlen?«, fragte ich. Da das Haus ja unser gemeinsamer Wohnsitz werden würde, sollte ich mein Erspartes in den Bau investieren. Kamal und seine Eltern würden im Gegenzug die nicht unbeträchtlichen Kosten für die Hochzeit und die Festlichkeiten übernehmen.

Ganz so leicht wollte ich mich aber nicht von meinem Geld trennen, und so suchten wir einen Notar auf, der ein Dokument in Französisch anfertigte, in dem der Betrag und sein Verwendungszweck notariell bestätigt wurden. Obwohl der Maître mir ein ums andere Mal versicherte, dass ein solches Dokument überhaupt nicht nötig wäre, weil in Tunesien per Gesetz im Falle des Todes des Ehegatten oder der Scheidung dafür gesorgt sei, dass die Ehefrau zu ihrem Recht kam, bestand ich nachdrücklich auf der Ausfertigung des Dokuments. Als er sah, dass ich in diesem Punkt unnachgiebig war, lobte der Notar meine Weitsicht und meinen Verstand, gratulierte uns zur bevorstehenden Hochzeit – und wurde prompt von Kamal dazu eingeladen. Innerlich rollte ich mit den Augen. Wenn das so weiterging mit den großzügigen Einladungen, würden wir bei unserer Hochzeit die gesamte Inselbevölkerung als Gäste begrüßen können.

Während nun Baustoffe und Material gekauft und die Arbeiten an Kamals Haus wieder aufgenommen wurden, kümmerten wir uns um die nötigen Papiere für die Eheschließung. Eine Menge Dokumente mussten zusammengetragen werden. Für das Ehefähigkeitszeugnis sollte ich nach Deutschland fliegen, denn dieses musste ich persönlich beantragen. Außerdem brauchte ich Meldebestätigung, Gesundheits- und Führungszeugnis sowie eine Geburtsurkunde. Alles musste sowohl ins Französische als auch ins Arabische übersetzt werden. Es dauerte Monate und kostete eine Menge Geld, Zeit und Nerven, bis wir schließlich alles zusammengetragen hatten. Jedes Mal, wenn wir dachten, dass es nun geschafft war und die Unterlagen komplett wären, wurden wir auf dem Standesamt in Midoun abgewiesen, weil noch ein Stempel, eine Unterschrift oder eine Beglaubigung fehlte. Warum konnte der Beamte nicht alle Dokumente durchsehen und uns dann sagen, was insgesamt noch herbeigeschafft werden sollte? Nein, bei jedem Besuch fiel ihm ein anderes Versäumnis ins Auge, sodass wir einige Male wegen des gleichen Dokuments den weiten Weg aufs Festland nach Medenine auf uns nehmen mussten: einmal für eine fehlende Unterschrift, einmal für ein Siegel, einmal für eine Bestätigung des Polizeichefs. Oft war ich den Tränen nahe, wenn wir wieder einmal unverrichteter Dinge vor dem Standesamt standen. Nun verstand ich, warum die Planung für die Hochzeit fast ein ganzes Jahr dauerte. Wir konnten von Glück sagen, wenn wir bis zum geplanten Datum am 24. August alles Notwendige erledigt hatten.

Hinzu kam, dass Kamals ältester Bruder Riyad in diesem Sommer mit seiner Verlobten nach Djerba kommen sollte, um dort zu heiraten und sich niederzulassen. Er hatte gerade sein Studium in Tunis erfolgreich abgeschlossen und war nun promovierter Agrarwissenschaftler. Seine Eltern platzten schier vor Stolz. Sofort wurde von Kamal eine Doppelhochzeit in Erwägung gezogen. Obwohl ich bisher mit allem einverstanden war, setzte ich mich gegen diese Idee heftig zur Wehr. Riyad und Amany würden einen Monat nach uns heiraten.

Zur Ruhe kam ich in dieser Zeit überhaupt nicht mehr. Meine Arbeit durfte keinesfalls unter unseren privaten Aktivitäten leiden, darauf achtete ich genau. In jeder freien Minute kümmerte ich mich um die nötigen Heiratspapiere und um die Festvorbereitungen. Wenn ich abends müde die Ladentür hinter mir abgeschlossen hatte, sprang ich ins Taxi, um zur Baustelle zu fahren und die mehr oder weniger fortschreitenden Arbeiten zu begutachten. Ich hatte schnell gemerkt, dass die Bauarbeiter gar nicht oder nur unregelmäßig erschienen, wenn nicht öfters kontrolliert wurde. Auch der mit dem Hausbau betraute Architekt schien es mit Pünktlichkeit und Zuverlässigkeit nicht so genau zu nehmen. Aber wenn ich genug Druck machte, indem ich ihn ständig anrief oder zu seinem Haus fuhr, um ihn persönlich abzuholen, kam er seiner Arbeit zumindest schleppend nach. Manchmal fuhr ich erst nachts um ein Uhr zurück ins Hotel.

Weil ich die Arbeiter ständig antrieb, wuchs das Haus nun schneller heran. Wir hatten uns entschieden, eine Etage aufzustocken, denn der ursprünglich geplante Bungalow erschien uns zu klein für eine Familie mit Kindern.

Da es auf der Insel kein exklusives Sanitärgeschäft gab, wollten wir die Badezimmerausstattung in Gabès kaufen.

Am Sonntag davor wurde Kamal krank, eine heftige Grippe hatte ihn erwischt. Deshalb entschloss ich mich, am nächsten Tag zusammen mit Kamals jüngerem Bruder Sharif in einem *lawaj*, dem landesüblichen Sammeltaxi, aufs Festland zu fahren und dort die nötigen Einkäufe und Bestellungen zu erledigen.

Am Montag starteten wir bei heftigem Regen und Sturm in Richtung Gabès. Eine europäische Frau in einem voll besetzten Sammeltaxi auf großer Fahrt auf dem Festland – die mitreisenden Tunesier schienen sich gar nicht genug über mich und meine Abenteuerlust wundern zu können. In Gabès hatten sich die Sandwege in wahre Schlammwüsten verwandelt. Sharif und ich waren trotz Schirm innerhalb von wenigen Minuten bis auf die Haut durchnässt, aber wir kämpften uns durch Matsch und Regen von einem Geschäft zum anderen. Zu meiner Überraschung gab es jede Menge Auswahl und günstige Angebote, weshalb wir schnell mit unseren Einkäufen fertig waren. Nun mussten wir nur noch eine Rückfahrtgelegenheit finden, keine Kleinigkeit, so verdreckt und durchnässt, wie wir waren.

Nach langem Suchen fanden wir ein *lawaj*, das uns bis nach Midoun mitnehmen wollte. An der Stadtgrenze von Gabès wurden wir von einem am Straßenrand wartenden Polizeiwagen angehalten: Ausweiskontrolle. Trotz strömendem Regen zwang man uns, auszusteigen. Nachdem wir unsere Ausweise gezeigt hatten, wurden wir einer strengen Befragung unterzogen: wohin, wieso, weshalb, mit wem, warum? Mit meiner Card de Séjour, meiner Aufenthaltsgenehmigung, waren die drei Polizisten offensichtlich nicht einverstanden. Kurzerhand befahlen sie mir, im Polizeiauto Platz zu nehmen. Man würde mich nach Medenine auf die Polizeistation mitnehmen. Ich war entsetzt und verängstigt und wollte keinesfalls allein mitfahren. Nach langem Hin und Her erlaubte man Sharif, mich zu begleiten.

Auf der Polizeistation in Medenine wurden meine Papiere einbehalten und meine Fingerabdrücke genommen. Langsam bekam ich es mit der Angst zu tun. Auch an Sharifs Verhalten konnte ich erkennen, dass ihm äußerst unwohl zumute war. Er wirkte nervös und total eingeschüchtert.

Nach fast zwei Stunden erschien der Polizeichef persönlich und gestattete mir, ein Telefonat zu führen. Fast schon panisch entschied ich, meinen Chef Robert von meinem Missgeschick zu informieren. Glücklicherweise war er sofort am Apparat, beruhigte mich und versprach, den Anwalt des Clubs zu schicken.

Mittlerweile war es Abend geworden. In schlammverkrusteten, klammen Kleidern, hungrig und durstig warteten wir sehnsüchtig auf das Erscheinen des Rechtsanwalts. Endlich öffnete sich die Tür zu dem Zimmer, in dem Sharif und ich warteten, und Maître Mohamed, den ich bereits von seiner Tätigkeit im Hotel kannte, trat ein: »Ah, Mademoiselle! Kommen Sie, alles ist in Ordnung!«

»Warum werde ich festgehalten? Was ist los?«

»Nichts, nur ein dummes Versehen. Alles ist gut!«

Wie bitte? Und weshalb war ich dann »verhaftet« worden? Weshalb musste ich stundenlang auf der Polizeistation sitzen? Was wurde mir denn vorgeworfen?

»Mir wurde gesagt, dass meine Aufenthaltsgenehmigung ungültig ist.«

»Wie gesagt, Mademoiselle, ein Versehen. Kommen Sie schnell, wir gehen jetzt!« Erleichtert und müde trotteten wir hinter dem Maître her.

Nach längerem Schweigen im Auto meinte der Anwalt vorsichtig: »Verzeihen Sie, Mademoiselle, aber vielleicht wäre es besser, wenn Sie in Zukunft nicht mehr ohne Ihren zukünftigen Mann herumreisen würden. So etwas sind wir hier nicht gewohnt, eine junge europäische Frau, die mit einem *lawaj* herumfährt, nur begleitet von einem Halbwüchsigen. Das kann leicht zu Missverständnissen führen.«

Was genau wollte er mir damit sagen? Dass man mich festgehalten hatte, weil ich »allein« unterwegs war? Weil es den Polizisten nicht in den Kram gepasst hatte, dass ich in einem Sammeltaxi unterwegs war und nicht, wie es sich für Touristen gehört, in einem Hotelbus oder Mietwagen? Oder unterstellten die Polizisten mir gar ein Verhältnis zu einem Minderjährigen?

Ich konnte es nicht fassen! Am liebsten hätte ich losgeheult. Wollte ich wirklich in diesem Land bleiben, wo jeder Dorfpolizist mich jederzeit ohne Begründung auf der Polizeistation festhalten konnte, nur weil ich irgendwie nicht ins Bild passte und ein harmloser, alltäglicher Ausflug zu derartigen »Missverständnissen« führen konnte?

Diese Erfahrung machte mir Angst, und ich fühlte mich ab diesem Zeitpunkt in meiner Bewegungsfreiheit eingeschränkt, meine bisherige Ungezwungenheit und Offenheit waren dahin.

Es gab eine Menge zu erzählen, als wir nach Mitternacht zu Hause ankamen, wo uns die Familie schon ungeduldig erwartete.

Dieses eine Mal schien der sonst so perfekt organisierte »Buschfunk« nicht funktioniert zu haben, denn man wusste noch nichts von unseren Erlebnissen und hatte sich bereits Sorgen um uns gemacht. Sharif schien für die Familie der Held des Tages zu sein, nach dem vielen Schulterklopfen und den zufriedenen Gesichtern zu schließen. Ich jedenfalls wollte nur noch ins Hotel, unter die Dusche und ins Bett, genau in dieser Reihenfolge, und zwar auf dem schnellsten Weg.

Der erste Streit

Das Erlebnis mit den Polizisten hing mir noch lange nach. Ich war so verängstigt, dass ich den Club, in dem ich mich sicher und gut aufgehoben fühlte, tagelang nicht mehr verließ. Was wäre passiert, wenn ich Robert nicht sofort telefonisch erreicht hätte? Wenn der Anwalt nicht auf Djerba, sondern in Tunis oder sogar im Ausland gewesen wäre? Hätten sie mich tagelang auf der Polizeistation festgehalten? Wegen eines fadenscheinigen, ungerechtfertigten Vorwands? Diese Gedanken ließen mich lange Zeit schlecht schlafen.

Zum ersten Mal fragte ich Kamal, ob er sich vorstellen könnte, nach unserer Hochzeit in Deutschland zu leben. Ein kategorisches »Nein!« war die Antwort. Nie, nie wollte er seine geliebte Insel verlassen, und besonders jetzt nicht, da sein »Schloss« – wie er unser Haus zu nennen pflegte – kurz vor der Fertigstellung stand.

Nun, da die Außenarbeiten beendet waren und es um das Innenleben des Hauses ging, zeigte er größeres Interesse und fuhr fast jeden Tag auf die Baustelle. Jedes Holzteil, jeden Türgriff, jede Fliese begutachtete er selbst, und abends drehten sich unsere Gespräche ausschließlich darum, in welchen Farben wir die Fensterläden und die Wände streichen würden, wie weit die Terrasse in den Garten hineinreichen sollte und welche Kacheln wir in der Küche verwenden wollten.

Kamals Hochzeitsgeschenk an mich sollte eine maßgefertigte Einbauküche im französischen Stil sein, mit allen Elektrogeräten, die ich mir wünschen konnte. Auf dieses Geschenk freute ich mich besonders, und oft beugten wir uns gemeinsam über die Pläne, um hier und dort noch etwas zu verändern. Mir machten die Arbeiten am Haus von Tag zu Tag mehr Spaß, und ich investierte freudig jede freie Minute, um mich auf der Baustelle nützlich zu machen.

Zwischendurch flog ich für eine Woche nach Deutschland, um das Brautkleid und andere wichtige Dinge für die Hochzeit einzukaufen. Wie fremd mir meine Heimatstadt geworden war! Das Angebot in den Supermärkten und Kaufhäusern kam mir überladen und verschwenderisch vor nach den kargen Einkaufsmöglichkeiten auf Djerba. Vor allem aber vermisste ich das Meer, den weiten, klaren Himmel, die Natur und ihre Stille. Die Stadt engte mich ein, und ich wollte so bald wie möglich zurück auf meine Insel.

Der Hochzeitstermin rückte näher und näher. Fieberhaft arbeiteten wir am Bau, denn zumindest die Terrasse, die Küche und die beiden Badezimmer sollten fertig sein, damit wir wenigstens einen Teil der Gäste in unserem Haus bewirten konnten. Kamal und seine Familie kümmerten sich um alle Vorbereitungen, die vor mir geheim gehalten wurden, denn das Fest sollte auch für mich eine Überraschung werden. Nichts durfte zu mir durchdringen.

Aus Deutschland hatten sich meine Eltern, mein Bruder und seine Frau, einige meiner Freundinnen mit Mann und Kindern sowie Freunde meiner Eltern angekündigt. Sie sollten alle in einem kleinen Familienhotel gegenüber vom Marina Club untergebracht werden, in dem wir auch den Sektempfang vor der Trauung geben würden. Claudine würde aus Straßburg anreisen. Einige unserer Stammgäste waren ebenfalls eingeladen, und selbstverständlich würden alle unsere Kollegen aus dem Hotel an der Party teilnehmen. Da nicht alle gleichzeitig das Hotel verlassen konnten, würden sie sozusagen in zweistündigen Schichten feiern. Kamals Verwandtschaft würde aus Tunis, Tabarka und Medenine anreisen.

Selbst Kamal und seine Familie konnten nicht einschätzen, wie viele Gäste tatsächlich erwartet wurden.

Kamals Alkoholkonsum stieg mit der Aufregung und Hektik vor dem Fest. Es verging kaum ein Abend, ohne dass er mit einer Flasche Wein nach Hause kam. Beim Saubermachen fand ich leere Bierflaschen, auf seinem Nachttisch stand nun immer ein gefülltes Weinglas. Da ich wusste, wie sehr er auch während der Arbeit unter Druck stand, verkniff ich mir jegliche Kommentare.

Ende Juli rief mich unser Chef Robert in sein Büro. Das war so ungewöhnlich, dass mich sofort ein unangenehmes Gefühl überkam. Normalerweise besprachen wir unsere Angelegenheiten immer in der Hotelbar oder im Strandrestaurant. Ein Gespräch im Direktionsbüro – das roch nach Ärger.

Roberts Gesicht ließ nichts Gutes ahnen. Er bat mich ganz formell, Platz zu nehmen, und schob mir wortlos eine Abrechnung über den Tisch. 600 DM für Getränke in den letzten zwei Monaten – auf Kamals Namen. Ich schluckte heftig und räusperte mich: »Das alles hat Kamal bestellt?«

»Ja, und er hat nicht bezahlt, obwohl ich ihn mehrmals dazu aufgefordert habe. Deshalb werden wir den Betrag von seinem Gehalt abziehen, falls er nicht bis Ende der Woche beglichen ist!«

»Ich spreche gleich mit ihm, die 600 DM werden bezahlt, das verspreche ich. Und ich entschuldige mich für den Ärger, der dadurch entstanden ist«, murmelte ich. Robert verabschiedete mich mit einem Nicken, und die Audienz war beendet.

Mit hochrotem Gesicht und weichen Knien eilte ich ins Restaurant. Kein Kamal weit und breit, obwohl er eigentlich noch zu tun gehabt hätte. Ich fand ihn schließlich in der Bar, das unvermeidliche Weinglas vor sich. Prima, nun trank er schon während der Arbeitszeit.

»Komm mit, wir müssen reden!« Ich war außer mir vor Zorn.

»Aber, meine *habibati*, warum so böse? Trink etwas mit mir, dann wirst du wieder lieb«, war seine Antwort.

»Verdammt, ich will jetzt nichts trinken, sondern mit dir reden! Es ist wichtig!«

»Schatz, nichts ist so wichtig, dass ich dafür meine Pause unterbreche. Das hat alles Zeit bis heute Abend.« Sprach's und ließ mich stehen – nicht aber, ohne sein Weinglas mitzunehmen. Das konnte doch nicht wahr sein! Wenn wir das Geld nicht, wie versprochen, auf den Tisch legen würden, wäre Kamal in ernsthaften Schwierigkeiten. Aber er interessierte sich nicht im Geringsten dafür, sondern ließ mich einfach vor den schadenfrohen Augen von Personal und Gästen in der Bar stehen.

Wutentbrannt eilte ich ihm nach, packte ihn am Arm und zischte ihm ins Gesicht: »Wenn du nicht innerhalb von vier Tagen deine Schulden bezahlt hast, ziehen sie dir die 600 DM vom Gehalt ab! Willst du das, oder redest du jetzt mit mir?«

Abrupt blieb er stehen. »Woher weißt du davon? Wer hat dir das erzählt?«

»Wer wohl? Der Chef selbst! Was machst du bloß für einen Mist!« Zu meinem Entsetzen liefen mir Tränen übers Gesicht, Tränen des Zorns und der Hilflosigkeit. »Und wie kommt ein Betrag von 600 DM für Getränke zusammen, kannst du mir das bitte erklären?« Es war nämlich so, dass die Angestellten nicht den vollen Getränkepreis, sondern nur einen geringen Anteil bezahlen mussten. Ich konnte mir also leicht ausrechnen, wie viel konsumiert worden war, um auf diese horrende Zahl zu kommen.

»Jetzt erkläre ich gar nichts, ich gehe arbeiten!« Ein zweites Mal ließ er mich stehen und verschwand in Richtung Restaurant.

Was sollte ich tun? Diese Heimlichkeiten hatte ich nicht erwartet, ich war zutiefst verletzt und mit einem Mal misstrauisch. Mit wem hatte er das Geld ausgegeben? Warum hatte er mir nichts davon erzählt? Warum musste er mich dieser Peinlichkeit aussetzen?

An diesem Nachmittag war ich sehr unkonzentriert bei der Arbeit. Außer heftigen Kopfschmerzen plagte mich die Frage, ob ich Kamal vielleicht nicht so gut kannte, wie ich mir einbildete. So, wie er sich momentan gab, war er für mich ein unbekannter Mensch. Es meldeten sich leise Zweifel, ob ich mit der Heirat wirklich die richtige Entscheidung getroffen hatte. Nein, Zweifel wollte ich nicht hören! Heute Abend würden wir uns in Ruhe unterhalten und gemeinsam eine Entscheidung treffen. Diese 600 DM waren ein einmaliger Ausrutscher, der sicher nie mehr vorkommen würde, versuchte ich mich zu beruhigen.

»Du siehst müde und krank aus. Geh doch nach Hause, ich erledige den Rest hier alleine«, meinte Samira mitleidig, als sie mein angespanntes Gesicht sah. Bedrückt machte ich mich auf den Heimweg.

Das Erste, was ich beim Öffnen der Tür sah, war ein riesiger Blumenstrauß, der mitten auf dem Tisch prangte. An die Vase gelehnt, auf einem Zettel die Bitte: »Sei mir nicht mehr böse!« Ich wusste nicht, ob ich lachen oder weinen sollte. Glaubte er wirklich, dass mit einem Blumenstrauß alles verziehen sei? Glaubte er, auf diese Weise einem klärenden Gespräch aus dem Wege gehen zu können? So unreif war Kamal doch wohl nicht, hoffte ich.

Während ich auf ihn wartete, versuchte ich die bohrenden Kopfschmerzen mit einem Eiskissen zu beruhigen. Ich musste kurz eingeschlafen sein, denn jemand strich mit den Lippen sanft über meine Schläfen. Da war er also, mein zukünftiger Ehemann.

Voller Inbrunst bat er mich um Verzeihung für sein Verhalten, gestand, mit Kollegen des Öfteren einen über den Durst getrunken zu haben, schob seinen vermehrten Alkoholgenuss auf die Nervosität wegen der bevorstehenden Hochzeit und auf die ständig zunehmende Arbeit im Hotel. Er flehte mich förmlich an, ihm zu verzeihen und ihm die Sache nicht nachzutragen.

Allerdings hatte er keine 600 DM, um die ausstehende Rechnung zu begleichen. Könnte ich nicht vielleicht doch … ? Nur noch ein einziges Mal!

Aber so einfach sollte er mir nicht davonkommen. Ich redete ihm ernsthaft ins Gewissen, erklärte ihm in aller Deutlichkeit, was ich von seiner Trinkerei hielt und dass dieser Vorfall eine einmalige Sache bleiben müsse. Ob ich ihm so ohne Weiteres aus der Patsche helfen würde, wusste ich momentan nicht zu sagen.

Ganz kleinlaut gab er sich an diesem Abend, ganz demütig und um Verzeihung bittend. Anstatt des üblichen Weins trank er Wasser, für mich bereitete er Tee, holte eine Decke und versuchte, es mir so angenehm und bequem wie möglich zu machen. Ich aber war enttäuscht und verletzt und wusste nicht, wie ich mit dieser Geschichte umgehen sollte.

Er streichelte mir zärtlich den Rücken, massierte meinen Nacken, meinen Po, meine Beine, meine Füße. Dann küsste er liebevoll jede einzelne Zehe und ließ seine Lippen über meine Knie und Schenkel nach oben wandern. Mit der Zunge umkreiste er meinen Nabel, während er mir langsam den Slip herunterzog. Dann senkte er den Kopf über meinem Schoß und verwöhnte mich nach allen Regeln der Kunst. Er hatte viel zu verlieren, also strengte er sich in dieser Nacht besonders an. Stundenlang dauerte unser Liebesspiel. Er wurde nicht müde, mich zu liebkosen, und nie war er fordernder, nie zärtlicher und ausdauernder gewesen. Er gab mir das Gefühl, die einzige Frau zu sein, die er je begehrt und geliebt hatte. Und wie konnte ich diesem köstlichen, einmaligen Gefühl widerstehen; ich liebte ihn doch auch.

Die Gäste kommen

Am nächsten Morgen gingen wir gemeinsam ins Büro unseres Chefs, um mit meinem Geld Kamals Schulden zu begleichen. 600 DM – das war eine teure Nacht! Der Gedanke ließ mich innerlich zusammenzucken. Sex gegen Bares – das wäre dann Prostitution. Damit wollte ich meinen zukünftigen Ehemann und unsere Beziehung lieber nicht in Verbindung bringen. Aber ein schaler Nachgeschmack blieb.

Für Kamal war die Sache damit erledigt. Auch seine Abstinenz hielt nicht sehr lange an, denn nach Feierabend kam er mit der gewohnten abendlichen Weinflasche unter dem Arm nach Hause. Als ich ihn darauf ansprach, stellte er sie zwar wortlos beiseite, doch seine gute Stimmung war dahin.

In dieser Nacht gab es keine heißen Liebesschwüre und akrobatischen Verrenkungen im Bett. Beleidigt drehte er sich zur Seite und schlief sofort ein. Ich lag lange wach und überdachte noch einmal den Ärger der letzten Tage. Wie gern hätte ich diesen leidigen Vorfall aus meinem Gedächtnis gelöscht! Bisher hatten wir so harmonisch zusammengelebt, doch je näher die Hochzeit rückte, desto gereizter und unduldsamer gingen wir miteinander um. Sicher würde sich das nach der Feier wieder beruhigen, wir würden unsere frühere Ruhe und Gelassenheit wiederfinden, und alles wäre wie vorher. Es war einfach der Stress und der Trubel um unser Hochzeitsfest, das uns beiden so sehr zu schaffen machte.

Wie im Flug vergingen die Wochen, die Tage hatten zu wenig Stunden, um alles erledigen zu können: den Job, die Hochzeitsvorbereitungen und den Hausbau. Im Nu waren es nur noch zehn Tage bis zur Trauung, die ersten Gäste würden Anfang nächster Woche eintreffen. Unsere Besucher aus Deutschland würden am Montag anreisen und eine Woche bleiben, die Hochzeit fand am Freitag statt. Das Wochenende war für Kamal und mich zum Ausspannen gedacht.

Und als hätte ich nicht schon genug um die Ohren, erreichte mich ein Anruf meiner Mutter, die fragte, ob auch Lydia und ihr Ehemann zur Hochzeit kommen könnten. Ihr schien viel daran gelegen, und ich wusste, dass sie Lydia sehr gernhatte. Ich zögerte kurz – aber was sollte schon passieren? Sie würde sich ja kaum mit einem der Animateure am Strand wälzen, während ihr Mann danebensaß. »In Ordnung, sollen sie halt mitkommen!« Ich konnte hören, wie meine Mutter erleichtert aufatmete. »Sie hat den Flug schon gebucht, richtig?«, vermutete ich.

»Sie mag dich wirklich sehr und möchte unbedingt bei deiner Hochzeit dabei sein.«

Wunderbar! Ich konnte mir Kamals Gesicht und seinen sarkastischen Kommentar gut vorstellen, wenn er hörte, dass ausgerechnet Lydia bei uns zu Gast sein würde. Für diese Nachricht musste ich den richtigen Moment abwarten, sonst würde er mit Sicherheit an die Decke gehen, gereizt, wie er momentan war.

Bis Montag fand sich kein ruhiger Augenblick zum Reden. Mein Lebensgefährte stand derart unter Strom, dass ihn schon der kleinste Anlass zu Wutausbrüchen trieb. Im Restaurant scheuchte er die Kellner herum, schrie und schimpfte, wenn etwas nicht sofort nach seinen Anweisungen erledigt wurde. So hatte ich ihn noch nie erlebt, das war eine ganz neue und ziemlich beängstigende Seite an ihm.

Montagmorgen sprang ich in aller Frühe aus dem Bett. Duschen, frisieren, schminken, anziehen, frühstücken – alles funktionierte im Eiltempo. »Komm, Kamal, wir müssen bald los! Ich möchte nicht, dass die Gäste am Flughafen auf uns warten müssen.« Während Kamal sich anzog, überlegte ich, dass ich jetzt wohl besser mit der Neuigkeit herausrücken sollte: »Übrigens, Lydia und ihr Mann werden auch da sein. Sie ist mit meinen Eltern befreundet und wollte unbedingt bei unserer Hochzeit dabei sein.«

Einen Moment herrschte Totenstille. Dann begann er zu toben: »Du hast diese widerliche, dumme Schlampe eingeladen! Ohne mich zu fragen? Ich fasse es nicht. Was denkst du dir eigentlich? Dass du mit mir machen kannst, was du willst? Ich bin keiner dieser Waschlappen, mit denen du bisher zusammen warst! Du hast mich zu fragen, verstehst du! Nicht einfach zu entscheiden, wie du es willst!« Seine Augen hatten sich zu Schlitzen verengt, die Röte stieg ihm aus dem Kragen, er keuchte vor Wut. Er hatte mich am Arm gepackt, und für eine Sekunde befürchtete ich, dass er mich schlagen würde. Doch er stieß mich nur von sich, drehte sich um und war aus der Tür, die er mit Schwung hinter sich zuknallte.

Ich stand wie versteinert mitten im Zimmer. Auf meinem Arm zeigten sich rote Abdrücke, wo Kamal mich festgehalten hatte. Der brennende Schmerz brachte mich in die Realität zurück. War er wirklich kurz davor gewesen, mir eine Ohrfeige zu geben, oder hatte ich mir das nur eingebildet? Jetzt hatte ich allerdings keine Zeit, darüber nachzudenken, ich musste schnellstens zum Flughafen.

Im Taxi gewann ich langsam meine Fassung wieder. Was sollte ich bloß meinen Eltern und Freunden erzählen, die erwarteten, dass wir beide sie abholen und zu ihrer Unterkunft bringen würden? Und wohin war Kamal verschwunden? Auf meinem Weg durch den Club hatte ich ihn nirgends gesehen.

Aber ich konnte jetzt nicht darüber nachdenken, sondern musste eine passende Ausrede finden, warum Kamal nicht mit zum Flughafen kam. Auf keinen Fall sollte unser Besuch merken, dass das Brautpaar vier Tage vor der Hochzeit einen großen Streit gehabt hatte. Ich konnte nur hoffen, dass man mir nicht schon von Weitem ansah, wie ich mich fühlte: elend und den Tränen nahe.

Kaum war ich in die Ankunftshalle gestürzt, sah ich hinter hoch aufgetürmten Gepäckwagen meine Familie und Freunde durch die Zollabfertigung kommen. Sofort war ich von allen Seiten umringt, wir umarmten und küssten uns, alle redeten aufgeregt durcheinander, und für einen Moment vergaß ich meinen Kummer. Es war so schön, alle wiederzusehen und, wenn auch nur für eine kurze Woche, bei mir zu haben. Selbst über Lydias Anblick freute ich mich in diesem Augenblick.

»Wo ist denn Kamal?« Schnell waren die freundlichen Gefühle ihr gegenüber verflogen, während sie sich suchend in der Halle umschaute.

»Er hatte keine Zeit und lässt sich entschuldigen. Ihr seht ihn später im Hotel.«

Mit hochgezogenen Augenbrauen schaute sie mich forschend an, und ich verwünschte innerlich ihre aufdringliche Neugier. Zum Teufel mit ihr, ich musste mich nicht vor ihr rechtfertigen! Schnell nahm ich den Arm meiner Mutter und zog sie weg von Lydia Richtung Ausgang.

In fünf Taxen ging es dann zum Hotel Safia. Nachdem die Gäste ihre Zimmer bezogen hatten, brachen wir auf zu einem kurzen Erkundungsgang durch Haus und Garten. Alle schienen mit unserer Wahl zufrieden zu sein, und wir ließen uns zu einem Willkommensdrink am Pool nieder. Kaum hatten wir unsere Getränke vor uns stehen, als Kamal erschien und mit lautem Hallo und Gelächter von unserer Gruppe begrüßt wurde. Sofort hatte er ein Glas in der Hand und saß auf der Lehne meines Stuhls. Wir prosteten einander zu, Kamal legte seinen Arm um mich und wollte mich auf den Mund küssen. Als ich den Kopf zu ihm wandte, sah ich in seinen Augen, dass er den Vorfall vom Morgen nicht vergessen hatte. Kalt waren diese Augen, eiskalt und abweisend. Die versöhnliche Geste vor den Gästen war nur gespielt. Trotz der Hitze fröstelte ich.

Vor der Hochzeit

Als wir uns nach dem gemeinsamen Abendessen von meiner Familie und den Freunden verabschiedeten, hoffte ich, dass ich nun in Ruhe mit Kamal sprechen könnte. Ich wollte ihm erklären, warum ich so lange gezögert hatte, ihn über Lydias Besuch zu informieren, und mich für diesen Fehler entschuldigen. Außerdem wollte ich ihm klarmachen, dass er mich nie wieder anschreien oder derart grob anfassen sollte.

Aber vor dem Eingang des Marina Clubs drehte er sich wortlos um, ging zu einem der wartenden Taxis, stieg ein und fuhr davon. Wieder einmal konnte ich die Tränen nicht zurückhalten. Ich kramte ein Taschentuch hervor, hielt es mir vors Gesicht und hoffte, dass jetzt nicht gerade ein Kollege oder ein mir bekannter Gast vorbeikam und mich heulend auf den Stufen des Hotels vorfand. Fast rennend erreichte ich meine Wohnung.

Auf der Terrasse wartete ich darauf, dass Kamal nach Hause kommen würde. Um zwei Uhr morgens war er immer noch nicht da, und ich beschloss, ins Bett zu gehen. Kurz vor sechs Uhr wurde ich durch laute Schläge an die Haustür geweckt. Schlagartig war ich hellwach: Kamal!

Ich öffnete die Tür – und erstarrte. Er war so betrunken, dass er sich kaum auf den Beinen halten konnte. Sein Hemd war an der Schulter aufgerissen und die Ärmel und Hemdbrust mit etwas besudelt, das wie Erbrochenes aussah. An beiden Knien war die Hose zerrissen, es sah aus, als wäre er hingefallen, und das nicht nur einmal. Ich packte ihn an beiden Armen, und er taumelte ins Zimmer, wo er auf den Teppich vor dem Wohnzimmertisch fiel. »Komm, steh auf, leg dich auf die Couch!« Er reagierte nicht, sondern lag bewegungslos mit geschlossenen Augen vor mir. Vorsichtig versuchte ich, ihn auf die Couch zu hieven, aber er war zu schwer für mich. Ich schob ihm ein Kissen unter den Kopf und legte eine Decke über ihn. Nach einigen Grunzlauten drehte er sich zur Seite und begann zu schnarchen. In eineinhalb Stunden begann sein Dienst, und er war besinnungslos betrunken! Auf jeden Fall musste ich im Restaurant Bescheid geben, dass er heute nicht arbeiten könnte. Welchen Vorwand sollte ich erfinden? Magenbeschwerden? Das erschien mir am glaubhaftesten. Ich musste dafür sorgen, dass keiner unserer Mitarbeiter zur Wohnung kam und ihn in diesem Zustand vorfand. Noch ein anderer Gedanke trieb mir den Schweiß auf die Stirn: Hoffentlich kämen meine Eltern oder die neugierige Lydia nicht auf die Idee, uns zu Hause zu besuchen. Da ich nicht wusste, wann sie zum Frühstück gingen, machte ich mich zeitig zurecht, um im Speisesaal des Hotels auf sie zu warten.

Glücklicherweise hatten sie nicht vor, bei uns vorbeizuschauen, sondern machten sich für einen Strandbesuch fertig. »Prima, eine gute Idee, den Tag am Strand zu verbringen! Ich komme in meiner Mittagspause dazu, und wir können danach gemeinsam Kaffee trinken ...« – ... und bleibt weg vom Club und meinem sinnlos betrunkenen Verlobten!, fügte ich in Gedanken hinzu.

An diesem Morgen war ich nervös und konnte mich nicht auf die Kunden und ihre Wünsche konzentrieren. Gegen elf Uhr schlüpfte ich unbemerkt aus der Boutique und rannte zur Wohnung. Ich wollte nachsehen, wie es Kamal ging und ob er vielleicht schon auf den Beinen war. Aber er lag noch genauso da, wie ich ihn vor Stunden zurückgelassen hatte. Momentan konnte ich nichts für ihn tun; genauso gut konnte ich wieder an meine Arbeit gehen.

Als ich nach der Mittagspause auf dem Weg vom Strand zum Laden war, begegnete mir unser Chef Robert. »Tina, hast du einen Moment Zeit?« Sein Gesichtsausdruck verhieß nichts Gutes. »Kamal ist heute nicht zur Arbeit erschienen. Was ist los?«

»Er hat sich gestern den Magen verdorben, aber heute Abend ist er sicher wieder auf den Beinen.« Mir war sehr unwohl bei dieser Lüge, denn ich war und bin eine ausgesprochen schlechte Schwindlerin.

»Hör zu, ich bin mit Kamals Arbeit in den letzten Wochen nicht zufrieden. Er ist schlampig, unpünktlich und unzuverlässig. Ich habe das bisher auf den Stress und die Aufregung wegen eurer Hochzeit geschoben. Aber dass das klar ist, Tina, danach muss er sich zusammenreißen, sonst sehe ich schwarz für ihn und seine Karriere. Du hast Einfluss auf ihn, rede mit ihm, wasch ihm gehörig den Kopf, aber bring ihn zur Vernunft. Es wäre schade, wenn er seine Zukunft aufs Spiel setzen würde.«

Ich schluckte heftig und nickte, antworten konnte ich nicht. Zu allem Übel auch noch eine Abmahnung von der Direktion! In Tunesien wehte ein schärferer Wind auf dem Arbeitsmarkt als in Deutschland. Gesetze zum Schutz von Arbeitnehmern gab es nicht, jeder konnte von einem Tag auf den anderen ohne Angabe von Gründen vor die Tür gesetzt werden. Und wenn der Arbeitgeber mit der Arbeit nicht zufrieden war, konnte man sich schneller draußen wiederfinden als gedacht.

An diesem Nachmittag verkroch ich mich im Lager, um neue Ware zu sortieren, und überließ Samira das Bedienen der Kunden. Ich konnte und wollte niemanden sehen und neugierige Fragen beantworten.

Als ich gegen 17 Uhr nach Hause kam, hörte ich Kamal im Badezimmer. Ich musste mit ihm reden, so konnte es nicht weitergehen. In drei Tagen wollten wir uns das Jawort geben, und hier stritten wir und machten uns gegenseitig das Leben schwer. Das musste ein Ende haben.

Nur mit einem Handtuch um die Hüften kam Kamal aus dem Badezimmer. »Meine *habibati*, mein süßer Schatz, verzeih mir, ich war ein Idiot. Bitte, sei mir nicht mehr böse.« Trotz der durchzechten Nacht sah er hinreißend aus, frisch und erholt. Nichts war ihm anzusehen von dem schweren Besäufnis, das er gerade hinter sich hatte. Auf seiner goldbraunen Haut glitzerten Wassertropfen, sein halblanges schwarzes Haar war aus der Stirn nach hinten gekämmt. Er sank vor mir auf die Knie, legte seinen Kopf in meinen Schoß und umschlang mich mit seinen Armen. »Ich will mich nicht streiten wegen dieser dummen Lydia. Ich war so blöd und kindisch! Bitte, sei wieder lieb zu mir, cara mia!« Sein warmer Atem strich über meine Schenkel, seine Hände wanderten über meine Brust, streichelten mich zart.

»Kamal, ich muss mit dir reden. Es ist wichtig.«

»Ach, immer müssen wir reden, reden, reden. Kannst du nicht einfach sagen: ›Kamal, alles ist in Ordnung‹?«

Ungehalten sprang er auf und begann hastig, sich anzuziehen. Trotz meines Ärgers musste ich seine geschmeidigen Bewegungen und seinen durchtrainierten Körper bewundern. Er war schön, und er wusste es. Und er wusste, dass ich seiner Schönheit verfallen war, dass ich es genoss, ihn anzusehen, ihn anzufassen und in mir zu spüren.

»Dann bis heute Abend. Wir reden später.« Damit war er zur Tür hinaus.

Wieder einmal hatte er mich nicht zu Wort kommen lassen und war einfach davongelaufen, weg von mir und den Problemen, die er nicht hören und sehen wollte.

Der große Tag

Die Tage flogen nur so dahin. Unser Verhältnis blieb weiterhin gespannt und unterkühlt, wir gingen höflich und freundlich, aber unpersönlich miteinander um. Ich war todunglücklich über diese Situation, Kamal dagegen schien völlig unbeeindruckt. Er ging seinen Geschäften nach wie gewohnt, und wir sprachen nur das Allernötigste miteinander. Vor meiner Familie allerdings riss er sich zusammen und gab sich mir gegenüber liebevoll und aufmerksam.

Ohne dass es zu einer Aussprache zwischen uns gekommen wäre, brach der Tag unserer Hochzeit an. Ich hatte in der Nacht davor kaum geschlafen und war schon morgens um fünf Uhr auf den Beinen. Kamal schlief noch, als ich mich leise aus der Wohnung schlich und zum Meer hinunterlief. Um diese Zeit war noch niemand wach, ich hatte den ganzen Strand für mich. Als ich im kühlen Sand saß, hatte ich das unwirkliche Gefühl, allein auf der Welt zu sein. All die Gedanken, die ich während dieser Woche mithilfe von Arbeit, Freunden und Familie verdrängt hatte, stürzten nun auf mich ein. Die Zweifel, mit der Hochzeit den richtigen Schritt in die Zukunft zu tun, waren in diesem Moment der Stille ganz plötzlich übermächtig. Am liebsten hätte ich alles abgesagt, die Gäste nach Hause geschickt und mich von Kamal verabschiedet. Aber zu diesem radikalen Entschluss fehlte mir der Mut. Ich dachte an die fassungslosen Gesichter meiner Eltern und ihrer Freunde, an die Schadenfreude der Gäste und Mitarbeiter und wusste, dass ich zu diesem Schritt niemals in der Lage wäre. So verbrachte ich eine Stunde der Besinnung, die letzte ruhige Stunde an diesem Tag.

Zurück in der Wohnung, klingelte das Telefon, die Friseurin war da, um meine hüftlangen rotbraunen Haare aufzustecken. Ich hatte auf einen Schleier verzichtet und ließ mir stattdessen lange Satinbänder ins Haar flechten.

Der Bräutigam war zu seinen Eltern gefahren, um sich dort für das Fest umzuziehen. Um zehn Uhr sollten wir uns mit unseren Eltern, Geschwistern und engsten Freunden im Hotel Safia zum Sektempfang treffen und von dort aus zum Standesamt nach Midoun fahren.

Während die Friseurin die letzten Strähnen feststeckte, kamen Claudine und meine Schwägerin Silvia mit dem Brautkleid und den Accessoires, um mir beim Ankleiden behilflich zu sein. Sie hatten eine Flasche Sekt dabei, die unter fröhlichem Gelächter und lustigen Sprüchen geöffnet wurde. Ich sähe blass und abgespannt aus, teilten sie mir mit, deshalb bräuchte ich eine kleine Stärkung vor dem Sprung ins kalte Wasser. Normalerweise hätte ich über diese Bemerkung mit ihnen zusammen gelacht, aber ich blieb still. Claudine schien zu bemerken, dass etwas nicht stimmte, denn sie sah mich aufmerksam von der Seite an, verkniff sich aber jede Bemerkung. Erst als sie sich zum Schminken über mich beugte, murmelte sie: »Wir sollten uns einmal kurz allein unterhalten, meine Süße! Ich merke doch, dass hier etwas nicht in Ordnung ist.«

»Silvia, bist du so lieb und holst uns eine Flasche Orangensaft für den Sekt? Ich bin sonst schon vor der Feier beschwipst«, bat sie meine Schwägerin.

Kaum war Silvia aus der Tür, fragte Claudine: »Also, was ist los? Du machst mir nicht den Eindruck einer glücklichen Braut! Was ist passiert?«

In kurzen Worten schilderte ich ihr die Vorfälle der letzten Woche und verschwieg ihr auch nicht, was mir heute Morgen am Strand durch den Kopf gegangen war.

»Hättest du mir bloß früher davon erzählt! Ich hätte dir einiges zu diesem Thema sagen können«, meinte Claudine. »Aber ich hielt dich für rundum glücklich, eure Beziehung für intakt und stabil. Warum bist du bloß immer so verschlossen? Du hättest viel eher mit mir darüber sprechen sollen.«

»Ja, und jetzt ist es zu spät!«, entfuhr es mir.

»Rede keinen Unsinn! Nichts ist zu spät! Lass jetzt die Schwarzmalerei und freu dich auf deine Hochzeit! Wir können uns ja morgen oder übermorgen zu einem Plausch am Strand treffen, du, ich und eine Flasche Rotwein, ganz wie in alten Zeiten.«

Sie gab mir einen freundschaftlichen Knuff in die Seite, und nun musste ich doch lächeln. Claudine hatte recht, ich sah alles viel zu düster. Nach der Hochzeit würden sich die Wogen glätten, und Kamal und ich würden zu unserer respektvollen und zärtlichen Beziehung zurückfinden.

Claudine beendete ihre Arbeit an meinem Make-up und trat zurück.

»Fertig! Schau dich an – du bist eine hinreißende Braut!«

Ich trat vor den Spiegel: Eine fremde Frau sah mir entgegen, mit eleganter Hochsteckfrisur, stark geschminkt und in einem atemberaubenden, bodenlangen Korsagenkleid aus champagnerfarbener Rohseide und Satin und den dazu passenden Pumps. Ich konnte mich nicht sattsehen an meinem Spiegelbild und erfreute mich an dem herrlichen Kleid und meiner festlichen Aufmachung.

»Es ist perfekt! Dein Bräutigam wird von dir begeistert sein!« Claudine drückte mir vorsichtig einen Kuss auf die Wange. »So, und nun wird gelächelt, immerhin feiern wir Hochzeit und haben keinen Trauerfall zu beklagen.«

In diesem Moment klopfte es an der Tür, und mein Brautstrauß wurde abgegeben. Rote Rosen sollten Liebe, Efeu die Treue und weiße Lilien Reinheit und Süße signalisieren. Ach, wenn das doch alles zutreffen würde, dachte ich für mich.

Nach und nach trafen meine Eltern, Verwandten, Freunde und Bekannten vor unserer Wohnung ein. Als ich in meinem Brautkleid aus der Tür trat, brachen sie in Beifall und Hochrufe aus. Meine

Mutter nahm mich gerührt in die Arme, von allen Seiten wurde ich umarmt und geküsst. Mein Vater bot mir den Arm, hinter uns formierten sich die Gäste. Die wenigen Schritte vom Marina Club zum Hotel Safia wollten wir zu Fuß zurücklegen.

Die Gäste standen Spalier, während sich der Brautzug langsam und feierlich durch den Club bewegte. Es regnete Glückwünsche von Kollegen und Hotelgästen, viele hatten ihre Fotoapparate gezückt, um einen Schnappschuss der Braut mit nach Hause zu nehmen.

Pünktlich um zehn Uhr betraten wir das Gelände des Hotels Safia. Auf den Stufen vor dem Eingang wartete schon mein Bräutigam, umringt von seiner Familie und den Verwandten. Er sah fantastisch aus in einem maßgefertigten Smoking. Sein Seidenhemd hatte die gleiche Farbe wie mein Kleid, wir hatten uns vorher darauf geeinigt. Noch nie hatte er so elegant und vollkommen ausgesehen. Alle hatten sich aufs Feinste herausgeputzt, selbst meine Schwiegermutter trug ein schickes Kleid in Blau und Weiß mit einem Spitzenschal.

Kamals ältester Bruder, Riyad, kam uns in Begleitung seiner reizenden Verlobten Amany entgegen, um uns im Namen der Familie willkommen zu heißen. Er bot mir den Arm und führte mich zu seinem Bruder. Die weiblichen arabischen Gäste trillerten in höchster Lautstärke den *zaghavied* und klatschten vor Begeisterung in die Hände.

Als Kamal und ich uns gegenüberstanden, schoss mir der Gedanke durch den Kopf: Er ist der schönste Mann, den ich je gesehen habe.

»Du bist die schönste Braut, die ich je gesehen habe!« Kamal beugte sich zu mir und hauchte mir einen Kuss auf die Lippen. Wir sahen uns liebevoll in die Augen, und in diesem Moment wichen aller Ärger, Streit und Unmut von mir.

Von allen Seiten klickten nun die Fotoapparate, wir mussten uns hierhin und dorthin drehen. Alle drängten sich, um mit dem Brautpaar aufs Foto zu kommen. Die Kellner erschienen mit Tabletts voller Sekt-, Wein- und Saftgläser, man stieß lachend auf das glückliche Brautpaar an.

Nachdem Kamal und ich Arm in Arm die Runde gedreht und alle Anwesenden begrüßt hatten, fuhren die blumengeschmückten Autos vor, um uns nach Midoun zu chauffieren.

Vor dem Standesamt erwartete uns eine riesige Menschenmenge. Ganz vorn drängte sich eine Gruppe kleiner Jungen, die uns mit Bougainvillea-Blüten bewarf, laut schrie und in die Hände klatschte. Ich hatte einen Beutel mit Kleingeld zur Hand, das ich ihnen lachend zuwarf. Eine heftige und lautstarke Rangelei war die Folge.

Noch einmal mussten wir uns aufstellen, um uns von den Fotografen mit Trauzeugen und Familienmitgliedern ablichten zu lassen. Aus der Zuschauermenge hatten sich einige Frauen nach vorn gewagt, um bewundernd über mein Kleid und meine Haare zu streichen. Es herrschte solch ein Lärm und Getümmel, dass das Ganze eher wie eine Kirmes als eine Hochzeit anmutete. Endlich setzte der Standesbeamte dem ein Ende, indem er uns in die kühle Eingangshalle und von dort aus in das festlich geschmückte Amtszimmer führte. Blumengirlanden waren gespannt worden, von der Decke wehten kleine tunesische Fähnchen. Der Standesbeamte nahm am Kopfende der langen Tafel Platz, Kamal und ich neben ihm. Unsere Trauzeugen nahmen hinter uns Aufstellung.

Die Trauzeremonie wurde erst auf Arabisch vollzogen, danach in französischer Sprache, langsam und feierlich, damit auch ich den Text verstehen konnte. Ein in beiden Sprachen ausgefertigtes Dokument wurde von Kamal und mir, danach von unseren Trauzeugen unterschrieben und vom Standesbeamten beglaubigt. Dann stand er auf und hob beide Hände zum muslimischen Gebet. Unsere muslimischen Gäste hoben mit andächtigen Gesichtern ebenfalls ihre Hände und sprachen das Gebet.

Wir waren verheiratet, waren nun wirklich und wahrhaftig Mann und Frau! Ich nahm seinen Namen an und hieß von nun an Tina Souhdis.

Unsere Familien stürmten auf uns ein, wir wurden von Arm zu Arm weitergereicht, beglückwünscht, geküsst, umarmt. Es herrschte eine freudige, gelöste Stimmung, überall sah ich glückliche, lachende Gesichter. Meiner Schwiegermutter liefen Tränen übers Gesicht, auch Silvia und Amany wischten sich über die Augen. Mein Mann nahm mich vor aller Augen in die Arme und drückte mir einen innigen Kuss auf die Lippen.

Die Menge hatte geduldig vor dem Standesamt gewartet, und unter Jubelgeschrei stiegen wir in die Autos. Unsere Hochzeit war ganz offensichtlich *das* Ereignis in Midoun, nach den vielen Schaulustigen zu schließen. Selbst einige Touristen hatten sich unter die Menge gemischt und bestaunten das lustige Treiben.

Die Autos warteten schon, um uns zum Hochzeitsfest zu bringen. Alle waren in Hochstimmung, alle waren in gespannter Erwartung auf das Fest, das uns in Kamals Elternhaus erwarten würde.

Hochzeitsfest auf Tunesisch

Als wir vor dem Haus meiner Schwiegereltern vorfuhren, hielt ich den Atem an. Unsere gerade fertiggestellte Terrasse, der Vorhof und der Garten waren zu einem imponierenden Festplatz herausgeputzt worden. Girlanden und Lampions hingen in den Mandelbäumen, lange Bänke und Tische, die Platz für mindestens 200 Gäste boten, standen in Reih und Glied. Und rechts und links des Eingangs zum Elternhaus erhob sich je ein Holzpodest, eines davon mit feinen Teppichen und zwei thronartigen Sesseln dekoriert. Unter den Palmen waren riesige, mit weißen Tüchern bedeckte Tische aufgebaut. Daneben standen vier mannshohe Kühlschränke, die Kabel sorgfältig verlegt, sodass man, ohne zu stolpern, über den Festplatz gehen konnte. Wie viel Arbeit und Mühe in diesen liebevoll ausgeführten Dekorationen steckte! Mit welcher Umsichtigkeit und Akkuratesse alles angeordnet und geschmückt worden war!

»Gefällt es dir, *marti*, meine geliebte Frau?«, flüsterte Kamal mir zu.

»Es ist einfach fantastisch, wunderschön und meisterhaft! Das hast du großartig arrangiert, *rajli*!« Zum ersten Mal benutzten wir die für uns noch fremden arabischen Worte für »Ehemann« und »Ehefrau«.

»Und das Beste kommt erst noch.« Kamal strahlte voller Vorfreude über das ganze Gesicht.

Noch während ich mich in unserem neuen Badezimmer frisch machte, vernahm ich lautes Hupen und Motorgeräusche. Neugierig trat ich vor die Tür. Da standen drei Lieferwagen des Marina Clubs, und Kellner in Uniform rannten geschäftig hin und her, um schwere Silbertabletts auf den gedeckten Tischen anzuordnen. Kamals Brigade war gerade dabei, ein opulentes Büfett aufzubauen. Seine beiden jüngeren Brüder schleppten Getränkekisten, um die Kühlschränke aufzufüllen.

»Und das, *marti*, ist das Hochzeitsgeschenk der Mitarbeiter! Sie schenken uns das Essen und die Getränke für unser Fest. Freust du dich?«

Ich war so gerührt, dass ich kein Wort herausbrachte. All diese kulinarischen Köstlichkeiten, die vielen Flaschen Wein, Sekt und Bier, die in den Kühlschränken verschwanden, waren als Hochzeitsgeschenk für uns gedacht? Ich hatte mir schon heimlich Sorgen darüber gemacht, welche Beträge diese extravagante Festivität wohl verschlingen mochte. Und nun erfuhr ich, dass sich jeder Mitarbeiter mit einem Geldgeschenk beteiligt hatte, damit wir unsere Hochzeit mit allen erdenklichen Extras feiern konnten.

Die nächste Stunde verbrachten wir mit Händeschütteln und Dankesworten. Jeder, der im Hotel irgendwie abkömmlich war, hatte sich eingefunden, um uns Glück zu wünschen. Die Gäste aus Europa standen in kleinen Grüppchen zusammen, nach und nach kamen Nachbarn, tunesische Verwandte und Bekannte dazu. Die Festgesellschaft wuchs von Minute zu Minute. Auch der Hotelfotograf war nun eingetroffen. Er hatte seine komplette Ausrüstung im Gepäck und knipste und filmte unentwegt. Motive gab es wahrlich genug. Die tunesischen Damen hatten sich aufs Prächtigste herausgeputzt, und nicht wenige waren mit aufwendigen Hennazeichnungen an Händen und Füßen geschmückt; ausnahmslos alle waren mit üppigem Goldschmuck behangen, schwere Münzringe, dicke Gliederbänder und reich verzierte Schmucknadeln blitzten in der Sonne. Und während die jüngeren Tunesierinnen im modernen Kostüm oder Hosenanzug erschienen waren, hatten die älteren Damen ihre kostbarsten *fuddah*-Gewänder angelegt. Zusammen mit den festlich gekleideten europäischen Gästen bot sich uns ein farbenprächtiges, heiteres Bild, an dem ich mich kaum sattsehen konnte.

Auf einem freien Platz neben dem Haus war ein Feuer entzündet worden, über dem ein riesiger gusseiserner Kessel dampfte. Hier wurde *marga jilbana*, ein scharf gewürzter Lammeintopf gekocht, denn ich hatte bereits bemerkt, dass viele unserer tunesischen Gäste die Kanapees und Salate misstrauisch beäugten.

Sobald Kamal und ich auf den »Thronsesseln« Platz genommen hatten, formierte sich rasch eine lange Schlange vor dem Podest, denn nun wollte uns jeder der tunesischen Gäste persönlich sein Geschenk überreichen. Noch einmal gab es eine schier endlose Prozedur aus Händeschütteln, Küssen und Umarmungen.

Und dann – endlich – war es an der Zeit, das Büfett zu eröffnen. Am Kessel waren zwei Männer platziert, die Schüsseln mit *marga jilbana* und Baguettebrot an die Feiernden weiterreichten. Die mittlerweile unüberschaubare Menge bediente sich eifrig an Schnittchen und Eintopf, Weinflaschen machten die Runde. Tunesische Kinder probierten mit großen Augen Mousse au Chocolat und Zitronentorte; *baklava* und *slabia* wurden auf Platten herumgereicht. Es herrschte ausgelassenes Jahrmarktstreiben, alle schienen sich bestens zu amüsieren. Und noch immer kamen neue Gäste an, wir wurden mit Geschenken und Glückwünschen förmlich überschüttet.

Drei Stunden wurde getafelt und gezecht, die Stimmung wurde immer ausgelassener und fröhlicher. Man unterhielt sich bei einem Glas Wein oder bei Granatapfelsaft, die ersten Männer zeigten Anzeichen von Trunkenheit.

»Jetzt kommt die zweite Überraschung! Wir gehen kurz ins Haus, damit alles vorbereitet werden kann.« Kamal zog mich in das elterliche Wohnzimmer. Dort nahm er mich in den Arm und küsste mich lange und zärtlich.

»Du siehst aus wie eine Königin, ich bin so stolz auf dich«, hauchte er mir ins Ohr.

Ich umarmte ihn leidenschaftlich und drückte mich fest an ihn. »Und du siehst hinreißend aus, männlich und sehr vornehm«, raunte ich.

»Dann komm und tanze mit deinem hinreißenden Ehemann!«

In diesem Moment hörte ich Musik, aufreizende, feurige Klänge: Bauchtanzmusik.

Im Nu stand ich vor der Tür. Auf dem gegenüberliegenden Podest hatte sich eine zehnköpfige Band gruppiert, die gerade mit einem bekannten arabischen Volkslied aufspielte.

Mit Begeisterungsschreien und lauten *zaghARied*-Trillern sprangen die jungen tunesischen Männer und einige der jungen Frauen auf und stürmten nach vorn. Auch die europäischen Gäste brachen in lauten Jubel und Beifall aus, und innerhalb von Sekunden drängte sich eine Menschenmenge vor dem Podium. Rhythmisches Klatschen und Gesang begleitete die Band, einige Mädchen schlugen ihre mitgebrachten Tamburine im Takt. Auch Kamal und ich strebten auf die Tanzfläche. Mein Kleid war zwar nicht geeignet zum Tanzen und die enge Korsage schnürte mich ein, aber die Musik war mitreißend, und es war herrlich, mit dieser beschwingten und übermütigen Menge zu feiern. Tunesische Bauchtänze wechselten sich ab mit Rock 'n' Roll und Schmusesongs. Die Stimmung wurde immer aufgeheizter und lauter, die Menge vor dem Podium immer dichter und unüberschaubarer.

Plötzlich fühlte ich mich fest am Arm gepackt, und jemand zog mich aus dem Tumult der Feiernden heraus. Meine sonst so beherrschte Mutter schien fassungslos: »Lydia ist verschwunden!«

Eine ereignisreiche Nacht

Ohrenbetäubend dröhnten die *darbukas* und die schrillen Töne der *mizmar*, sodass ich erst glaubte, nicht richtig verstanden zu haben. Ich fasste die Hand meiner Mutter, und wir gingen ein paar Schritte in den Garten, weg von der lärmenden, tanzenden Menge. »Was soll das heißen: ›Lydia ist verschwunden‹?«, wollte ich von ihr wissen. »Wieso sollte sie verschwunden sein? Wahrscheinlich sitzt sie dort irgendwo bei den Animateuren und amüsiert sich. Wohin sollte sie denn verschwinden?«

Im Gesicht meiner Mutter zeigten sich Sorge und Unruhe. »Tina, bitte reg dich nicht auf, vielleicht irren wir uns auch ... Wir wollen keinesfalls dein schönes Hochzeitsfest stören, aber ...«

»Nun red schon, ich will wissen, was passiert ist!« Langsam wurde auch ich nervös, denn ich konnte mir nicht vorstellen, dass meine Mutter mich ohne ernsthaften Grund von der Feier weggeholt hatte.

»Lydia hat den ganzen Abend mit diesem jungen Reitlehrer getanzt, du kennst ihn, den Hübschen mit den gegelten Haaren. Und vor mehr als zwei Stunden sind die beiden plötzlich verschwunden. Wir haben schon überall nach ihr Ausschau gehalten, konnten sie aber nicht finden. Und Uwe verliert langsam die Nerven, er hat einiges getrunken und fängt an, Ärger zu machen.« Uwe, das war Lydias unauffälliger, zurückhaltender Ehemann. Ich konnte mir vorstellen, dass er irritiert war vom heißen Flirt seiner Ehefrau und wie sehr er sich über ihr Verhalten aufregte.

Während ich noch fieberhaft überlegte, wie ich reagieren sollte, drängte sich Uwe durch die Tanzenden und kam mit großen Schritten auf uns zu. Sein sonst so ruhiges Gesicht brannte vor Zorn, auf den Wangen zeigten sich hektische rote Flecken. Ich roch den Alkohol, als er sich zu mir beugte und mich anfauchte: »Du sorgst jetzt dafür, dass meine Frau zurückkommt, und zwar auf der Stelle, hast du mich verstanden? Glaubst du, ich weiß nicht, was hier vor sich geht? Ich lasse mich doch nicht zum Narren halten von dir und deinen feinen Freunden!« Schweiß glänzte auf seiner Stirn und auf den Wangen, er zitterte trotz der drückend schwülen Nacht.

Gerade wollte ich ihm erklären, dass ich bis vor wenigen Minuten keine Ahnung vom Verschwinden seiner Ehefrau gehabt hatte, als Kamal unsere kleine Gruppe abseits der Feiernden bemerkte. Lächelnd kam er auf uns zu und wollte den Arm um Uwes Schultern legen. Der stieß ihn unwillig zur Seite und murmelte etwas Unverständliches. Bestürzt trat mein Mann einen Schritt zurück. Ein Blick genügte ihm, um zu sehen, dass es sich hier nicht um eine freundschaftliche Unterhaltung handelte. Sofort war er hellhörig: »Was ist denn los? Gibt es Probleme?«

Ich wollte nicht in Uwes Hörweite die Geschichte ausbreiten, die ich soeben von meiner Mutter gehört hatte, deshalb zog ich Kamal noch weiter in den dunklen Garten, wo ich ihm in kurzen Worten schilderte, was sich früher am Abend ereignet hatte.

Er ließ mich in Ruhe ausreden, doch dann brach es aus ihm heraus: »Verdammt noch mal, genau das wollte ich verhindern! Aber du weißt ja immer alles besser und musstest unbedingt dieses Miststück einladen. Ich wusste, dass so etwas passieren würde! Sie macht unser Fest kaputt!«

Was sollte ich dazu sagen? Er hatte recht behalten mit seinen Befürchtungen, und mir war klar, dass mir der erste Ehekrach bereits heute Abend bevorstand.

»Versuche, ihn zu beruhigen. Wir finden dieses Luder und bringen sie zu ihrem Mann zurück. Warte nicht auf mich!« Schon drehte er sich um und eilte auf sein Elternhaus zu. Mit weit ausholender Geste winkte er seine Brüder heran und sprach kurz mit ihnen. Nur ein Augenblick, dann waren sie in der Menge untergetaucht.

Ich trat zu meiner Mutter, die währenddessen versucht hatte, begütigend auf Uwe einzuwirken, allerdings ohne sichtbaren Erfolg. »Wenn ihr sie nicht bald findet, gibt es hier einen derartigen Skandal, dass man noch nach Jahren davon erzählen wird«, tobte der betrogene Ehemann. Oh ja, *das* konnte ich mir gut vorstellen. Denn wenn etwas reibungslos auf Djerba funktionierte, dann war es der »Buschfunk«, der in kürzester Zeit auch intimste Details von Haus zu Haus transportierte. Immer wussten alle alles von jedem, eine rätselhafte Art der Kommunikation, hinter deren Geheimnis ich noch nicht gekommen war.

Mittlerweile waren auch mein Bruder und seine Frau auf uns aufmerksam geworden und kamen herüber. Schnell hatten sie erfasst, in welch heikler Situation wir uns befanden. »Was hältst du davon, wenn wir Uwe zum Hotel bringen?«, flüsterte mir mein Bruder zu. Ich nickte kurz.

Behutsam redeten die drei nun auf Uwe ein, um ihn zum Verlassen der Feier zu bewegen. Nach einigen Minuten hatten sie Erfolg, und er ließ sich widerwillig in Richtung Parkplatz bugsieren. In der Zwischenzeit hatte ich einen Fahrer organisiert, der sich bereit erklärte, das Grüppchen ins Hotel zu chauffieren.

Meine Familie war gezwungen, mein Hochzeitsfest vorzeitig zu verlassen, und mein Mann war auf der Suche nach einer ihm fremden Frau – für mich war die Party damit zu Ende.

Bedrückt machte ich mich auf den Weg zum Haus meiner Schwiegereltern. Vielleicht fand ich Amany, meine liebenswerte zukünftige Schwägerin, und konnte sie bitten, mir ein Kleid zu leihen, denn mein Brautkleid schnürte mir den Atem ab, und die Pumps drückten unerträglich. Gern wollte ich beides loswerden.

Im Innenhof des Hauses fand ich Amany, die sich dort mit Geschirr und Essensresten zu schaffen machte. Sobald sie mich sah, lächelte sie und lud mich mit einer Handbewegung zum Betreten ihrer neu gestalteten kleinen Wohnung ein, die sich im schwiegerelterlichen Haus befand. Erleichtert fiel ich auf die Couch, streifte die Schuhe ab und ließ mich zurücksinken. Ich war schweißgebadet von der Aufregung und der Hitze der Nacht.

»Soll ich Kaffee für uns kochen?«, fragte Amany. »Ich glaube nicht, dass unsere Männer so bald zurückkommen werden.«

»Kaffee ist eine hervorragende Idee. Und, Amany, darf ich mir ein Kleid von dir leihen?« Sie reichte mir ein bequemes Hauskleid.

Nachdem ich mich umgezogen hatte, begann das Warten. Für Amany und mich wurde es eine lange Nacht. Im Garten wurde unbekümmert musiziert und weitergefeiert; niemand schien das Brautpaar zu vermissen. Ich war froh, als sich nach und nach Freunde und Bekannte verabschiedeten, um in ihre Unterkünfte zurückzukehren. Ich dachte an Kamal und seine Brüder, die immer noch auf der Suche nach Lydia und ihrem Liebhaber waren. Hoffentlich brachten sie Lydia zur Vernunft und ohne Aufsehen zu ihrem Ehemann zurück. Hoffentlich gab es keine großen Szenen.

Schweigend warteten Riyads Verlobte und ich Stunde um Stunde. Vor Müdigkeit fielen mir schließlich die Augen zu.

Böses Erwachen

Als ich erwachte, wusste ich im ersten Moment nicht, wo ich mich befand. Mein Kopf dröhnte, das Kleid, in dem ich geschlafen hatte, fühlte sich feucht an und klebte am Körper. Auf Amanys Couch also hatte ich meine Hochzeitsnacht zugebracht. Noch während ich mir verschlafen die Augen rieb, kam Amany mit einer Tasse Tee ins Zimmer.

»Sind unsere Männer zurück?«, war meine erste Frage.

»Guten Morgen, *ochti*, sie waren hier, sind aber ins Hotel Safia weitergefahren. Du hast so fest geschlafen, wir wollten dich nicht wecken.« Sie stellte die Tasse vor mir ab. Wie freundlich und fürsorglich sie war; sie nannte mich »Schwester« und hatte Frühstück für mich bereitet.

»Du sollst ins Safia kommen, sobald du kannst, lässt dir dein Mann ausrichten.« Was für ein missglücktes Ende unseres schönen Festes: Mein Mann hatte unsere Hochzeitsnacht mit der Suche nach einer fremden Frau zugebracht, ich hatte im Wohnzimmer meiner zukünftigen Schwägerin genächtigt. Den Morgen danach, den wir vor langer Zeit romantisch geplant hatten, verbrachte mein Mann vermutlich mit Schlichtungsgesprächen im Hotel. So hatten wir uns die erste Nacht unserer Ehe nicht vorgestellt. Und was mich nun im Safia erwartete, wollte ich mir lieber nicht vorstellen. Noch einmal musste ich mir Kleider von Amany borgen, musste mich in ihrem Badezimmer duschen und frisieren. Normalerweise würde ich jetzt mit meinem Mann auf unserer Terrasse sitzen, ausspannen und über die Fertigstellung unseres Hauses sprechen. Wir würden Pläne für die Einrichtung und womöglich sogar für ein Kinderzimmer machen. Und vielleicht käme sogar die schlimme Zeit vor unserer Hochzeit zur Sprache. Danach würden wir uns versöhnen und eine lustvolle Stunde im Bett verbringen. Stattdessen mussten wir uns um ein mannstolles Weibsstück kümmern, das uns im Grunde genommen nichts anging. Wir mussten ihr das Händchen halten und bei Ehestreitigkeiten beistehen, die sie selbst vorsätzlich verschuldet hatte. Wut stieg in mir hoch, während ich über diese Dinge nachdachte. Wie egoistisch, respekt- und gedankenlos diese Person sich uns gegenüber verhalten hatte! Ohne jede Rücksicht hatte sie unser Fest gestört und uns alle in eine peinliche Situation gebracht. Als ich mir noch einmal die Bilder der letzten Nacht ins Gedächtnis rief, wurde mir vor Zorn heiß und kalt. Nun war ich in der richtigen Stimmung, mich auf den Weg zum Hotel zu machen.

Als mich das Taxi vor dem Eingang absetzte, war meine Wut zum Teil schon verraucht, und ich zögerte beim Eintreten. Ich hasste Szenen, und etwas anderes konnte mich jetzt hier wohl nicht erwarten.

»Guten Morgen, Tina! Deine Familie erwartet dich am Pool«, informierte mich der Rezeptionschef. Aufmerksam sah ich ihn an, aber wie immer machte er einen freundlichen und gelassenen Eindruck. Vielleicht ist die Geschichte noch nicht bis hierher durchgedrungen, überlegte ich, aber das war sicher Wunschdenken.

Eiligst machte ich mich auf den Weg. Schon von Weitem konnte ich erkennen, dass nur meine Familie, Claudine und Kamal um einen Tisch herum versammelt waren. Keine Spur von Lydia oder Uwe. Auch Kamals Brüder fehlten.

»Guten Morgen. Hast du gut geschlafen?« Sofort war Kamal auf den Beinen, umarmte mich und holte fürsorglich einen Stuhl für mich herbei.

»Guten Morgen, allerseits. Wie geht es euch heute?« Ich blickte in die Runde und sah nur müde, übellaunige Gesichter.

»Was denkst du wohl, wie es uns geht?« Mein Vater machte heute Morgen einen besonders gereizten Eindruck. »Kannst du dir vielleicht vorstellen, was letzte Nacht hier los war? Es gab einen derartigen Tumult, dass der Rezeptionist sogar die Polizei rufen wollte!«

Nach und nach rückte meine Mutter mit der Sprache heraus: Als meine Familie mit dem völlig entnervten Uwe im Hotel angekommen war, hatte dieser sich nicht etwa auf sein Zimmer zurückgezogen, sondern wartete in Gesellschaft einer Flasche Schnaps in der Eingangshalle auf seine Angetraute. Als sie im Morgengrauen in Begleitung meines Mannes und seiner Brüder endlich dort eintraf, hatte sich ein handfester und vor allem lautstarker Streit entwickelt. Nur Kamals Redegewandtheit war es zu verdanken, dass es bei verbalen Ausfällen geblieben war. Meine Familie und alle unsere Freunde waren Zeugen dieser Zwistigkeiten geworden, und auch andere Hotelgäste waren von dem Lärm wach geworden und in die Halle gekommen.

Lydia hatte nach dieser geräuschvollen Auseinandersetzung ein Einzelzimmer bezogen und war bisher noch nicht wieder aufgetaucht. Auch Uwe hatte seinen Raum noch nicht verlassen.

Da ich keinen Wert darauf legte, Zeugin weiterer Meinungsverschiedenheiten zwischen den beiden zu werden, schlug ich vor, dass wir alle zu Marios Strandlokal fahren und dort zu Mittag essen sollten. Ein allgemeines erleichtertes Aufatmen war zu hören. Blitzschnell waren alle bereit zum Aufbruch.

Nun endlich konnte ich entspannen und die angenehmen Stunden mit Ehemann und Familie verbringen, auf die ich mich so sehr gefreut hatte. Die beiden Streithähne und ihre Probleme verbannte ich aus meinen Gedanken und genoss den Tag in bester Gesellschaft und guter Laune.

Am Abend sollte uns meine Schwiegerfamilie bewirten und für meine Eltern und Freunde ein tunesisches Festessen vorbereiten. Alle waren schon in gespannter Erwartung auf eine Mahlzeit im Kreis meiner neuen Familie. Und sie wurden nicht enttäuscht: Es wurde ein heiterer und erholsamer Abend. Der gestrige Vorfall kam zwar nicht zur Sprache, aber irgendwie spürte ich, dass er in allen Köpfen herumspukte. Im Stillen hoffte ich, dass die Wogen sich mittlerweile geglättet hatten und uns allen noch ein paar friedliche gemeinsame Tage vergönnt waren.

Von Lydias Eheproblemen blieben wir den Rest der Woche verschont. Sie hatte sich in ihrem Hotelzimmer eingeschlossen, und wir sahen und hörten nichts mehr von ihr und genauso wenig von ihrem geplagten Ehemann, der aus verständlichen Gründen keinen Wert auf unsere Gesellschaft legte.

Viel zu schnell verging die Ferienwoche mit meiner Familie. Viel zu bald standen wir am Flughafen, um unserer Reisegruppe ein letztes Mal hinterherzuwinken. Viel zu kurz war die Zeit gewesen, die ich mit meinen Lieben verbringen konnte. Auch Claudine war abgereist; wir hatten nicht mehr die Gelegenheit zu einem Gespräch unter vier Augen gefunden. Eigentlich war es mir recht, denn ich wollte nicht mehr an die schlimmen Tage vor dem Hochzeitsfest erinnert werden, wollte diese Ereignisse vergessen und hatte meinem Mann längst verziehen. Aber nach dieser ereignisreichen Woche fiel mir der Abschied von Freunden und Verwandten ganz besonders schwer.

Ein Trost war für mich, dass ich nach Fertigstellung des Hauses nach Deutschland fliegen würde, um von dort aus den Transport meiner eingelagerten Möbel mit einer deutsch-tunesischen Spedition nach Djerba zu organisieren. Wir hatten es durchgerechnet, und es hatte sich gezeigt, dass diese Lösung wesentlich preiswerter war als die Neuanschaffung aller benötigten Möbel.

Als auch der letzte Besucher sich verabschiedet hatte, kehrte Ruhe ein. Drei Urlaubstage blieben uns noch, und wir beschlossen spontan, unsere »Flitterwochen« in Tabarka im Norden des Landes zu verbringen. Zum ersten Mal lernte ich eine andere Seite von Tunesien kennen. Bisher kannte ich nur den sonnendurchglühten, staubigen Süden mit seiner Weite und der kargen Vegetation, der so ganz anders war als der nördliche Teil des Landes. Hier erkundeten wir die grünen Berge, die Wälder und kühlen Täler des Tell-Atlas-Gebirges. Wir besichtigten die römischen Ruinen bei Jendouba, übernachteten in einer kleinen Pension in Ain Draham und tranken in der Abenddämmerung Tee in einem kleinen Lokal hoch über dem Städtchen mit unbeschreiblich schönem Ausblick auf das Gebirge. Diese Landschaft mit den endlosen grünen Wäldern und Bergen erinnerte mich sehr an meine nun weit entfernte Heimat.

Unsere Beziehung hatte sich wieder normalisiert, Kamal war so liebevoll, zärtlich und aufmerksam wie zu Beginn. Noch nie hatten wir die Gelegenheit gehabt, jede Stunde des Tages zusammen zu verbringen, es war eine neue und wunderbare Erfahrung. Endlich hatten wir Zeit füreinander, für lange Spaziergänge, ausführliche Gespräche und lustvolle Stunden. Wir genossen jede Sekunde, in dem Wissen, dass uns dieses Glück nur für eine kurze Zeit vergönnt war.

Ausgeruht und in bester Stimmung kehrten wir zurück auf unsere Insel. Ich freute mich auf ein Wiedersehen mit den Kollegen und Gästen, auf meine Arbeit und auf das prickelnde, quirlige Clubleben, das ich insgeheim schon ein wenig vermisst hatte. All diese Dinge waren ein unverzichtbarer Teil meines Lebens geworden.

Mit einem Küsschen und einem »Schönen Tag« verabschiedeten Kamal und ich uns am nächsten Morgen vor dem Restaurant. Ich eilte in Richtung Boutique.

Gut gelaunt trat ich ein und begrüßte meine Mitarbeiterin Samira mit einem fröhlichen »*as-slama*«.

»Du sollst sofort ins Direktionsbüro kommen. Roberts Sekretärin hat gerade angerufen«, empfing Samira mich.

Wahrscheinlich wollte Robert nachträglich zur Hochzeit gratulieren und ein paar geschäftliche Dinge mit mir klären. Beschwingt machte ich mich auf den Weg ins Direktionsbüro. Kamal saß Robert am Schreibtisch gegenüber, und ein Blick auf dessen Gesicht sagte mir, dass wir nicht zum Small Talk eingeladen waren.

Mit einer knappen Handbewegung wurde ich zum Sitzen aufgefordert, dann legte unser Chef los: »Ich werde nicht lange um den heißen Brei herumreden, sondern direkt zur Sache kommen: Du, Kamal, hast gemeinsam mit einigen Kellnern und einem der Wachleute dreißig Kisten Wein und eine beträchtliche Menge Lebensmittel aus dem Lager gestohlen. Die Waren wurden für euer Hochzeitsbüfett verwendet. Du brauchst es nicht zu leugnen, es gibt Zeugen, und wir haben leere Kisten und Flaschen mit dem Clublogo auf dem Müll hinter deinem Elternhaus gefunden, sie erscheinen aber nirgendwo in den Büchern und wurden auch nicht bezahlt. Inwieweit du in die Sache eingeweiht bist, Tina, kann ich nicht beurteilen, aber so viel dürfte klar sein: Ihr seid beide mit sofortiger Wirkung entlassen! Ihr habt noch heute die Wohnung zu räumen und eure Schlüssel, Uniformen und Clubausweise im Büro abzugeben. Danach will ich euch hier nicht mehr sehen. Auf eine polizeiliche Anzeige werde ich verzichten, wenn der entstandene Schaden noch heute beglichen wird. Falls nicht, geht morgen eine Anzeige gegen euch beide wegen Diebstahls und Unterschlagung an die örtliche Polizei. So, das war's. Nun könnt ihr gehen.«

Ich war wie vom Donner gerührt und brachte kein Wort über die Lippen. Mir wurde gleichzeitig heiß und kalt, und meine Hände zitterten unkontrolliert. Jetzt bloß nicht anfangen zu heulen, bloß nicht die Fassung verlieren!

Im Gegensatz zu mir blieb Kamal völlig cool. Gelassen erhob er sich, zog mich am Arm hoch und schob mich vor sich her aus dem Büro. Später konnte ich mich nicht mehr erinnern, wie ich aus dem Hauptgebäude heraus und in die kleine Café-Bar auf der gegenüberliegenden Straßenseite gekommen war. Dort sank ich auf einen Stuhl und brach fassungslos in Tränen aus. Weinkrämpfe schüttelten mich so, dass ich kein Wort herausbrachte. Kamal zündete sich eine Zigarette an und bestellte zwei Mokka. Seelenruhig lehnte er sich zurück und wartete, bis mein heftiges Weinen sich zu einem leisen Schluchzen gemäßigt hatte. Dann fragte er: »Kann ich jetzt mit dir reden? Hörst du mir zu, oder bist du weiterhin hysterisch?«

Hysterisch? Wir hatten gerade beide unsere Arbeitsstellen verloren, uns drohte eine Diebstahlsanzeige, und die Geschichte unserer Entlassung würde in wenigen Stunden die Runde machen. Kein einigermaßen seriöser Arbeitgeber würde uns nach diesem Fiasko noch einstellen wollen. Und er bezeichnete meine Reaktion als Hysterie!

»Reg dich doch nicht so auf, einen Drecksjob wie diesen bekomme ich doch jederzeit wieder, und zwar mit links! Dem brauchst du nicht hinterherzuheulen! Außerdem passt es doch ganz gut: Wir erledigen unsere Arbeiten am Haus, danach suche ich mir etwas Neues. Und du brauchst dir überhaupt keine Sorgen zu machen, du hast morgen eine neue Arbeit, wenn du das willst.«

Ach ja, so einfach war das also? Wir würden in aller Ruhe ohne Einkommensquelle unseren teuren Hausbau beenden und uns dann die Rosinen aus dem reichhaltigen Arbeitsangebot picken! Auf Djerba waren gute Stellen so rar wie Wasser in der Sahara.

»Und mit welchem Geld bauen wir das Haus zu Ende? Wovon sollen wir leben? Hast du mir nicht erzählt, dieses Büfett wäre ein Geschenk deiner Kellner und der Wein ebenso? Was, um Himmels willen, hast du dir dabei gedacht, unseren Arbeitgeber zu bestehlen? Bist du verrückt geworden? Und nun müssen wir auch noch für den entstandenen Schaden aufkommen, oder willst du eine Anzeige riskieren?« Wieder liefen mir Tränen über die Wangen, ich konnte mich nicht beruhigen. Am liebsten wäre ich aufgestanden und davongelaufen. Aber wohin? Man hatte uns aus unserer hübschen kleinen Wohnung geworfen, im neuen Haus fehlte es noch an zu vielen Dingen, um jetzt schon darin zu wohnen. Wo sollten wir übernachten, wo die nächsten Tage und Wochen verbringen? Bei diesen Gedanken begann ich erneut zu schluchzen.

»Dieser Fatzke soll sich nicht so aufblasen wegen der paar Flaschen Wein. Der kann froh sein, dass ich überhaupt so lange für ihn geschuftet habe, bei dem mickrigen Gehalt. Du brauchst dir überhaupt keine Gedanken zu machen, *marti*, in ein paar Wochen habe ich einen neuen und besseren Job, und du ebenfalls.« Kamal war völlig ungerührt, und ein spöttisches Lächeln lag auf seinen Lippen. Er schien sich keinerlei Sorgen um unsere Zukunft zu machen, verschwendete keinen Gedanken daran, wovon wir in den nächsten Wochen oder vielleicht sogar Monaten leben sollten. Ihm war das alles schlichtweg egal.

Neue Wege

Unser Zuhause wurde für die nächsten drei Wochen das noch unbewohnte Appartement von Riyad und Amany, die nach Tunis zurückgekehrt waren, um dort die letzten Vorbereitungen für ihre bevorstehende Hochzeit zu treffen.

Kamal war mit zwei seiner Brüder und einem geliehenen Kleintransporter noch am gleichen Abend zum Club gefahren und hatte unsere Wohnung geräumt. Ich hatte mich geweigert, noch einmal dorthin zurückzukehren, denn ich schämte mich vor unseren Kollegen und den Hotelgästen und wollte mich nicht neugierigen Blicken oder Fragen aussetzen. Obwohl ich von dem Diebstahl nichts gewusst und noch nicht einmal etwas geahnt hatte, war mir das Ganze unendlich peinlich, und ich fühlte mich mitschuldig.

Kamal schienen solche Gewissensbisse nicht zu plagen. Ohne sichtbare Gemütsregung hatte er den Betrag von mir entgegengenommen, um unserem Chef den entstandenen Schaden ersetzen zu können. Die Kosten für unser Hochzeitsfest hatte letztendlich ich zu tragen, und ich hoffte inständig, dass wenigstens die Band, die auf der Party gespielt hatte, bereits ihr Honorar bekommen hatte und ich nicht auch noch dafür zur Kasse gebeten wurde.

Tagelang verfolgte mich die Szene im Direktionsbüro bis in den Schlaf, nachts wälzte ich mich von einer Seite auf die andere und kam vor Sorgen nicht zur Ruhe. Tagsüber war ich zutiefst niedergeschlagen und mutlos, mir fehlten der geregelte Tagesablauf, meine Arbeit und meine Kollegen. Ob wir beruflich je wieder Fuß fassen würden? Ich konnte es mir nicht vorstellen.

Im Gegensatz zu mir war mein Mann bester Laune, schlief tief und lange, stand mittags auf, um sich einige Stunden mit Hilfsarbeiten beim Hausbau zu beschäftigen, und verschwand Abend für Abend ins Dorfcafé. Ihn belastete die Situation, in die er uns gebracht hatte, nicht im Geringsten, er war sorglos und pfiff vergnügt vor sich hin, während er Fliesen verlegte und Wände strich. Ich konnte nicht begreifen, dass diese Diebstahlsanklage völlig an ihm abperlte, dass er sich keinerlei Gedanken um unsere Zukunft oder Geldsorgen machte.

Mein Sparguthaben nahm rapide ab, denn ich musste nun für all unsere Ausgaben aufkommen, für das Baumaterial, den Lohn für die Bauarbeiter, für unseren täglichen Bedarf. Wenn wir weiterhin in diesem Tempo Geld verbrauchten, wären wir in zwei Monaten finanziell am Ende. Bei diesen Aussichten sank meine Stimmung auf den Nullpunkt, ich wurde lustlos und pessimistisch, nichts konnte mich aufheitern. Am meisten zu schaffen machte mir aber die Tatsache, dass mein Mann als Dieb und Lügner entlarvt worden war, dass er auch mir an unserem Hochzeitstag frech ins Gesicht gelogen hatte und keine Spur von Bedauern zeigte.

Der einzig positive Aspekt war, dass ich nun viel Zeit hatte, meine Schwiegerfamilie, die ich in der Vergangenheit nur bei kurzen Besuchen erlebt hatte, besser kennenzulernen. Meine Schwiegermutter tat ihr Bestes, um mich aufzuheitern. Täglich kochte sie meine Lieblingsspeisen, verwöhnte mich mit *brik, tajine* und *marga.* Sie sorgte dafür, dass ich den Kontakt zur Außenwelt nicht verlor, indem sie mich täglich zu Besuchen bei Nachbarn und Verwandten schleppte.

Auch mein Schwiegervater versuchte mir in seiner zurückhaltenden Art seine Verbundenheit zu signalisieren. Von jedem Moscheebesuch im Dorf brachte er mir eine Nascherei mit, weil er wusste, wie gern ich *halva* und *slabia* aß und wie sehr ich mich über seine Mitbringsel freute.

Mehr als zwei Wochen waren wir bereits ohne Arbeit, als Kamal eines Abends mit siegessicherem Lächeln nach Hause kam: »*Marti*, bügelst du mir bitte das weiße Hemd mit der Stickerei, ich brauche es morgen für die Arbeit.«

Wie elektrisiert fuhr ich hoch. »Du hast eine neue Arbeit? In welchem Hotel? In welchem Bereich?« Ich konnte vor Aufregung kaum sprechen, mein Herz schlug bis zum Hals.

»Hast du wirklich gedacht, dein *rajli* lässt seine Frau im Stich? Hast du geglaubt, ich finde keine Arbeit mehr, nur weil ein missgünstiger Chef Lügen über mich erzählt?«

Dann berichtete er, dass er schon länger mit dem Direktor der Ferienanlage Nike in Verhandlungen stand, um den überraschend frei gewordenen Posten des Food and Beverage Managers zu übernehmen. Nicht nur würde er dadurch auf der Karriereleiter eine Sprosse nach oben steigen, dieser Job war zudem wesentlich besser bezahlt als sein vorheriger. Allerdings wurde dafür auch mehr Einsatz verlangt, die Arbeitszeit begann zwar erst am späten Vormittag, aber für abends war Open End vorgesehen. Unsere Zweisamkeit würde sich in den nächsten Wochen und Monaten auf die Morgenstunden verlagern, bevor sein Arbeitstag begann, aber ich war in diesem Augenblick so erleichtert und froh, dass ich darüber nicht nachdachte.

Schnell wurde alles für den morgigen Tag vorbereitet, ich bügelte seine Dienstkleidung, meine Schwiegermutter polierte seine Schuhe auf Hochglanz.

Wie erwartet, hatte sich die Nachricht schon herumgesprochen Verwandte und Freunde kamen vorbei, um Kamal zu seinem Erfolg zu gratulieren. Mein Arabisch war zwar nicht perfekt, aber ich verstand, dass über den Chef des Marina Clubs abfällig gesprochen und er als »dumm« und »ungerecht« bezeichnet wurde. Vielleicht hatte er Kamal ja doch zu Unrecht beschuldigt, und die Diebstahlsgeschichte hatte sich ganz anders abgespielt. Wäre ihm sonst innerhalb weniger Tage nach seiner Entlassung ein derart lukratives Jobangebot gemacht worden? Ich wollte fest glauben, dass meinem Mann Unrecht geschehen war, aber ein ganz leises Gefühl der Unsicherheit blieb mir erhalten.

Zeitig am nächsten Tag verließ Kamal das Haus. Wir hatten vereinbart, dass wir uns in unserem Neubau notdürftig einrichten würden. Es fehlte zwar noch an einigem, aber für die nächsten Wochen wollten wir mit Matratzen und ein paar geborgten Möbelstücken dort unterkommen. Die Badezimmer waren benutzbar, für meine Verpflegung sorgten meine Schwiegereltern. Außerdem sollte ich bald nach Deutschland fliegen, um den Möbeltransport in die Wege zu leiten.

Bereits nach zwei Tagen fragte mich mein Liebster, ob ich nicht Lust hätte, ihm beim Abendessen im Hotel Gesellschaft zu leisten. Auch sein neuer Chef war damit einverstanden, und ich hatte endlich wieder einmal die Gelegenheit, mich ein wenig aufzurüschen und einen unterhaltsamen Abend zu verbringen.

Das Abendessen gestaltete sich ausgesprochen kurzweilig, denn Ralf und seine Frau Ulla hatten ihre beiden kleinen Töchter mitgebracht, die uns mit ihren Späßen und niedlichem Geplapper unterhielten. Später gesellte sich noch Sofie hinzu, die Frau des Küchenchefs und Leiterin der Sportboutique. Beide Frauen waren in meinem Alter, und ich fand sie sympathisch und angenehm. Als ich erzählte, dass ich momentan ohne Arbeit war und die Tage zu Hause verbrachte, lud Ulla mich spontan für den nächsten Nachmittag zum Schwimmen ein. Auch Sofie wollte sich uns anschließen, es sollte ein richtiger »Mädchentag« werden. Ich war hocherfreut über die Aussicht, den Tag in dieser luxuriösen Anlage verbringen zu dürfen, und sagte begeistert zu.

Am nächsten Tag war ich voller Vorfreude und konnte den Nachmittag kaum erwarten, weshalb ich eine halbe Stunde zu früh im Nike eintraf. So hatte ich Zeit, mich in aller Ruhe dort umzusehen. Alles war größer, eindrucksvoller und exklusiver als im Marina Club. Über der marmornen Eingangshalle erhob sich ein goldfarbenes Kuppeldach, die Wände waren mit prachtvollen Mosaikarbeiten verziert. Riesige kostbare Teppiche, die jeden Laut dämpften, bedeckten die auf Hochglanz polierten Böden. Diensteifriges Personal huschte umher. Das Ganze wirkte sehr gediegen und vornehm.

Ich schlenderte herum und betrachtete alles voller Neugier. Eine Ladenpassage schloss sich direkt an die Halle an, und ich beschloss, mich auch dort ein wenig umzusehen. Langsam ging ich von Schaufenster zu Schaufenster und bewunderte die dort ausgestellten Waren. Alles war von edelster Qualität und wurde dem Kunden dekorativ präsentiert. Während ich noch die teuren Lederjacken und -taschen bewunderte, trat ein älterer Herr aus dem Laden und sprach mich an: »Entschuldigen Sie meine Aufdringlichkeit, Madame, aber ich glaube, Sie zu kennen. Arbeiten Sie nicht in der Marina-Boutique?«

»Nicht mehr«, entfuhr es mir. »Es tut mir leid, Monsieur …«

»Kalif! Wie der Kalif aus Tausenundeiner Nacht, Madame. Ein kleiner Scherz.«

»Monsieur Kalif, nein, dort arbeite ich nicht mehr.«

»Ah, das ist sehr interessant. Möchten Sie vielleicht eintreten und einen Tee trinken? Es wäre mir eine Ehre.«

Lächelnd folgte ich Monsieur Kalif in seinen Laden.

Ein unwiderstehliches Angebot

Monsieur Kalif rückte einen eleganten Ledersessel zurecht und bot mir Platz an. Während er sich über ein prachtvolles Silberservice beugte, um Tee einzugießen, betrachtete ich den geschmackvoll gestalteten Ladenraum. Monsieur Kalif bot schicke Ledermode an: Jacken, Westen, Hosen, Röcke und Kleider hingen wohlgeordnet auf satinbezogenen Bügeln, dazwischen standen Taschen in verschiedenen Größen und Farben sowie edles Reisegepäck, alles von bester Qualität und nicht billig, wie ich auf den Preisschildern las.

Vorsichtig stellte der Ladeninhaber ein hauchdünnes Tässchen vor mich hin und musterte mich wohlwollend. »Madame, welche Freude, Sie hier bei mir begrüßen zu dürfen! Gestern hatte ich bereits das Vergnügen, Ihren Gatten zu treffen, und er erzählte mir, dass Sie ihn heute hier besuchen würden. Deshalb habe ich auf Sie gewartet.« Verschmitzt lächelnd sah er mich an.

Ich nippte an meiner Tasse und wartete.

»Ah, Madame, wie es der Zufall will, bin ich auf der Suche nach einer zuverlässigen, tüchtigen, hübschen Dame, die diesen Laden für mich führt. Da habe ich an Sie gedacht und mich gefragt, ob Sie sich wohl eine Zusammenarbeit mit mir vorstellen könnten.«

Ich versuchte, meine Aufregung zu unterdrücken und eine teilnahmslose Miene aufzusetzen. »Wie würde diese Zusammenarbeit denn aussehen?«, fragte ich vorsichtig.

»Madame, ich bin ein alter Mann und möchte noch ein wenig das Leben genießen. Deshalb habe ich ein Häuschen in Karthago für mich und meine Frau gekauft, wohin wir uns zurückziehen wollen. Allerdings wäre es schön, diesen Laden nicht aufgeben zu müssen, aber dafür benötige ich eine Person, der ich hundertprozentig vertrauen kann. Sie muss absolut zuverlässig, fleißig und vor allen Dingen ehrlich sein. Ich habe gehört, dass Sie Ihre Sache im Marina Club sehr gut gemacht haben.«

Und was hatte er sonst noch gehört? Ganz sicher muss ihm doch auch die Geschichte mit den gestohlenen Weinkisten zu Ohren gekommen sein. Aber offensichtlich hielt er nichts von Klatsch und Tratsch, sonst säße ich jetzt nicht hier.

»Meine Bedingungen sind für Sie durchaus interessant, chère Madame. Ich biete Ihnen ein überdurchschnittliches monatliches Grundgehalt sowie eine Gewinnbeteiligung. Sollten Sie Ihre Arbeit noch besser machen als erwartet, werden Sie einen Sonderbonus erhalten. Außerdem statte ich Sie jeden Monat mit einem Kleidungsstück aus unserer Kollektion aus, denn Sie sollen unsere Mode würdig präsentieren. Zusätzlich bezahle ich einmal im Monat einen Flug nach Tunis, denn ich verlange, dass Sie selbst in unseren dortigen Fabriken mit den Designern und Verkaufsleitern sprechen und die Ware für das Geschäft persönlich aussuchen. Ich werde Ihnen zwei erfahrene Verkäufer zur Seite stellen, Sie sind für die Buchhaltung und den Einkauf verantwortlich. Trauen Sie sich das zu?«

Mein Mund war so trocken, dass ich nicht antworten, sondern nur nicken konnte. Ich war hierhergekommen, um einen vergnüglichen Nachmittag am Meer zu verbringen, und bekam aus heiterem Himmel einen Traumjob angeboten. Ich konnte mein Glück kaum fassen.

»Sehr schön, meine Liebe! Dann darf ich Sie bitten, mich in zwei Tagen wieder mit Ihrem Besuch zu beehren. Wir werden dann den Arbeitsvertrag unterzeichnen. Sprechen Sie genug Französisch, um alles zu verstehen, denn er wird in Französisch ausgefertigt?«

»Mein Mann könnte für mich übersetzen, wenn es Ihnen recht ist.«

»Bien sûr, das ist kein Problem, Madame. Bringen Sie Ihren Gatten mit, er soll sich das Dokument durchlesen.«

Wir hatten uns erhoben, und ich reichte ihm meine Hand, die vor Aufregung schweißnass war.

»Ich freue mich auf unsere Zusammenarbeit, chère Madame! Es war mir ein Vergnügen, mit Ihnen Geschäfte zu machen! Meine Empfehlung an Ihren Gatten.« Charmant deutete er einen Handkuss an und brachte mich zur Tür.

Ich ging, nein, ich schwebte auf das Gartencafé zu, in dem ich mich mit Ulla und Sofie verabredet hatte. Mir war ein wenig schwindlig, mit weichen Knien ging ich wie auf Wolken. Noch vor wenigen Tagen hatte ich geglaubt, dass ich auf der Insel nie mehr einen Job finden würde, und hier war ich gewissermaßen über ein Exklusivangebot gestolpert.

Die beiden saßen bereits unter einem Sonnenschirm, ihre Badetaschen neben sich, und warteten auf meine Ankunft. Atemlos ließ ich mich auf den Stuhl fallen und strahlte die beiden an.

»Was ist passiert? Du bist ja völlig außer Atem«, fragte Sofie.

Glückstrahlend platzte ich mit meiner Geschichte heraus.

»Wenn das kein Grund zum Anstoßen ist!« Ulla winkte den Kellner heran. »Momo, drei Gläser Sekt bitte. Wir haben etwas zu feiern!« Wenige Minuten später stießen wir auf meinen neuen Job in der Ferienanlage an, und die beiden hießen mich im Team willkommen, obwohl ich nicht direkt zum Hotelpersonal gehören würde.

Endlich hatte ich wieder eine Aufgabe, eine Arbeit, die mir ganz sicher Spaß machen würde.

»Wann wirst du deinem Mann davon erzählen?«, fragte Ulla.

»Heute Abend. Ich will ihn damit überraschen.«

»Mach das am besten kurz vor dem Zubettgehen. Vergiss nicht, Erfolg macht sexy!« Wir brachen in lautes Gelächter aus, und ich freute mich, dass ich Anschluss gefunden hatte. Ich wünschte mir, die beiden Frauen, mit denen ich mich jetzt schon gut verstand, als Freundinnen gewinnen zu können.

Neues Spiel, neues Glück?

Die folgenden Wochen und Monate waren die glücklichsten unserer Ehe. Wir hatten aufregende neue Jobs, arbeiteten in einer der luxuriösesten Ferienanlagen auf Djerba, fanden rasch neue Freunde, und das in mir durch die Diebstahlaffäre erwachte Misstrauen schlief langsam ein.

Bevor ich meine neue Arbeit antrat, flog ich noch für eine Woche nach Deutschland, um den Möbeltransport nach Tunesien in die Wege zu leiten. Glücklicherweise war meine Wahl auf eine äußerst kompetente Spedition gefallen, denn sie nahmen mir viele Wege und eine Menge Papierkram ab.

Allerdings musste ich wegen der Deutschlandreise auf meine Teilnahme an Riyads und Amanys Hochzeit verzichten. Diese Entscheidung war mir sehr schwergefallen, denn ich hatte Amany mit ihrem sanften Wesen und ihrer schwesterlichen Zuneigung zu mir lieb gewonnen. Sie war zwar mehr als enttäuscht, zeigte aber Verständnis für die Zeitnot, in der ich mich befand, denn sobald ich wieder nach Djerba zurückgekehrt war, würde meine Arbeit bei Monsieur Kalif beginnen.

Mein Chef besaß einen Lederverarbeitungsbetrieb mit mehreren Dutzend Schneidern auf Djerba und zwei große Lederfabrikationen in Tunis, wo vor allem elegantes Reisegepäck hergestellt wurde. Die meisten Modelle, die wir verkauften, waren maßgefertigt. Ein Schneider stand stets auf Abruf bereit, um den Kunden Maß zu nehmen und nach Extrawünschen zu fragen. Mit mir besprachen die Kunden Farbe, Qualität, Preis und die Termine zur Anprobe und Abholung der Kleidungsstücke. Wie vereinbart trug ich im Geschäft Teile unserer jeweils neuesten Kollektion, denn viele Kundinnen fragten dann nach genau dem Modell, in dem ich mich gerade zeigte.

Monsieur Kalif ließ mir völlig freie Hand und mischte sich nicht in die Geschäfte ein. Solange korrekt abgerechnet und gut gewirtschaftet wurde, war er ganz offensichtlich mit allen meinen Entscheidungen einverstanden. Ich fühlte mich rundum glücklich in dieser kultivierten Umgebung, mit der anspruchsvollen Kundschaft und meinen neuen Kollegen.

Auch Kamal war wie ausgewechselt. Sein Verhalten während der letzten Wochen im Marina Club und vor allem während unserer Arbeitslosigkeit hatte mich erschreckt und beunruhigt. Nun war er wieder ganz der Alte, charmant, zuvorkommend, ausgeglichen und leidenschaftlich. Unser Liebesleben war intensiver, stürmischer und inniger denn je. Wieder einmal sprachen wir über Kinder. Kamal wünschte sich eine Tochter, ein kleines Mädchen, das mir ähnlich wäre. Ich war in dieser Hinsicht zurückhaltend, da ich mich noch nicht für ein Kind entscheiden wollte. Erst musste ich im Nike Fuß fassen, unser Haus einrichten, mein geplündertes Sparkonto wieder auffüllen, dann wollte ich das Leben mit Kamal genießen. Bei meinem Liebsten allerdings stieß ich mit meinen Argumenten auf taube Ohren.

Der Direktor hatte seinem neuen F&B-Manager einen Mini-Bungalow zur Verfügung gestellt, weil er wusste, dass wir im Moment keine geeignete Unterkunft hatten. Solange wir im Hotel lebten, war Kamal immer greifbar; eine gute Lösung für die Direktion, denn oft fand spätabends noch eine Inventur statt, oder es wurden Bestellungen zusammengestellt und Pläne für den nächsten Tag geschrieben.

Sofie und ihr Ehemann Tom, der als Küchenchef in der Ferienanlage arbeitete, bewohnten ein gemütliches Häuschen neben dem unseren. Sie leitete die hoteleigene Sportboutique neben dem Ledergeschäft, und mit ihr verstand ich mich besonders gut. Wenn es abends bei unseren Männern wieder einmal spät wurde, setzten Sofie und ich uns zusammen, um zu plaudern, Karten zu spielen oder in der warmen Dunkelheit bei einem Glas Wein die Gesellschaft der anderen zu genießen. Wenn die Kinder im Bett waren, kam manchmal auch Ulla hinzu, aber das geschah eher selten. Meist verbrachte ich die Abende allein mit Sofie, und so lernten wir einander schnell sehr gut kennen. Sie und Tom hatten nur einige Monate vor uns ebenfalls auf der Insel geheiratet und ein großes Fest ausgerichtet. Sie hatten sich ungefähr zum gleichen Zeitpunkt kennengelernt wie Kamal und ich und hatten vorher auch in einem anderen Ferienclub gearbeitet. Es gab eine Menge Gesprächsstoff, denn wir entdeckten noch viele andere Gemeinsamkeiten. Das beengte Leben in der Anlage und die eingeschränkten Möglichkeiten schweißten uns zusammen, und schon nach kurzer Zeit waren wir gute Freundinnen geworden.

In der Ferienanlage bot sich ein breit gefächertes Angebot ansprechender Aktivitäten: So fanden sich beispielsweise Kosmetikbehandlungen, Yoga, Pilates, Wassergymnastik, Ayurveda-Ernährungslehre, Massagen, Fitness, Power-Aerobic, Trampolinspringen, Malen und Zeichnen auf dem Programm. Es stand eine eigene Bibliothek zur Verfügung, ein Extra, das ich als begeisterte Leserin gern und ausgiebig nutzte. In verschiedenen Kochkursen wurde den Gästen die tunesische, aber auch die thailändische Küche nahegebracht, denn unter Toms Regie bereiteten zwei zierliche Thailänderinnen exotische Köstlichkeiten zu. In verschiedenen Schwimmbecken konnte man sich wahlweise in kühlem oder warmem Wasser erfrischen; vom Jacuzzi genoss man einen atemberaubenden Blick auf Strand und Meer, ließ sich im orientalischen *hammam* und im Dampfbad verwöhnen oder schwitzte in der finnischen Sauna.

So exklusiv wie das Freizeitangebot waren auch die Gäste. Es war auffallend, wie viele offensichtlich gut situierte weibliche Singles jeder Altersgruppe im Nike urlaubten. Viele flirteten ganz offen mit den Kellern und Animateuren, und oft konnte ich auch beobachten, wie begehrliche Blicke meinem eleganten, attraktiven Ehemann folgten. Die Damen unterhielten sich ganz ungeniert über seine körperlichen Vorzüge, und wenn auch die meisten wussten, dass Kamal und ich ein Paar waren, so beeinträchtigte dieses Wissen ihre Aktivitäten keineswegs. Lachend erzählte mein Mann mir von versteckten und offenen Angeboten und machte sich über die Avancen der liebestollen Urlauberinnen lustig. Er fände dieses Betragen abstoßend und ekelerregend, die Frauen wären schlimmer als rollige Katzen, teilte er mir mit einem verächtlichen Schulterzucken mit. Bei jeder sich bietenden Gelegenheit zeigte er, dass wir zusammengehörten, legte mir kurz seinen Arm um die Schulter, hauchte mir ein Küsschen auf die Wange, setzte sich beim Essen zu mir. Es beruhigte mich, dass er offenbar das ihm entgegengebrachte Interesse ignorierte und nur Augen für mich hatte. Für mich war diese offen zur Schau getragene Geilheit einiger weiblicher Gäste der einzige bittere Tropfen in dem sonst so süßen neu erworbenen Luxusleben im Nike.

»Du wirst lernen, damit zu leben«, tröstete mich meine neue Freundin Sofie, der mein Unbehagen aufgefallen war. »Sie hecheln auch hinter Tom her.«

»Kann ich mir vorstellen.« Sofies Ehemann war ein blonder, muskulöser Beach-Boy, den man eher auf dem Surfbrett als am Küchenherd vermutete.

»Die Jungs sind die Anmache gewohnt, die stört das nicht. Oder hast du etwa Bedenken wegen Kamal? Glaubst du etwa, er würde bei einem dieser Hühner schwach werden?«

Sosehr ich Sofie auch mochte, ich wollte ihr und mir nicht eingestehen, dass ich eifersüchtig und mir meiner Sache nicht hundertprozentig sicher war. Aber ich hätte mir lieber die Zunge abgebissen, als zu gestehen, dass ich Kamal mit Argusaugen beobachtete und auf jeden seiner Schritte und Gesten achtete.

War ich allein im Haus, durchsuchte ich seine Hosentaschen und seine privaten Sachen. Ich wusste selbst nicht, was ich zu finden hoffte, oder besser, fürchtete.

Ich versuchte, so gut es ging, über die Anzüglichkeiten hinwegzusehen und -zuhören, konzentrierte mich auf meine Arbeit und unsere Ehe und wartete sehnsüchtig auf die Ankunft des Möbelcontainers aus Deutschland. Sobald unser Haus eingerichtet war, würde uns der Bungalow nur noch in Notfällen als Übernachtungsmöglichkeit dienen; wir würden unser Eheleben außerhalb der Ferienanlage führen, und die Aufdringlichkeit mancher Gäste würde mich nicht mehr so sehr beschäftigen, wie es jetzt der Fall war.

Dann endlich kam der lang erwartete Anruf: Der Container war in La Goulette, dem Hafen von Tunis, eingetroffen.

Lydia und Mounir

An unserem nächsten freien Tag flogen Kamal und ich nach Tunis. Vom Flughafen fuhren wir mit dem Taxi zum Hafen La Goulette, um mit einem Beauftragten der Spedition am Zoll unseren Container in Empfang zu nehmen.

Alles war bereit, als wir eintrafen, das Zollsiegel wurde geöffnet, zwei Zollbeamte betraten mit uns den Container, um stichprobenartige Kontrollen vorzunehmen.

Zwei der Bücherkartons mussten geöffnet und geleert werden. Mit ungläubigen Gesichtern blätterten die Beamten durch Kunstbildbände, Comics und Romane; sie konnten die Menge der vor ihnen ausgebreiteten Bücher nicht fassen. Einer fragte mich: »Madame, sind das wirklich alles Ihre Bücher?«

»Aber ja, das ist nur ein kleiner Teil meiner Bibliothek.«

Mit angewiderter Miene wandte sich der Zöllner an Kamal: »Monsieur, bitte sagen Sie Ihrer Gattin, dass es nicht gesund ist, so viel zu lesen. Es schadet den Augen, und überhaupt, Frauen sollten nicht lesen! Das ist sehr gefährlich!«

Ich wusste nicht, ob ich lachen oder mit einer scharfen Antwort reagieren sollte, dann bemerkte ich, dass Kamal ein Lachen unterdrückte. Wenn der Beamte meine Antwort als unverschämt empfand, würde sich die Kontrolle mit Sicherheit den ganzen Tag hinziehen. Also zuckte ich mit den Schultern und dachte genervt: Idiot! Was weißt du denn schon über Bücher und Frauen!

So waren wir bereits am frühen Nachmittag im Besitz aller Zollpapiere, der Transport nach Djerba konnte beginnen. Der Lkw wurde beladen und machte sich auf die 600 Kilometer lange Fahrt über die Autobahn nach Sfax und die Küste entlang nach Gabès, Medenine und über den Römerdamm auf die Insel.

Vor unserem Abflug wollte ich noch die gute Gelegenheit nutzen, Monsieur Kalif zu besuchen und seine Mitarbeiter kennenzulernen, mit denen ich in Zukunft eng zusammenarbeiten würde. Wir verbrachten interessante und lehrreiche Stunden in der Lederfabrik und flogen am späten Nachmittag zufrieden und müde nach Hause.

Zurück auf Djerba, warteten wir voller Ungeduld auf die Ankunft unserer Möbel. Es war spätnachts, als vor dem Haus die Hupe ertönte: Der Lkw war endlich eingetroffen.

Trotz der späten Stunde standen innerhalb weniger Minuten Kamals Brüder sowie drei seiner Cousins auf unserer Terrasse, um beim Entladen behilflich zu sein. Obwohl wir nicht um Hilfe gebeten hatten, war es offenbar Ehrensache, mit anzupacken und uns beim Möbelschleppen behilflich zu sein. Meine Schwiegermutter hatte für den Fahrer und die fleißigen Helfer ein Mitternachtsmahl bereitet, und nachdem der Lkw ausgeladen war, machten wir uns heißhungrig über *shorba* und *tajine* her. Wieder einmal bewunderte ich die Unterstützung, die uns stillschweigend und ohne großes Tamtam gewährt wurde. Immer war jemand zur Stelle, wenn man jemanden brauchte.

Nun konnte das große Einräumen beginnen. Der Termin für den Einbau der Küche stand mittlerweile fest; sobald dies erledigt war, war die Einrichtung komplett und wir konnten unser Haus in Besitz nehmen.

Die Arbeit ging nur in kleinen Schritten voran, denn wir durften über unseren Plänen für die Innenausstattung unserer Wohnräume keineswegs die Arbeit in der Ferienanlage vernachlässigen. Wir nutzten jede freie Minute, um Möbel aufzubauen und an ihren Platz zu rücken und die unzähligen Kisten nach und nach auszupacken. Kamals Familie war immer bereit, mir zur Hand zu gehen. Amany war stets für mich da, meine Schwiegermutter, die sich an all den glänzenden Spiegeln, Lackschränkchen und Ledermöbeln nicht sattsehen konnte, drängte sich förmlich danach, mir bei der Gestaltung der Räume behilflich zu sein. Oft beobachtete ich, wie sie zärtlich und voller Stolz mit der Hand über polierte Tischplatten oder schimmernde Holzflächen strich, ein glückliches und zufriedenes Leuchten im Gesicht.

Auch Sofie wollte nicht untätig sein und fuhr Abend für Abend mit mir nach Hause. Amany, sie und ich waren ein eingespieltes Team, die Arbeit ging uns leicht von der Hand. Wir redeten, alberten herum und lachten viel, während wir Kleidung in die Schränke hängten, Porzellan in die Vitrinen und Schränke dekorierten und Bücher sortierten.

Anfang November war das Hotel nicht ausgebucht, die ruhige Zeit vor den Weihnachtsfeiertagen hatte begonnen. Wir beschlossen, unsere jeweiligen Chefs um drei Tage Urlaub zu bitten, damit wir endlich die letzten Arbeiten im Haus beenden konnten.

Am Morgen des 7. November 1995, des tunesischen Nationalfeiertags, wurden wir durch heftiges Prasseln auf das Kuppeldach unseres Schlafzimmers geweckt. Regen! Was für ein Segen, eine Erfrischung, lebensnotwendiges Wasser, auf das alle schon lange und sehnsüchtig gewartet hatten! Mehr als sechs Monate war kein Tropfen Regen gefallen, die Pflanzen hingen vertrocknet und staubgrau an den Stängeln und Stämmen; die Erde war von der mörderischen Sommerhitze fest gebacken und mit tiefen Rissen durchzogen. Täglich hatten meine Schwiegereltern mit sorgenvollen Mienen den Himmel betrachtet und um Regen gebetet. Dieses Jahr hatte er sich viel Zeit gelassen, aber nun war er da.

Kamal und ich sprangen aus dem Bett, rannten nach draußen und hüpften jubelnd im Pyjama durch den strömenden Regen. Das Wasser platschte lauwarm auf uns herab, trommelte auf unsere Köpfe und Körper. Was für ein köstliches, unnachahmliches Gefühl nach diesen endlosen Wochen und Monaten der Trockenheit. Klatschnass und übermütig tobten wir zurück ins Haus, rissen uns die tropfenden Kleider vom Leib und ließen uns lachend aufs Bett fallen. Wir umarmten und küssten uns, die Zärtlichkeiten wurden intensiver und fordernder, und wir feierten den ersten herbstlichen Regentag mit einem sinnlichen und fantasievollen ausgiebigen Liebesspiel.

Den ganzen Tag trommelten Wassergüsse auf das Kupferdach, ein wunderbares, anheimelndes Geräusch, das mich an Herbststürme und an mein Zuhause in Deutschland erinnerte. Innerhalb von Stunden hatte die Natur sich erholt, die Pflanzen glänzten frisch und leuchtend grün. Die Tunesier freuten sich wie Kinder über den Segen von oben. Was allerdings unsere Gäste im Hotel von Regentagen im Urlaub hielten, konnten wir uns gut vorstellen.

Aber die Regenfluten legten sich nicht etwa, wie gewohnt, nach ein oder zwei Tagen, sondern es regnete Tag für Tag ohne Unterlass mit gleichbleibender Heftigkeit. Die von der monatelangen Gluthitze hart verkrustete Erde konnte schon nach kurzer Zeit die Wassermassen nicht mehr aufnehmen, überall bildeten sich riesige Pfützen, von denen manche die Größe eines Dorfweihers hatten. Am dritten Tag leckte das Kuppeldach im ersten Stock, und das Regenwasser lief in langen Bächen an den frisch tapezierten Wänden entlang und bildete mehrere Zentimeter hohe Pfützen auf dem Fußboden. Eilig packten wir Matratzen, Handtücher und Kleidung zusammen und schleppten sie ins schwiegerelterliche Haus ins Trockene. Wir rückten die soeben aufgestellten Möbel von der Wand und deckten sie mit Decken und Laken ab, um schlimmste Wasserschäden zu verhindern, während es draußen stürmte und unvermindert in Strömen goss. Das Wasser reichte mittlerweile fast bis an unsere Türschwelle heran, und wir beobachteten den ständig steigenden Wasserstand mit ängstlicher Miene. Schon jetzt hatte der Regen beträchtliche Schäden am und im Haus verursacht. Ich mochte nicht daran denken, wie unser schönes neues Haus nach dem Durchlauf einer Schlammlawine aussehen würde.

Am Abend unseres letzten freien Tages hatte sich Kamal für eine Stunde ins Dorfcafé verabschiedet. Wir hatten beschlossen, im Haus seiner Eltern zu übernachten, weil sich in unserer Behausung alles klamm, feucht und höchst ungemütlich anfühlte. Ich war nur kurz zurückgekommen, um mir noch einige Sachen für die Nacht zu holen, und wollte mich gleich wieder in die kuschelige Wärme von Amanys Wohnzimmer begeben, als es an der Wohnungstür klopfte. Ob Kamal etwa schon wieder zurück war? Hatte er keinen Schlüssel dabei?

Schwungvoll öffnete ich die Tür. Triefend vor Nässe und schlotternd vor Kälte stand Lydia davor. Stumm und mit weit aufgerissenen Augen starrte ich sie an, unfähig, auch nur ein »Hallo« herauszuwürgen.

»Hallo, Tina! Darf ich hereinkommen?«, fragte sie ungeniert.

»Nein! Was willst du hier?« Ich hatte mich gefangen, war aber immer noch völlig verstört.

»Na, das nenne ich eine herzliche Begrüßung! Immer noch sauer wegen deiner Feier?«, fragte sie mit sarkastischem Grinsen.

»Dass du es wagst, mir überhaupt noch unter die Augen zu treten! Ich kann dir nur raten, verschwinde von hier, bevor Kamal nach Hause kommt …!«

»Ach, kann Kamal mich etwa nicht mehr leiden? Nun, das war ja nicht immer so! Ich erinnere mich da an ganz andere Dinge! Aber wenn ich dir nicht willkommen bin, gehe ich wieder. Falls du mich doch noch sprechen möchtest, ich wohne im Safia, das kennst du ja.«

Sie musterte mich mit spöttischem Grinsen, drehte sich um und ging in der Dunkelheit davon. Geschockt fiel ich auf das regenfeuchte Sofa, meine Gedanken rasten. Was wollte dieses liederliche Frauenzimmer hier? Was sollten diese Anspielungen auf Kamal und ihre »Erinnerungen«? Ich war nicht in der Lage, klar zu denken.

Um mich abzulenken, ging ich meine Schwiegereltern besuchen. Schon bevor ich das Haus betrat, hörte ich die schrille, aufgeregte Stimme von Kamals Mutter und die ruhige von Amany, die begütigend auf sie einredete. Gleich bei meinem Eintreten rief sie mir entgegen, dass meine »Freundin« hier gewesen sei. Sie hatte angefragt, ob jemand sie ins Hotel zurückbringen könne, da sie bei diesem Wetter so weit draußen wahrscheinlich kein Taxi finden würde. Mounir, der Zweitälteste, der gerade auf dem Weg zur Arbeit war, hatte sich bereit erklärt, sie bis zur Route Touristique zu bringen, von wo aus sie mit Bus oder Taxi zum Safia fahren könnte. An der ungewohnt heftigen Reaktion meiner Schwiegermutter erkannte ich, dass Lydia auch hier höchst unwillkommen war. Wenn sie auch aus Höflichkeit mir gegenüber diesen Besuch nicht kommentierte, ihre aufgebrachte und barsche Stimme sprach Bände.

Als ob ich nicht genügend Sorgen mit unserem überschwemmten Haus hätte, war nun noch ein weiteres, unerwartetes Problem aufgetaucht. Ausgerechnet Lydia, die stets Streit und Ärger im Gepäck hatte. Ihre Bemerkung über Kamal ging mir nicht aus dem Kopf, aber sie war eine Intrigantin, deshalb wollte ich sie nicht überbewerten.

Kamal hatte von Lydias Besuch offensichtlich schon im Café gehört, denn als er nach Hause kam, schäumte er vor Wut. Noch nie hatte ich ihn so fuchsteufelswild erlebt, und ich konnte ihn nur mit Mühe davon abbringen, sofort ins Safia zu fahren, um Lydia zur Rede zu stellen.

Nach langem Zureden seitens seiner Mutter und mir einigten wir uns darauf, diesen Besuch mit Nichtachtung zu strafen. Wir wollten keine Aussprache, keine langatmigen Erklärungen und keine Auffrischung der Bekanntschaft.

Wesentlich mehr Sorgen bereitete uns das ständig ansteigende Wasser. Durch das undichte Dach im Schlafzimmer tropfte der Regen in stetigen Bächen. Wir hatten Eimer und Wannen aufgestellt, um die Wassermassen aufzufangen. Sobald sich das Wetter besserte, würde das Dach überprüft und repariert werden müssen. Es würde Wochen dauern, bis die Wasserschäden am Haus getrocknet und behoben wären, aber keiner hatte mit diesen sintflutartigen Regenfällen gerechnet. Eine solche Wetterkatastrophe hatte es vor mehr als hundert Jahren das letzte Mal gegeben, erzählte mein Schwiegervater, der sich große Sorgen um unser Haus sowie seine Oliven- und Mandelbäume machte.

Ein Blick aus dem Fenster zeigte mir einen beunruhigenden Anblick. Unser Haus lag komplett vom Wasser eingeschlossen auf einer winzigen Anhöhe aus Sand, und wenn es heute Nacht weiter regnete, hätte das Wasser am Morgen die Schwelle erreicht.

Glücklicherweise beruhigte sich das Wetter im Laufe des nächsten Tages. Der Sturm legte sich, der prasselnde Regen verwandelte sich in ein sanftes Nieseln, und schließlich kam hinter schwarzgrauen Wolkenbergen eine zaghafte Sonne hervor. Vier Tage hatte der Sturm gewütet, Bäume entwurzelt, Häuser beschädigt, Straßen unter Wasser gesetzt. Zum ersten Mal seit meiner Ankunft auf Djerba sanken die Temperaturen unter 8 Grad. Zu Hause war alles feucht und klamm, deshalb flohen wir in unseren kleinen Bungalow im Nike. Dort gab es Heizung, heißes Wasser zum Duschen und trockene Bettdecken.

Nachdem wir drei Tage im Hotel verbracht hatten, nahm mich Kamal am Abend im Restaurant zur Seite: »Meine Mutter hat angerufen. Sie ist außer sich vor Sorge. Mounir ist seit Tagen nicht nach Hause gekommen.«

Ich schwieg und wartete ab.

»Er war auch seit drei Tagen nicht arbeiten. Und? Was meinst du, wo er sich aufhält?«

Mir war ausgesprochen unbehaglich, und ich antwortete mit einem Schulterzucken.

»Dann will ich dich aufklären. Wahrscheinlich ist er mit deiner Freundin im Safia und lässt Familie und Arbeit einfach sausen. Und sobald ich mich hier freimachen kann, werde ich hinfahren und die Sache klären, das kannst du mir glauben!«

»Zum hundertsten Mal: Sie ist nicht meine Freundin! Und ich komme mit dir. Gib mir Bescheid, wenn du fährst.«

Um kurz nach 21 Uhr machten wir uns auf den Weg. Kamal war schweigsam, und ich konnte ihm seine Wut und seine Enttäuschung ansehen. Es würde nicht leicht werden, ihn zu beruhigen. Auch ohne Worte spürte ich, dass er mir die Verantwortung für das Geschehene in die Schuhe schob, denn ich hatte diese Frau mit seiner Familie bekannt gemacht. Auch das, was uns nun im Hotel erwartete, würde er mir anlasten.

Im Safia angekommen, stürmte er vor mir her durch die Eingangshalle. Offensichtlich hatte er sich schon telefonisch über Lydias Zimmernummer informiert, denn wir liefen direkt nach oben zu den Gästezimmern. Laut hämmerte er an die Tür Nummer 14 und rief den Namen seines Bruders. Es dauerte einige Minuten, dann öffnete sich die Tür. Lydia, in ein Badelaken gewickelt, stand mit süffisantem Lächeln vor uns. »Bitte, bitte, keine Szene, lieber Kamal. Und vor allem keinen solchen Lärm, was sollen denn die Nachbarn denken?«

Kamal stieß sie zur Seite und stürzte ins Zimmer. Von der Tür konnte ich sehen, dass Mounir mit nacktem Oberkörper im Bett lag. Kamal beugte sich über ihn und redete erregt auf ihn ein. Soviel ich verstehen konnte, forderte er ihn auf, sofort aufzustehen, sich anzuziehen und mit uns nach Hause zu kommen. Es entspann sich ein hitziger Disput, aber Mounir machte keine Anstalten, mit uns zu kommen. Lydia lehnte währenddessen entspannt am Türrahmen und beobachtete belustigt den Wortwechsel zwischen den Brüdern.

Nach einigen Minuten gab mein Mann auf, nahm mich am Arm und zog mich mit sich. Er zitterte vor Wut von Kopf bis Fuß, seine Lippen waren weiß und verkniffen. »Er weigert sich, mitzukommen. Er sagt, er sei alt genug und könne seine Angelegenheiten selbst regeln. Ich soll ihn in Ruhe lassen und nicht mehr wiederkommen. Er hat mich hinausgeworfen!«

»Lass ihn doch in Ruhe, er wird schon wieder zur Vernunft kommen, wenn sie nicht mehr da ist. Warten wir es doch einfach ab. Das Ganze ist sicher nur ein Strohfeuer.«

»Das ist deine verdammte Schuld! Du hast dieses Früchtchen hierher gebracht, du bist an allem schuld!«, geiferte er mich an.

»Nun aber mal halblang, mein Lieber! Ich bin nicht für die sexuellen Eskapaden deines Bruders verantwortlich, merk dir das! Wenn nicht sie es gewesen wäre, dann eben eine andere. Dafür kann ich nichts.«

Langsam hatte ich genug von Lydia und ihren Männergeschichten, von Mounir und seinen unkontrollierten Trieben, vom Hochwasser, von unserem beschädigten Haus und den ungerechten Anschuldigungen meines Mannes. In mein Leben wollte keine Ruhe einkehren, ständig gab es neue Aufregungen und Widrigkeiten, mit denen ich mich herumschlagen musste. Ich fühlte mich müde und zerschlagen, mutlos und bedrückt.

Schweigend fuhren wir zum Nike zurück. Wie immer in kritischen Momenten ließ mein Mann mich allein. Er hätte noch im Büro zu tun, murmelte er und ließ mich in der Eingangshalle stehen. Wie oft hatte ich diese Situation nun schon erlebt, dass er sich verdrückte, sobald es mir schlecht ging oder sich Probleme zeigten.

Zum Glück gab es Sofie, die sich an diesem Abend meine Sorgen und Nöte anhörte und mich tröstete. Es tat gut, eine Freundin gefunden zu haben, die sich Zeit für mich und meine Schwierigkeiten nahm und mir mit Rat und Tat zur Seite stand. Sie konnte mit ihrem Mann über alles sprechen, er lief nicht gleich davon, sobald eine Hürde zu nehmen war. Es gab also auch Ehemänner, die nicht bei jeder noch so kleinen Komplikation flüchteten und sich nicht damit auseinandersetzen wollten.

Eine unerwartete Nachricht

Lydia reiste ab, die Schäden am Haus wurden repariert; noch einmal machten wir uns an die Arbeit und tapezierten, putzten und schrubbten das Haus von oben bis unten, rückten Möbel an ihren Platz und richteten uns häuslich ein. Einiges hatte Schaden genommen und musste ersetzt werden, doch ich war überglücklich, als nach und nach unser Zuhause wieder bewohnbar wurde.

Endlich kehrte die von mir so sehr herbeigesehnte Ruhe ein. Das Weihnachtsfest verbrachten wir zum ersten Mal in den eigenen vier Wänden. Ich hatte Weihnachtsdekoration aus Deutschland mitgebracht, und wir schmückten einen kleinen einheimischen Nadelbaum mit Kugeln und Kerzen. Das Fest feierten wir gemeinsam mit Kamals Familie, Sofie und Tom. Es waren ruhige, besinnliche Tage, und ich begann Hoffnung zu schöpfen, dass sich nun alles zum Guten wenden würde. Kamal schien gut gelaunt seiner Arbeit nachzugehen, bei den Gästen und Kollegen war er äußerst beliebt. Die Lederboutique lief wie am Schnürchen, auch hier gab es keine nennenswerten Probleme.

An einem Abend Anfang Mai 1996 war ich mit Sofie und Ulla zum Schwimmen verabredet. Das Wetter war für die Jahreszeit ungewohnt warm, die Temperaturen stiegen tagsüber auf weit über 35 Grad. Besonders angenehm war es in den Abendstunden, weshalb wir die letzten Sonnenstrahlen noch für ein Bad nutzen wollten.

Die anderen beiden waren schon im Wasser, als mich starkes Unwohlsein überfiel. Mir wurde schwindlig, ein heftiger Brechreiz schüttelte mich. Ich musste mich setzen und versuchte, die Übelkeit niederzukämpfen. Sofort stand Sofie an meiner Seite: »Tina, was hast du? Du bist kreideweiß, ist dir nicht gut?«

Ich konnte nicht antworten, sondern schüttelte nur den Kopf.

»Vielleicht eine Magenverstimmung? Soll ich unseren Arzt rufen?«

Das vornehme Nike verfügte selbstverständlich über einen hoteleigenen Arzt, der sich um die Wehwehchen der Gäste kümmerte. Magenprobleme waren an der Tagesordnung, denn viele unterschätzten die Kombination von kalten alkoholischen Getränken und der Einwirkung der stechenden afrikanischen Sonne auf einen sensiblen europäischen Magen. Das ungewohnt scharf gewürzte Essen und oft unmäßiger Alkoholgenuss taten ein Übriges.

»Nein, lass gut sein. Das geht vorüber. Ich hole mir eine Cola und ein paar Salzstangen, dann wird es schon wieder«

Aber die Übelkeit blieb, und im Bungalow angekommen war mein erster Gang der zur Toilette, wo ich mich in heftigen Schüben übergab. Erschöpft sank ich aufs Bett und nahm mir vor, sofort den Arzt aufzusuchen, falls sich die Beschwerden bis morgen früh nicht besserten.

Doch am nächsten Tag war die Übelkeit wie weggeblasen, und ich atmete erleichtert auf. Kaum jedoch saß ich im Restaurant beim Frühstück und der sonst so willkommene Duft von Kaffee wehte mir in die Nase, als mich erneut ein heftiger Brechreiz überfiel. Gerade noch rechtzeitig erreichte ich die Toilette. Keine Frage, ich würde den Arzt aufsuchen. Vielleicht hatte ich mir einen Virus eingefangen.

Der Hotelarzt untersuchte mich sorgfältig, prüfte Puls, Blutdruck und hörte das Herz ab. Dann drückte er vorsichtig meinen Unterleib ab. Danach richtete er sich lächelnd auf. »Liebe Tina, ganz sicher bin ich mir nicht mit meiner Diagnose. Ich werde Sie auf jeden Fall an einen Facharzt überweisen, einen lieben Kollegen von mir.«

»Einen Facharzt? Wozu? Was fehlt mir denn?«, fragte ich besorgt.

»Nun, ich nehme an, dass Sie sich über diese ganz spezielle ›Krankheit‹ sehr freuen werden. Sie sind schwanger, soweit ich feststellen kann. Meinen herzlichen Glückwunsch an Sie und Ihren Mann!«

Schwanger! Mit allem hatte ich gerechnet, aber daran hatte ich nicht gedacht. Ich war ganz benommen, wusste nicht, ob ich lachen oder weinen sollte. Zerstreut reichte ich die Hand zum Abschied und verließ die Praxis wie in Trance. Ich wollte in diesem Moment mit niemandem sprechen, wollte niemanden sehen, sondern allein die Nachricht aufnehmen und verdauen. Wie immer in solchen Augenblicken wandte ich mich dem Strand zu. Dort konnte ich am besten nachdenken, das Rauschen des Meeres und der Anblick der an den Strand schlagenden Wellen hatten eine beruhigende Wirkung auf meine aufgewühlten Gefühle.

Nach einer Stunde hatte ich mich wieder im Griff und wanderte langsam zurück in mein Geschäft. Heute Abend würde ich mit Kamal sprechen, seine Reaktion beobachten, hören, wie er zu dieser Schwangerschaft stand. Ob er sich wirklich darüber freuen würde? Ich war mir nicht sicher.

»Kannst du heute Abend früher nach Hause kommen? Ich warte im Bungalow auf dich«, flüsterte ich ihm beim Essen zu.

»Was gibt es? Etwas Wichtiges?«, raunte er zurück.

»Eine Überraschung!«

Kamal liebte Überraschungen; ich wusste, er würde so bald wie möglich Feierabend machen, um die große Neuigkeit zu erfahren. Und richtig, kaum war ich ins Zimmer zurückgekehrt, als sich schon die Tür öffnete.

»Ich bin sehr gespannt auf deine Überraschung! Ich kann es nicht erwarten – was ist es?«

»Kamal, ich war heute beim Arzt. Wir bekommen ein Baby!«

Sekundenlang herrschte Stille. Dann brach er in wilden Jubel aus, riss mich in seine Arme, hob mich hoch und schwenkte mich herum. Er küsste meinen Bauch, drückte mich fest an sich und bedeckte mein Gesicht mit Küssen. Tränen standen in seinen Augen, während er vor Freude strahlte. »Ist das wahr? Ist das auch wirklich wahr? Wann genau? Eine Tochter? Oder einen Sohn? Nein, nein, ganz sicher eine Tochter!« Er war schier aus dem Häuschen, seine Freude war mit den Händen greifbar. »Wir fahren sofort nach Hause und erzählen es der Familie. Jetzt gleich!«

Lachend hielt ich ihn zurück. Ich war müde, und diese Nachricht konnten wir auch noch morgen überbringen. Zudem war mir schon wieder schlecht, und ich wollte mich schnellstens hinlegen. Kamal rannte los, um im Restaurant eine Kanne Tee für mich zu holen.

In dieser Nacht kümmerte er sich fürsorglich um mich, denn ich wurde wieder von Übelkeitsattacken gepeinigt und kam nicht zur Ruhe. Aber die Freude über das in mir wachsende Leben überwog alle Unannehmlichkeiten. In wenigen Monaten würde ich meinen Sohn oder meine Tochter in den Armen halten. Mein Mann war vor Freude darüber aus dem Häuschen, und auch ich schwebte auf rosaroten Wolken. Wir machten Pläne für das Kinderzimmer und für die Zukunft unseres Kindes. Wir stellten uns vor, wie das Baby wohl aussehen würde. Und wie würden unsere Eltern die Nachricht aufnehmen, dass sie schon bald Großeltern sein würden?

Ab sofort hatte ich Alkoholverbot. Kein Wein, kein Kaffee, kein scharf gewürztes Essen, mein Mann würde jeden Bissen und jeden Schluck strengstens überwachen. Quark, Joghurt, frisches Obst und Gemüse würden von nun an auf meinem täglichen Speiseplan stehen, dafür würde mein Mann schon sorgen. Auch bei der Arbeit sollte ich kürzertreten, auf die monatliche Flugreise nach Tunis musste ich wohl in den nächsten Monaten verzichten. Glücklich hörte ich mir diese Verhaltensmaßregeln an, die mein Mann für mich aufstellte. Ich wollte alles buchstabengetreu befolgen und alles dafür tun, dass diese Schwangerschaft gut verlief.

Kummer und Leid

Die Freude meiner Schwiegereltern war unübersehbar, als wir ihnen am nächsten Tag die Neuigkeit mitteilten. Kamals Mutter liefen Tränen über die Wangen, und selbst mein Schwiegervater ließ sich zu einer vertraulichen Geste hinreißen und strich mir vorsichtig und voller Anerkennung über den Rücken, während ihm der Stolz aus den Augen leuchtete. Alle waren sich einig, dass es eine Tochter werden sollte, denn bisher hatte es in der Familie nur Jungen gegeben, und alle sehnten sich nach einem kleinen Mädchen, dass sie verwöhnen und hätscheln konnten. Aber man war sich einig, dass ein Junge genauso willkommen sei, die Hauptsache sei schließlich ein gesundes Kind.

Meine Schwiegermutter hatte sofort eine Menge guter Ratschläge zur Hand, so sollte ich Bauch und Brust zweimal täglich mit Olivenöl aus eigenem Anbau massieren, um Schwangerschaftsstreifen zu vermeiden. Ich sollte ihren selbst hergestellten Pfefferminztee trinken und jeden Tag einen Granatapfel essen, der alle notwendigen Vitamine enthielt. Mir schwirrte bereits der Kopf, wenn ich an all die Tipps und Hinweise dachte, die ich von nun an beachten sollte.

Amany schien vor Freude innerlich zu glühen, als sie sich zu mir beugte und mir ins Ohr flüsterte: »*Ochti*, auch ich bekomme ein Baby! Unsere Kinder werden zusammen aufwachsen und wie Geschwister sein. Ist das nicht wie ein kleines Wunder?«

So würde meinen Schwiegereltern ein zweifacher Enkelkindersegen ins Haus stehen. Das Glück darüber war bei allen Familienmitgliedern unbeschreiblich, es regnete Glück- und Segenswünsche von allen Seiten. Man steckte mir Amulette zu, die den bösen Blick bannen sollten, und meine Schwiegermutter nahm ihre Kette mit der Hand Fatimas ab und legte sie mir um den Hals. Dieses Symbol der jüngsten Tochter des Propheten sollte mir Kraft, Mut und Stärke verleihen und mich vor den Einflüssen eifersüchtiger *djinns* schützen. Ich war gerührt über ihre Anteilnahme und die

Zuneigung, die mir zuteilwurde, und fühlte mich im Familienkreis gut aufgehoben und liebevoll angenommen.

Unser Hotelarzt hatte einen Termin bei einem Gynäkologen in Houmt Souk vereinbart, ein junger, würdevoller Arzt, der laut den Diplomen an der Wand sein Studium an der Sorbonne in Paris mit herausragendem Erfolg absolviert hatte. Bei ihm war ich in besten Händen; er verfügte über eine Anzahl von Belegbetten in einer nahen französischen Privatklinik, und eine erfahrene Hebamme ging ihm zur Hand, die mir auf Anhieb sympathisch war.

Nach einer fachärztlichen Untersuchung bestätigte er die Diagnose seines Kollegen und wagte sogar die Prognose, dass es ein Junge werden würde. Soweit er feststellen konnte, war alles in Ordnung, mein Baby und ich waren in hervorragender Verfassung. Auch er hatte eine ganze Reihe von Ratschlägen, die ich unbedingt befolgen sollte. So bestand er mit Nachdruck darauf, dass ich auf Flüge nach Tunis oder Deutschland verzichtete, dass ich viel ruhte und vernünftig aß. Ich sollte in Maßen Sport treiben, schwimmen und spazieren gehen, mich aber nicht überanstrengen. Reiten war zukünftig strengstens verboten.

Die nächsten Monate würde ich in Watte verpackt unter strenger Aufsicht verbringen, glaubte ich.

Meine Schwangerschaft war bereits das Tuschelthema im Hotel, und die Kollegen und Gäste beglückwünschten uns zur bevorstehenden Elternschaft.

Einige Tage später verriet mir Sofie, dass auch sie ein Kind erwartete. Ich konnte es kaum fassen, die beiden Frauen, die mir auf der Insel am nächsten standen, waren ebenfalls guter Hoffnung, unsere Kinder würden zur gleichen Zeit geboren werden und miteinander aufwachsen. Es war ein derartiges Glücksgefühl, wie ich es bisher noch nicht gekannt hatte.

Von nun an bestimmte ein anderer Rhythmus mein Leben. Da ich unter heftiger Morgenübelkeit litt, stand ich spät auf und verzichtete auf Kaffee oder Tee. Ich erschien später im Geschäft, verkürzte meine Arbeitsstunden, nahm oft Büroarbeit mit nach Hause, um sie auf der Terrasse oder im Bett zu erledigen. Auf die abendlichen Besuche im Restaurant oder an der Bar verzichtete ich ganz, weil mir der Alkoholgeruch und der Zigarettenrauch Übelkeit und Schwindel verursachten. Ich brauchte viel Ruhe, denn große Menschenmengen verstärkten mein Unwohlsein. Gerüche, die ich früher kaum wahrgenommen hatte, quälten mich nun und verschlimmerten meinen ständigen Brechreiz.

Am liebsten war ich mit Amany und Sofie zusammen. Sie teilten meine Erfahrungen, bei ihnen fand ich Verständnis und Unterstützung. Wir tauschten uns über unsere Befindlichkeiten aus und halfen uns gegenseitig.

Kamal, der sich anfangs stündlich nach meinem Wohlbefinden erkundigt hatte, verlor schnell das Interesse daran. Die Begleitumstände meiner Schwangerschaft gingen ihm offensichtlich auf die Nerven, er wurde ungehalten, wenn ich nach dem Abendessen nach Hause fahren wollte, weil ich müde und abgespannt war. War er in den ersten Wochen meiner Schwangerschaft noch ohne Murren nach Feierabend mit mir zu unserem Haus gefahren, um den Abend dort zu verbringen, fand er nun immer neue Ausreden, weshalb er im Restaurant und später an der Bar gebraucht wurde. Er kam immer erst nachts nach ein Uhr nach Hause, meist in angetrunkenem Zustand. Er vermied jeden Körperkontakt, und es war ihm sichtlich unangenehm, wenn er mich nackt sah. In der Zeit, in der ich ihn und seine Liebe am nötigsten gebraucht hätte, wandte er sich von mir ab und zeigte mir in aller Deutlichkeit, dass er mich unattraktiv und wenig begehrenswert fand. Ich litt unter dieser Situation, und wenn ich versuchte, mit ihm darüber zu sprechen, stieß ich auf eine abweisende Miene und taube Ohren.

An Sofies Geburtstag beschlossen wir, abends noch ein Glas an der Bar zu trinken. Meinem Mann war es alles andere als angenehm, dass ich mit meinem dicken Bauch unter den Gästen sitzen würde, ganz anders als Tom, der stolz über den gewölbten Leib seiner Frau strich und sich sichtlich darüber freute. Während wir an einem Tisch etwas abseits des Trubels Platz nahmen, konnte ich beobachten, dass mein Ehemann sich offensichtlich als Hahn im Korb fühlte. Von allen Seiten wurde er von weiblichen Gästen begrüßt, mit oder ohne Küsschen, mit herzlichen Umarmungen und lautem Lachen. Als die Musik spielte, führte er eine nach der anderen zum Tanz, während ich wie ein Mauerblümchen abseits saß und mich an meinem Glas Saft festhielt. Mich beachtete er überhaupt nicht, schenkte mir nicht einen Blick. Mir war ganz elend vor Kummer, und auch Tom und Sofie war die Situation sichtlich unangenehm. Schließlich stand Tom auf, ging zu Kamal hinüber und sprach ihn an. Ich konnte sehen, wie Kamal ungehalten Toms Arm abschüttelte und ihm den Rücken zudrehte. Nun war es genug. Ich wollte mich nicht länger demütigen lassen und stand auf.

»Ich fahre nach Hause. Hier bin ich nicht erwünscht!«

Ich konnte nicht verhindern, dass mir die Tränen übers Gesicht liefen, deshalb drehte ich mich abrupt zur Seite und lief in die Dunkelheit. Nur weg von der Bar, von meinem Mann, der sich für mich und unser Kind schämte, der mich in der Öffentlichkeit der Lächerlichkeit preisgab und sich vor meinen Augen mit anderen Frauen amüsierte. Die Bemerkung von Lydia fiel mir wieder ein, dass Kamal und sie sich besser kennen würden, als ich ahnte. Ob etwas Wahres daran war? Noch vor wenigen Wochen war es mir als völlig undenkbar erschienen, aber jetzt …

Weinend fuhr ich nach Hause und hoffte, dass Kamal mir folgen würde. Ich lag die ganze Nacht lang wach und lauschte auf jedes Geräusch aus der Dunkelheit. Aber kein Auto fuhr vor, kein Schlüssel drehte sich im Schloss. Mein Mann hatte beschlossen, sich einmal mehr ohne seine Frau zu amüsieren, er hatte mich beiseitegeschoben und vergessen. Meine Tränen flossen ohne Unterlass, ich konnte mich nicht beruhigen.

Am nächsten Morgen meldete ich mich krank. Ich war nicht in der Verfassung für freundlichen Small Talk mit den Frauen, die sich am Abend zuvor vergnügt lachend im Arm meines Ehemannes auf der Tanzfläche gedreht hatten.

Wie sollte es nur weitergehen? Wie würde es sich entwickeln, wenn das Kind geboren wäre? Schon jetzt zeigte Kamal kein Interesse mehr an mir und der Schwangerschaft, sein Verhalten machte mir deutlich, dass er mich abgeschrieben hatte, dass ich ihm lästig geworden war.

Um die Mittagsstunde klopfte meine Schwiegermutter an der Haustür. Als ich öffnete, genügte ein Blick in mein verheultes, verquollenes Gesicht, und sie übernahm das Kommando. Ich musste sie in ihr Haus begleiten, wo sie mir einen Teller Hühnersuppe vorsetzte. Selbst mein Schwiegervater tätschelte mir tröstend die Hand, als er sah, wie unglücklich ich war. Alle versuchten, mich mit kleinen Freundlichkeiten aufzumuntern, aber ich war durch nichts aufzuheitern.

Kamal hatte sich immer noch nicht gemeldet, ihm schien mein plötzliches Verschwinden nichts auszumachen.

Eheprobleme

Vergebens wartete ich an diesem Tag auf ein Lebenszeichen meines Ehemannes. Es wurde Nachmittag, dann Abend, und ich hatte immer noch nichts von ihm gehört.

Mitleidig hatte Amany mich eingeladen, den Abend mit ihr und Riyad zu verbringen. Nach dem Essen spielten wir Monopoly, zu dem sich auch Sharif und Khalil einfanden. Falls sie meine Unruhe bemerkten, so ließen sie sich nichts anmerken. Immer noch lauschte ich auf jedes Geräusch; bei jedem, der den Innenhof betrat, schreckte ich hoch und erwartete, Kamal zu sehen. Aber er ließ sich nicht blicken.

Auch am nächsten Tag blieb es still. Am Nachmittag endlich ertönte eine Autohupe vor dem Fenster. Ich stürzte hin, aber es war

Sofie, die sich vorsichtig hinter dem Steuer hervorschob. Sie küsste mich auf die Wange und schaute mich aufmerksam an.

»Du siehst schlecht aus, meine Süße, blass und elend! Du solltest mit mir ins Hotel zurückfahren! Schwimmen und ein bisschen Klatsch und Tratsch werden dir guttun und dich aufmuntern. Komm, pack deine Sachen, ich nehme dich mit zurück!«

»Nein, Sofie, ich kann nicht! Hast du vergessen, wie mein Mann mich vor zwei Tagen behandelt hat? Ich kann das nicht vergessen, ich kann mich nicht so verhalten, als ob nichts geschehen wäre! Er hat mich vor allen Leuten lächerlich gemacht und mich gedemütigt. Ich will ihn nicht mehr sehen! Oder hat er dich geschickt?« Ein wenig Hoffnung hatte ich noch.

»Nein, Liebes, er weiß gar nicht, dass ich hier bin. Aber wie lange willst du noch hier sitzen und vor dich hin schmollen? Deine Arbeit wartet auf dich, und ganz ehrlich, ohne dich langweile ich mich zu Tode. Du musst mitkommen und mir Gesellschaft leisten.«

Sie hatte ja recht, warum sollte ich weiter hier herumsitzen und auf meinen Ehemann warten, der wahrscheinlich sowieso nicht erscheinen würde. Ich packte meine Tasche, verabschiedete mich von der Familie, und wir machten uns auf den Weg. Ein mulmiges Gefühl kroch in mir hoch, als wir uns der Ferienanlage näherten. Wie würde Kamal mich empfangen? Würde es wieder Meinungsverschiedenheiten geben?

Es gab nichts dergleichen, keinen Empfang und auch keinen Streit, denn Kamal war nicht da. Ich fragte im Restaurant, an der Bar und im Büro nach ihm, doch keiner schien ihn gesehen zu haben. Den Nachmittag verbrachte ich im Geschäft, voller Unruhe und Ungewissheit. Es wurde Abend, er ließ sich nicht bei mir blicken, obwohl er sicher mittlerweile wusste, dass ich wieder im Hotel war.

Bedrückt schlich ich nach Geschäftsschluss zu unserem dunklen Bungalow. Es sah noch alles genauso aus, wie ich es verlassen hatte. War Kamal in der Zwischenzeit etwa gar nicht hier gewesen? Aber wo sonst sollte er geschlafen und sich aufgehalten haben?

Völlig erschöpft legte ich mich ins Bett und schlief nach den durchwachten letzten Nächten sofort ein. Mitten in der Nacht schreckte ich hoch, jemand versuchte, die Tür zu öffnen. So schnell ich konnte, sprang ich aus dem Bett und öffnete. Kamal stieß mich zur Seite und torkelte an mir vorbei. So hatte ich ihn nur ein Mal erlebt, in den Tagen vor unserer Hochzeit. Er war so betrunken, dass er sich nicht mehr auf den Beinen halten konnte und kopfüber auf das Sofa fiel. Dort blieb er liegen und starrte mich mit glasigen Augen und bösem Grinsen an. »Ah, bist du wieder da! Hast du es nicht ausgehalten ohne deinen *rajli*?«, nuschelte er.

Ich gab keine Antwort, sondern legte mich wieder ins Bett und drehte ihm den Rücken zu.

»Bist du zu fein, um dich mit mir zu unterhalten, oder was ist los?« Ich fühlte mich von hinten gepackt und hochgerissen. Seine Alkoholfahne wehte mir ins Gesicht und verursachte in mir einen nicht zu unterdrückenden Brechreiz.

»Musst du kotzen, wenn ich mit dir rede? Widere ich dich an? Soll ich gehen?«

Ich konnte sein betrunkenes Gestammel und seinen Geruch nicht mehr ertragen und stürzte an ihm vorbei zum Badezimmer, wo ich mich gerade noch rechtzeitig über die Toilette beugen konnte.

Als ich aus dem Badezimmer kam, war das Zimmer leer, er war einfach verschwunden. Fassungslos begann ich zu weinen. Ich konnte nicht begreifen, wie und weshalb sich unsere Beziehung innerhalb weniger Wochen so zum Schlechten gekehrt hatte. Kamals anfängliche Begeisterung für unser Kind hatte sich in Feindseligkeit und Abneigung mir gegenüber gewandelt, mit jedem Wort und jeder Geste zeigte er mir, wie sehr ich ihm auf die Nerven ging.

Auch in den nächsten Tagen fanden wir nicht wieder zueinander. Er ging mir aus dem Weg, so gut es auf diesem begrenzten Raum möglich war, strafte mich mit Nichtachtung, sprach nur das Allernötigste mit mir. Abends war ich allein in unserem Bungalow, nur

Sofie und gelegentlich Ulla leisteten mir Gesellschaft. Ich wusste nicht, wo und mit wem er seine Nächte verbrachte, ich litt und konnte nichts mehr essen. Tagsüber schleppte ich mich in die Lederboutique, war aber im Verkauf keine große Hilfe, denn ich konnte mich nicht auf Kundengespräche konzentrieren.

Beim nächsten Arztbesuch sprach mein Gynäkologe mich auf meine schlechte körperliche Verfassung an. Ich hatte Gewicht verloren, anstatt zuzunehmen, ich war blass und wirkte krank und schwach.

»Sie müssen essen und gut auf sich achten, sonst verlieren Sie das Kind! Ich mache mir ernsthafte Sorgen um Sie! Haben Sie Probleme? Möchten Sie darüber mit mir sprechen?«

Seine besorgte und herzliche Art trieb mir die Tränen in die Augen. Zögernd erzählte ich ihm von dem gespannten Verhältnis zwischen meinem Mann und mir. Er hörte mir aufmerksam zu und ließ mich ruhig ausreden. »Diese Geschichte höre ich des Öfteren, chère Madame. Männer haben Angst vor den Veränderungen der Frau durch die Schwangerschaft. Sie fühlen sich ausgeschlossen und nicht mehr zugehörig. Sie wissen mit sich und der Frau nichts mehr anzufangen. Wenn das Kind da ist, wird sich alles wieder zum Guten wenden, bitte glauben Sie mir. Sie dürfen sich nicht so viele Sorgen machen, sondern müssen sich um sich und Ihr Baby kümmern, versprechen Sie mir das!«

Ich wollte meinem freundlichen Arzt so gern Glauben schenken, aber ich spürte, dass die Beziehung zwischen mir und meinem Mann einen nicht mehr zu reparierenden Schaden genommen hatte. Irgendetwas war zerbrochen und konnte nicht mehr gekittet werden.

Ich ahnte, dass Kamal mich mit anderen Frauen betrog, dass er seine Freizeit und die Nächte mit willigen weiblichen Gästen verbrachte, aber ich wollte es nicht wahrhaben. Allein daran zu denken verursachte mir körperliche Schmerzen, deshalb schob ich die Gedanken weit von mir. Ich versuchte mich abzulenken, so gut es eben ging. Ich fuhr regelmäßig nach Hause, um Zeit mit meiner

Schwiegerfamilie zu verbringen, ich traf mich mit Ulla und Sofie, und schließlich rief ich meine Eltern an und bat um ihren Besuch.

Meine Mutter bemerkte auf Anhieb, dass es in unserer Ehe ernsthaft kriselte. Kamal und sie verbrachten einen ganzen Nachmittag im Gespräch, doch er bestritt ihr gegenüber, dass es Veränderungen in unserer Beziehung gab. Er schob meine deprimierte Stimmung auf die Schwangerschaft und tat meinen Verdacht seiner Untreue als Spinnerei meinerseits ab. Für ihn war alles in Ordnung, nur ich hatte mich verändert, und mein Gezicke nervte ihn. Meine Mutter versuchte ihm zu erklären, dass ich in meinem Zustand besonders auf seine Rücksicht und Zuneigung angewiesen sei, doch wie vermutet fand sie damit kein Gehör. Er habe einen anstrengenden, aufreibenden Job und könne sich nicht permanent um mich und meine Launen kümmern. Tunesische Frauen wären nicht so verweichlicht und würden mit solchen Situationen besser fertig als europäische Frauen, fand er.

Warum hat er dann eine Europäerin geheiratet, fragte ich mich.

Von Tag zu Tag wuchsen in mir die Angst und das Unbehagen, trotz der beruhigenden Worte meines Arztes. Nichts würde sich nach der Geburt unseres Sohnes ändern, davon war ich in diesem Moment fest überzeugt. Aber da täuschte ich mich.

Versöhnung

Nach vierzehn Tagen reisten meine aufs Äußerste beunruhigten Eltern ab, nicht ohne mir vorher zu versichern, dass ich jederzeit zu ihnen kommen könnte, wenn die Situation hier für mich unerträglich würde. Da ich nun wusste, dass ich jederzeit in mein Elternhaus zurückkehren konnte, fasste ich wieder Mut und beschloss, das Beste aus meiner Lage zu machen.

Obwohl es mich eine enorme Überwindung kostete, war ich von nun an stets höflich und freundlich zu meinem Ehemann, egal wie schäbig er mich auch behandelte. Ich sah lächelnd über seine Flirts an der Bar und am Pool hinweg und tat so, als würde ich sie nicht bemerken. Innerlich krümmte ich mich, und oft musste ich mit aller Kraft die Tränen zurückhalten, wenn ich sah, wie sich mein Mann um eine neue Bettgespielin bemühte. Mein Verhalten brachte mir den Respekt der Kollegen ein, die noch vor Kurzem über mich getuschelt und verächtlich gegrinst hatten.

Nur zu Hause ließ ich die Maske der Gleichgültigkeit fallen und weinte mir oft die Seele aus dem Leib. Mein Kind strampelte dann heftig, als wolle es mich an seine Gegenwart erinnern und mich damit trösten. Also riss ich mich zusammen und versuchte, meinen Kummer zu unterdrücken und für mich zu behalten.

Sofie, Amany und ich beschäftigten uns nun damit, Babykleidung, Kindermöbel und Spielsachen zusammenzutragen. An Markttagen in Midoun bummelten wir zu dritt durch die Gassen mit den bunten Ständen und hielten Ausschau nach günstigen Angeboten. Kinderbadewannen, Strampler und Babyschuhe fanden den Weg in unsere Einkaufstaschen, wir befingerten bunte Patchworkdecken und bestickte Kissenbezüge. Pakete von Eltern, Freunden und Verwandten trafen ein. Stammgäste riefen an, um uns nach unseren Wünschen zu fragen.

Meine Eltern hatten einen Autokindersitz mitgebracht, und wir hatten gemeinsam in Houmt Souk ein weißes Gitterbett sowie eine weiße Rattan-Wickelkommode mit einer dicken Schaumstoffauflage ausgesucht. Amany hatte Vorhänge für das Bett genäht, und ich hatte Decken und Bettwäsche gekauft. Die Zeit meiner Niederkunft rückte näher und näher, und alles sollte bereit sein, wenn mein Sohn zur Welt kam. Von meinem Mann konnte ich keine Hilfe erwarten, er schien die Vorbereitungen nicht einmal zu bemerken.

Mein Schwiegervater begleitete mich nun nach Houmt Souk zu meinen Arztbesuchen. Geduldig saß er im Wartezimmer und ertrug stoisch die neugierigen Blicke der anderen Patientinnen. Nach dem Arztbesuch stand immer noch ein Cafébesuch auf unserem

Programm, auf den wir uns besonders freuten. Überall verfolgten uns erstaunte Blicke, wenn dieser würdige ältere Herr mit einer hochschwangeren jungen Frau im Schlepptau durch die Straßen der Hauptstadt wanderte. In Midoun war man an unseren Anblick gewöhnt, denn er ließ es sich nicht nehmen, mich bei den wöchentlichen Einkäufen zu begleiten und mir die schweren Taschen abzunehmen. Ich empfand seine Anwesenheit als ungemein wohltuend und angenehm und sah unseren gemeinsamen Unternehmungen stets mit Erwartung und Freude entgegen. Nie sprach er mich auf das Verhalten seines Sohnes an, aber seine ständige Anwesenheit und seine Sorge um mich gaben mir zu verstehen, dass sein ungeborenes Enkelkind und ich ihm nicht egal waren. Sobald er mich im Haus wusste, erschien er auf der Terrasse, setzte sich in den Schatten und wartete, dass ich ihm die Tür öffnete.

Wenn er abends einen Rundgang durch seinen Garten machte, führte sein Weg bei mir vorbei, um sich zu vergewissern, dass alles in Ordnung war. Nie kam er mit leeren Händen, immer brachte er mir etwas mit, ein Sträußchen Jasmin, eine reife Feige, ein Stück *slabia* oder *halva*, Süßigkeiten, die ich besonders gern aß. Manchmal saßen wir abends in der Dämmerung auf der Terrasse und schauten schweigend in den funkelnden Sternenhimmel über uns. Seine Gegenwart schenkte mir Trost und die Gewissheit, dass ich hier nicht ganz unerwünscht war.

An meinem Geburtstag fand ich eine kleine Schachtel auf meinem Nachttisch. Ein völlig unerwartetes Geschenk meines Mannes, einen schweren goldenen Münzring. Ich wusste nicht, wie ich diese Geste deuten sollte. Nach dem Frühstück kam er in die Lederboutique, in der ich gerade neue Ware auspackte. So früh am Morgen war ich dort allein. Verlegen trat er von einem Fuß auf den anderen und wusste nicht, wie er beginnen sollte. Ich wartete voll insgeheimer Schadenfreude, was er zu sagen hatte. Endlich stammelte er so etwas wie eine Entschuldigung.

»*Marti,* es tut mir leid, was in den letzten Wochen zwischen uns passiert ist. Ich wollte das nicht, das musst du mir glauben. Ich habe mich wie ein Idiot benommen. Ich weiß nicht, was ich noch sagen soll …«

Am liebsten hätte ich ihm mit aller Kraft ins Gesicht geschlagen, doch ich zügelte meine heiß aufsteigende Wut und lächelte ihn freundlich an. »Und was möchtest du nun? Dass wir uns versöhnen? Dass alles so wird wie vor der Schwangerschaft? Wie soll das gehen? Hast du dir darüber Gedanken gemacht?«

»Es ist doch unser Kind, deines und meines! Ich möchte mich auch darum kümmern, möchte bei der Geburt dabei sein. Ich will wieder mit dir leben, so wie früher! Und wenn ich dir wehgetan habe, bitte ich dich um Entschuldigung. Gib mir doch noch eine Chance, ich mache alles wieder gut!«

Ich fragte mich, was diesen plötzlichen Sinneswandel bewirkt haben könnte. Noch gestern hatte er mich ignoriert, während er um eine sonnengegerbte Altblondine an der Bar herumgeschwirrt war. Und heute dieser Fußfall und eine Entschuldigung. Ich wusste nicht, was ich davon halten sollte. Aber ich musste an meinen Sohn denken, deshalb reagierte ich kühl: »Lass uns heute Abend darüber sprechen. Gleich kommen die Mitarbeiter, ich möchte hier im Laden keine Szene. Überleg dir, was du wirklich willst, vielleicht finden wir ja eine Lösung.« Ich schob ihn zur Tür hinaus.

Ich brauchte Zeit, um mir über das soeben Erlebte klar zu werden und für mich zu entscheiden, was ich wollte. Ich hatte bereits mit dem Gedanken gespielt, noch vor der Geburt des Kindes nach Deutschland zurückzukehren. Es würde mir zwar ungeheuer schwerfallen, mich von Djerba, meinen Freunden, Bekannten und der Schwiegerfamilie zu trennen, aber wenn es sein musste … Meine Liebe zu Kamal hatte stark gelitten; er war mein Mann und der Vater meines Kindes, aber darüber hinaus empfand ich nichts mehr für ihn. Ob sich das noch einmal ändern würde? In diesem Moment zweifelte ich daran.

Aber eine Chance wollte ich unserer Ehe noch geben, denn ich wollte nicht, dass mein Kind ohne Vater aufwuchs. Ich würde mich zusammenreißen, hatte ich doch in den letzten Tagen und Wochen gelernt, meine wahren Gefühle zu verstecken und eine lächelnde Maske aufzusetzen.

Nach Feierabend kam er zum Bungalow, einen Strauß Rosen unter dem Arm. Er flehte, weinte und argumentierte. Er war eloquent und überzeugend wie zur Zeit unserer ersten Verliebtheit. Ich hörte mir seine fadenscheinigen Gründe und Rechtfertigungen an, immer das Wohl meines Kindes im Kopf. Schließlich stimmte ich zu, dass wir unser Eheleben, im Rahmen der derzeitigen Möglichkeiten, wieder aufnehmen würden. Mein Mann würde mich in die Klinik begleiten, er würde bei der Geburt unseres Kindes dabei sein. Wir würden uns gemeinsam um unser Kind kümmern, würden weiterhin unserer Arbeit im Hotel nachgehen und versuchen, die Geschehnisse der letzten Monate zu vergessen. Er hatte nichts Schlimmes zu vergessen. Ob ich vergessen und vergeben konnte, würde die Zeit zeigen. Ich hatte berechtigte Zweifel.

Die Geburt

Als ich an diesem Abend die Tür zu unserem Haus aufschloss, stand plötzlich Amany hinter mir. Es war nicht ihre Art, mich sofort nach meiner Heimkehr von einem aufreibenden Arbeitstag zu überfallen; ihr musste ein dringendes Anliegen unter den Nägeln brennen.

Ich bereitete uns Tee, und wir ließen uns in der Essecke nieder. »Was hast du auf dem Herzen, *ochti*?« Auch ich benutzte die vertraute Anrede, denn meine Schwägerin stand mir nahe wie eine leibliche Schwester.

Mit niedergeschlagenen Augen und leiser Stimme vertraute sie mir an, was sie bei verschiedenen Telefonaten und Gesprächen heimlich aufgeschnappt hatte: Lydia und Mounir waren ein Paar.

Sie hatten sich bereits zweimal in Tunis getroffen, und nun bereitete mein Schwager eine Deutschlandreise vor, zu der Lydia ihn eingeladen und sogar das Flugticket bezahlt hatte.

Offenbar hatte sie sich ihres gutmütigen, arglosen Ehemannes entledigt und war nun dabei, ihre Beziehung zu Kamals älterem Bruder zu festigen. Dicsc Frau drängte sich schamlos in mein Familienleben, sie setzte alles daran, meine Ehe zu gefährden und meinen Seelenfrieden zu stören. Meine Schwiegereltern waren entsetzt über diese Verbindung, und ich konnte nur hoffen, dass sie diese Affäre nicht mir anlasten würden.

Wenige Tage später, an unserem freien Tag, überraschte mich mein Mann mit einer Einladung zum Abendessen. Schon lange waren wir nicht mehr im Lokal unseres Freundes Saad gewesen; heute wollte er mich dorthin ausführen.

Zum ersten Mal seit Monaten saßen wir allein bei Tisch, sonst nahmen wir unsere seltenen gemeinsamen Mahlzeiten in Gesellschaft von Kollegen oder Kamals Familie ein. Die Unterhaltung schleppte sich dahin, wir hatten uns nicht mehr viel zu sagen. Verstohlen musterte ich meinen Ehemann. Seine Attraktivität und sein blendendes Aussehen verblassten langsam: Unter seinen geröteten Augen hatten sich dunkle Tränensäcke gebildet, und die Haut war fleckig und fahl. Seine einst markanten Züge wirkten schlaff und verwischt, er war unruhig und fahrig. Ich hatte einen Trinker vor mir, der bereits das dritte Glas Wein in sich hineinkippte, obwohl wir noch kein Essen bestellt hatten.

In diesem Moment erkannte ich in aller Deutlichkeit, wie sehr er sich zu seinem Nachteil verändert hatte und wie wenig er dem Kamal glich, in den ich mich vor fast fünf Jahren verliebt hatte, und mich befiel mit einem Mal eine lähmende Angst vor der Zukunft. Ohne professionelle Hilfe würden wir aus diesem Fiasko nicht herausfinden, aber ich musste ihn erst einmal von der Notwendigkeit einer solchen Hilfe überzeugen.

»Warum wolltest du ein Kind mit mir?« Diese Frage quälte mich seit Monaten.

Mit kalten Augen starrte er mich an, dann lehnte er sich zurück und meinte lässig: »Ich wollte dich an mich binden, *marti*, damit du nicht auf die Idee kommst, mir wegzulaufen. Allein ist das ja kein Problem, aber mit einem Kind … Aus Tunesien kommst du mit einem Kind nur dann heraus, wenn du meine schriftliche Genehmigung hast, wusstest du das nicht? Allein kannst du jederzeit zurück nach Deutschland, aber nicht mit meinem Sohn!«

»Das glaube ich dir nicht! Du willst mir nur Angst machen!« Ich konnte vor Schreck nicht weitersprechen.

»Frag doch deine klugen Freunde, oder ruf die Deutsche Botschaft an, die können es dir bestätigen! Also, nun sei schön lieb, mach mir keinen Ärger, sonst nehme ich dir meinen Sohn weg. Du hast hier keine Rechte, verstehst du? Alles gehört mir, du, das Haus, unser Kind!«

Mir war schwindlig, und Brechreiz stieg mir die Kehle hoch. »Bring mich nach Hause! Mir geht es nicht gut.«

Mit höhnischem Lächeln führte er mich zum Auto. Ich war wie betäubt und konnte nicht mehr klar denken. Alles drehte sich vor meinen Augen, ich wollte nur noch ins Bett und mir die Decke über den Kopf ziehen.

Schlaflos wälzte ich mich von einer Seite auf die andere. Als mein Mann das Schlafzimmer betrat, stellte ich mich schlafend, denn ich wollte keine Fortsetzung dieses fürchterlichen Gesprächs.

Gegen Morgen spürte ich ein heftiges Ziehen im Unterleib, das sich schnell verstärkte. Die Schmerzen kamen und gingen, und ich erkannte, dass die Wehen begonnen hatten, drei Wochen zu früh und mit unerwarteter Vehemenz. »Kamal, steh auf! Ich habe Wehen!« Ich rüttelte den schlafenden Mann neben mir. Doch dieser grunzte nur unwillig und drehte sich zur Seite. »Wach auf, um Himmels willen! Das Baby kommt, wir müssen so schnell wie möglich in die Klinik!«

»Red keinen Unsinn und leg dich wieder hin! Das Kind kommt erst in drei Wochen«, murmelte mein Ehemann und schlief ungestört weiter.

In Panik rappelte ich mich vom Bett hoch und rannte auf den Balkon. Dort schrie ich aus Leibeskräften in die stille Dunkelheit: »Amany! Riyad! Sharif! Helft mir! Das Baby kommt!«

Sekunden später flammte im Nachbarhaus Licht auf, und einen Augenblick darauf hörte ich die Stimme meines Schwiegervaters: »Wir kommen! Bleib ganz ruhig!«

Ich klammerte mich an die Brüstung, als die Schmerzen durch meinen Körper tobten.

Wenige Minuten später waren sie da, meine Schwiegereltern und meine Schwäger. Mit vereinten Kräften weckten sie meinen Ehemann, während meine Schwiegermutter mir beim Ankleiden behilflich war. Nun hatte offenbar selbst Kamal den Ernst der Situation erkannt, denn er rannte los, um das Auto zu holen.

Innerhalb kürzester Zeit waren wir auf dem Weg in die Klinik nach Houmt Souk. Dort wurden wir, dank Riyads Anruf, schon von meinem Gynäkologen und der Hebamme erwartet, die mich schnellstens in den Kreissaal brachten. Aber die Wehen kamen und gingen, und es sollte noch Stunden dauern, ehe mein Sohn geboren wurde.

In der Zwischenzeit war Sofie in der Klinik eingetroffen, um mir im Wechsel mit Kamal Gesellschaft zu leisten. Stunde um Stunde kämpfte ich mit den heftigen Schmerzattacken, bis man sich schließlich zum Kaiserschnitt entschloss. In Minutenschnelle war alles bereit, um meinem Kind ins Leben zu helfen.

Das erste Bild, das ich sah, als ich kurz nach dem Eingriff die Augen aufschlug, war Sofies tränenüberströmtes Gesicht, das sich über mich beugte und mir zuraunte: »Iskander ist da – und er ist so süß!«

Dann zog mich die Narkose zurück in einen erholsamen Schlaf.

Dritter Teil

Ehehölle – Die Verwandlung meines Mannes

Intrigen

Als ich die Augen erneut aufschlug, befand ich mich in einem geräumigen, sonnigen Raum, der voller Menschen war. Sobald ich mich bewegte, wandten sich alle mir zu, und ich sah in stolz strahlende Gesichter. Sofie saß am Bett, mein Ehemann beugte sich über die Wiege, meine Schwiegermutter und Amany beobachteten mich vom Fußende des Betts. »Wo ist mein Kind?«, war meine erste Frage.

Ganz vorsichtig legte meine Freundin Sofie mir meinen Sohn in die Arme. Eine winzige Nase, ein knospenförmiger Mund und riesengroße goldbraune Augen sahen zu mir auf. Dichtes, blondes Haar bedeckte sein Köpfchen. Mein Sohn – er war wunderschön! Alles an ihm war wohlgeformt, zart und allerliebst, er war so perfekt. Tränen des Glücks traten mir in die Augen, es war ein unvergleichlich inniger Moment, einmalig, und der schönste in meinem Leben.

Selbst mein Mann schien vom Hochgefühl dieses Augenblicks ergriffen, denn er nahm meine Hand und küsste sie inbrünstig. »Danke, *marti*! Danke für diesen wunderbaren Sohn! Er ist das schönste Baby der Welt, darüber sind sich alle einig.«

Das blonde tunesische Baby war die Attraktion der Klinik. Mitpatienten klopften an meine Tür, um kleine Präsente zu bringen und meinen goldenen Sohn zu bewundern. Ein ständiger Besucherstrom wanderte durch unser Zimmer. Stofftiere, Süßigkeiten und Spielzeuge häuften sich auf Tischen und Stühlen. Ich war noch zu erschöpft und konnte mich gegen die unzähligen, teils unerwünschten Gäste kaum zur Wehr setzen.

Nach einer Woche war ich so weit wiederhergestellt, dass ich mit meinem Baby das Krankenhaus verlassen durfte. Meine Eltern, die nach Djerba geeilt waren, und Kamal holten Iskander und mich ab, um uns nach Hause zu bringen.

Iskander, das ist die arabische Form des griechischen Namens »Alexander«. Ich hätte einen europäischen Namen bevorzugt; aber für ein tunesisches Kind käme nur ein arabischer Name infrage, war mir auf dem Standesamt mitgeteilt worden.

Zu Hause wurden wir mit *zaghamed*-Jubeltrillern und Blumen empfangen. Verwandte, Nachbarn und Freunde drängten sich vor dem Haus meiner Schwiegereltern, um uns willkommen zu heißen. Mein Schwiegervater kam uns entgegen und beugte sich über seinen ersten Enkel, um einen Segen zu sprechen. Unsere Augen trafen sich, und er nickte mir anerkennend zu. Er war zufrieden mit diesem prächtigen Kind. Ich hatte meine Sache gut gemacht und konnte weiterhin mit seinem Wohlwollen rechnen.

Von nun an änderte sich mein Lebensrhythmus und passte sich den Bedürfnissen meines Babys an. Mithilfe meiner Mutter machte ich mich mit meinen neuen Aufgaben vertraut.

Ich erholte mich von den Strapazen der Geburt, und nach zwei Wochen waren wir bereit für einen ersten Ausflug in die Ferienanlage. Von allen Seiten kamen Kollegen und Gäste gelaufen, um das Moskitonetz beiseitezuziehen und einen Blick in den Kinderwagen zu werfen. Selbst Monsieur Kalif war aus Tunis angereist, um mir eine kleine schwarze Baby-Lederjacke zu überreichen, die perfekte Nachbildung unseres meistverkauften italienischen Herrenmodells.

Seine große Sorge war, dass ich nun meinen Job an den Nagel hängen und mich ganz meinem Kind widmen würde. Er war mit allem einverstanden, solange ich ihm und seinem Geschäft erhalten blieb, und schlug mir vor, ein Kindermädchen zu engagieren. Ich winkte ab, daran wollte ich im Moment noch keinen Gedanken verschwenden.

Zwei Wochen nach Iskanders Geburt brachte Amany einen gesunden, kräftigen Sohn zur Welt und nach weiteren vier Wochen kam Lisa-Marie, Sofies und Toms Tochter zur Welt. Das Baby-Trio war nun komplett, alle waren gesund und munter, wir waren glücklich mit unseren Kindern.

Iskander wuchs schnell und war ein lebhaftes und zufriedenes Baby. Ich nahm ihn morgens mit ins Hotel. Friedlich schlief er in seinem Kinderwagen, während ich im Geschäft nach dem Rechten sah und meine Büroarbeiten erledigte. Auch Sofie hatte nach wenigen Wochen ihre Arbeit wieder aufgenommen. Die langen, sonnigen Mittagsstunden verbrachten wir in unserem Bungalow oder in Sofies Häuschen, danach schoben wir die Kinderwagen zum Pool, um uns abwechselnd im kühlen Wasser zu erfrischen. Am späten Nachmittag kehrten wir in unsere Geschäfte zurück, um bis zum Abendessen zu arbeiten. Manchmal fuhr ich mit Iskander nach Hause, aber immer öfter verbrachte ich meine Zeit mit Sofie. Gemeinsame Erfahrungen und unsere Kinder schweißten uns noch enger zusammen.

Die Zeit raste dahin, Iskander war nun fast vier Monate alt. Zwischen seinem Vater und mir hatte sich nichts geändert, nach wie vor lebte mein Mann sein eigenes Leben und beachtete mich und seinen Sohn nur, wenn er sich davon einen Nutzen versprach. Das Babygeschrei ging ihm auf die Nerven, mein »Getue« um das Kind, wie er es bezeichnete, konnte er nur schwer ertragen. Er schmückte sich zwar gern mit dem Liebreiz und der Schönheit seines Sohnes, sonnte sich in den von allen Seiten geäußerten bewundernden Kommentaren und Komplimenten, empfand Iskander aber ansonsten als eine unangenehme Last, um die er sich nicht kümmern wollte. Alle guten Vorsätze, die er vor dessen Geburt gehabt hatte, waren längst vergessen, und ich machte mir keine Illusionen mehr, dass sich unsere Ehe noch einmal zum Guten wenden würde.

Seit Monaten war es zu keinerlei körperlichen Berührungen zwischen uns gekommen, aber ich verspürte auch nicht das geringste Bedürfnis nach seinen Zärtlichkeiten. Im Gegenteil, ich war abweisend und kalt, denn ich ekelte mich vor dem Gedanken an sexuellen Kontakt mit Kamal und fürchtete mich aufgrund seiner wahllos und ständig wechselnden Sexpartnerinnen vor Aids und anderen Geschlechtskrankheiten. Er trank mehr denn je, hatte häufig wechselnde Affären und ließ sich nur noch zu Hause sehen, um zu duschen und seine Kleidung zu wechseln.

Auch Sofie hatte sich in dieser Zeit sehr verändert, sie war still und in sich gekehrt, ihre Fröhlichkeit und ihre Energie waren verschwunden. Lustlos verrichtete sie ihre Arbeit in der Sportboutique, gleichgültig ließ sie sich von mir zum Strand oder ins Restaurant lotsen. Irgendetwas bedrückte sie schwer; sie litt, konnte aber nicht darüber sprechen. Ihre Tochter Lisa-Marie war die Einzige, die ihr ein Lächeln entlocken konnte.

Als wir an einem schwülen Abend von der Arbeit kamen, hielt sie mich an der Tür zurück: »Tina, ich muss mit jemandem darüber sprechen, ich werde sonst noch verrückt. Darf ich hereinkommen?« Wir machten es uns auf der Terrasse bequem, die Kinder schliefen friedlich. Nun endlich konnte Sofie ihre Geschichte loswerden: »Ich bin in einer schrecklichen Zwickmühle.« Sie zögerte und starrte ausdruckslos vor sich hin, während sie nach Worten suchte. Das Sprechen fiel ihr sichtlich schwer. »Du weißt doch, dass Ulla einen Schlüssel für den Laden hat. Sie übernimmt ja meine Vertretung, wenn ich im Urlaub bin oder frei habe. Sie benutzt ihn, um nach Feierabend Kleidung und Schuhe aus dem Lager mitgehen zu lassen.« Sie hielt inne und vergrub ihr Gesicht mit einem Schluchzen in den Händen. »Ich habe sie vor einigen Wochen dabei beobachtet, wie sie sich spätabends mit einer schweren Reisetasche aus dem Geschäft geschlichen hat. Am nächsten Morgen habe ich sofort die Waren überprüft, es fehlten mindestens zehn Jogginganzüge in allen Größen, Badekleidung, Turnschuhe und Badelaken. Und es hört nicht auf, sie bedient sich weiterhin bei jeder Gelegenheit und nimmt mit, was nicht niet- und nagelfest ist. Und das ist noch nicht das Schlimmste. Sie klaut Nacht für Nacht Lebensmittel aus der Restaurantküche: Fleisch, Käse, Obst und Gemüse, Kuchen, eben alles, was da ist, und zwar Unmengen davon. Tom wollte deshalb schon mit ihrem Mann sprechen. Ich konnte ihn gerade noch davon abhalten.« Sie schwieg und nahm einen Schluck aus ihrem Weinglas.

Das war wirklich eine haarsträubende Situation. Sollten Tom und Sofie tatsächlich zu Ullas Mann gehen? Wie würde er wohl auf eine solche Anschuldigung reagieren? Würde er ihnen überhaupt glauben? Aber was würde passieren, wenn sie es nicht meldeten? Irgendwann würde das Fehlen der Ware auffallen, und man würde womöglich Tom und Sofie des Diebstahls verdächtigen.

»Was würdest du tun, Tina? Wie würdest du dich verhalten? Ich will keinen Fehler machen, du weißt, wie schnell man hier seinen Job los ist. Und ich will meine Arbeit behalten, und Tom auch. Wir wissen nicht mehr weiter!«

Auch ich war ratlos. Es stimmte, ausnahmslos alle Hotelangestellten saßen gewissermaßen auf Schleudersitzen. Beim geringsten Vergehen oder dem bloßen Verdacht konnte man fristlos entlassen werden, ich hatte es ja bereits selbst erlebt.

In ihrer Verzweiflung begann Sofie zu weinen.

Von nun an zitterte ich tagtäglich gemeinsam mit Sofie und Tom. Es war nur eine Frage der Zeit, bis die Diebstähle auffliegen und meine Freunde in Verdacht geraten würden. Die ganze Zeit über fragte ich mich, warum Ulla es nötig hatte, Kleinigkeiten wie Jogginghosen und T-Shirts zu entwenden, und wozu sie diese Mengen Lebensmittel brauchte, wenn sie und ihre Familie im Restaurant verköstigt wurden. Auch Sofie zerbrach sich den Kopf darüber, und wir kamen zu dem Schluss, dass es sich dabei nur um eine gezielte Intrige handeln konnte. Ulla, die mit Sofie befreundet gewesen war, bevor ich ins Nike kam, fühlte sich durch unsere neu entstandene Freundschaft ausgeschlossen. Sie wusste, dass Sofie sofort unter Verdacht geraten würde, wenn das Fehlen der Ware bemerkt wurde. Und ebenso klar war, dass Sofie sich mit ihrer Anschuldigung nicht an Ullas Ehemann wenden würde. So oder so, Tom und Sofie waren auf jeden Fall die Verlierer, und Ulla konnte ihre kleingeistige Rache genießen.

Eines Morgens weckte mich das Klingeln des Telefons. Es war so weit, Sofie und Tom waren ins Direktionsbüro zitiert worden. Angespannt und voller Nervosität lief ich neben dem Telefon auf und ab und wartete auf den Ausgang des Gesprächs.

Nach einer halben Stunde war alles vorüber. Meinen Freunden war fristlos gekündigt worden, und sie mussten bereits am nächsten Tag die Anlage verlassen. Ullas Mann hatte sich nicht einmal die Mühe gemacht, ihre Argumente anzuhören. Seine Entscheidung stand bereits vor diesem Gespräch fest, und er wollte nichts über die wahren Begebenheiten hören.

Die beiden waren am Boden zerstört. Innerhalb von wenigen Minuten waren sie ohne Arbeit und Wohnung, mit einem drei Monate alten Baby in einem fremden Land. Den ganzen Tag waren wir damit beschäftigt, ihre Habseligkeiten in Kisten und Koffer zu verpacken. Sie sollten ihnen nach Deutschland nachgeschickt werden, denn fürs Erste würde die kleine Familie bei Sofies Eltern unterkommen. Sofie weinte unentwegt, sie konnte nicht fassen, dass man sie so hintergangen und fertiggemacht hatte. Tom nahm es etwas gelassener, er hatte sich schon im Vorfeld nach anderen Berufsmöglichkeiten umgehört und schien bereits eine neue Anstellung in Aussicht zu haben.

Ich war wie betäubt. Was würde ich ohne Sofies und Toms Freundschaft und Unterstützung tun? Natürlich würde mir Amany weiterhin freundschaftlich zur Seite stehen, aber mit Sofie verbanden mich so viele gemeinsame Erlebnisse und Erinnerungen. Mit ihr hatte ich über meine Eheprobleme gesprochen, sie hatte immer ein offenes Ohr für mich gehabt und mir in so vielen schlimmen Situationen beigestanden. Sie hatte mir immer wieder Mut zugesprochen und mir das Leben erträglich gemacht.

Viel zu schnell kam die Stunde des Abschieds. Ich hatte die drei zum Flughafen begleitet, und schon auf der Fahrt dorthin konnten wir die Tränen nicht mehr zurückhalten. Wir versprachen uns, zu schreiben und zu telefonieren, unsere Freundschaft sollte durch die Trennung nicht leiden. Vor der Zollabfertigung umarmten wir uns tränenüberströmt und wortlos ein letztes Mal. Ich küsste Lisa-Marie, dann verschwanden sie hinter dem Sichtschutz der Zollkontrolle. So verlassen wie in diesem Moment hatte ich mich noch nie gefühlt. Mit ihrer Abreise würde sich auch mein Leben von Grund auf ändern, dass spürte ich in diesem Moment.

Ohne meine Freunde hatte das Nike jeden Reiz für mich verloren. War ich früher einmal lebenslustig, schwungvoll und aktiv gewesen, so hatte ich nun mit Depressionen und Verzweiflung zu kämpfen. Zum ersten Mal überlegte ich ernsthaft, meinen Mann zu verlassen und mit Iskander nach Deutschland zurückzukehren.

Kamal hatte sich in der Zwischenzeit vollkommen von mir abgewandt, er bewohnte den kleinen Bungalow im Nike, während ich nach Feierabend mit meinem Baby in unser Haus zurückkehrte. Wir lebten getrennt, unsere eheliche Gemeinschaft war längst zerbrochen. Kollegen hatten mir erzählt, dass er sich mit dem neuen Barmann Mohamed angefreundet hatte, der ihn großzügig mit Wodka und Whisky versorgte, und dass er Abend für Abend schwer betrunken durch die Ferienanlage torkelte. Es wurde gemunkelt, dass er auch während der Arbeitszeit zur Flasche griff und sich nicht mehr unter Kontrolle hatte.

Aischa, Saads jüngere Schwester, leistete mir nun Gesellschaft; ich hatte sie auf seine Bitte hin als Kindermädchen für Iskander eingestellt. Ihre Gelassenheit und Ruhe empfand ich als wohltuend, und Iskander liebte sie ganz offensichtlich. Sie ging mir zur Hand, wo sie nur konnte, und ihre Anwesenheit half mir über jammervolle Stunden hinweg.

Als ich eines Abends das Geschäft abschloss, entdeckte ich unseren Hotelanwalt an der Rezeption. »Hätten Sie einen Moment Zeit, Maître?«, sprach ich ihn an.

Mit einem Lächeln führte er mich zur nächsten Sitzgruppe. »Womit kann ich Ihnen behilflich sein, Madame?«

»Ich brauche eine Auskunft. Stimmt es, dass mein Sohn und ich Tunesien nur mit der schriftlichen Erlaubnis meines Ehemannes verlassen dürfen?« Ich versuchte, das Zittern in meiner Stimme zu unterdrücken und einen gefassten Eindruck zu machen.

Aufmerksam musterte er mich, bevor er antwortete: »Madame, es ist so, dass Sie laut Gesetz absolute und uneingeschränkte Reisefreiheit haben ...« Er zögerte einen Moment. »Aber das ist nur die Theorie. In der Praxis sieht es leider so aus, dass Sie eine schriftliche Genehmigung benötigen, die notariell beglaubigt oder vom Bürgermeister ihres Wohnortes gegengezeichnet werden muss. Jeder Zollbeamte wird Sie danach fragen und ohne dieses Dokument nicht ausreisen lassen. Es ist illegal und nicht statthaft, aber so wird es nun einmal gehandhabt.«

Mit einer solchen Auskunft hatte ich nicht gerechnet. Schnell blinzelte ich die Tränen zurück und fragte: »Und es gibt keine Ausnahmen?«

Mitleidig sah er mich an. »Nein, Madame, keine Ausnahmen. Und ich muss Sie warnen: Wenn Sie ohne Wissen und Erlaubnis Ihres Mannes versuchen, Ihr Kind außer Landes zu bringen, wird man Sie an der Grenze festnehmen und Sie von Ihrem Sohn trennen. Sie selbst können jederzeit das Land verlassen, aber Ihr Sohn muss hierbleiben.«

Ich konnte nicht antworten. Ich befürchtete, vor ihm in hemmungsloses Schluchzen auszubrechen. Niemals würde ich ohne

Iskander nach Deutschland zurückreisen. Lieber wollte ich weiterhin Demütigungen und Missachtung auf mich nehmen, aber ohne mein Kind würde ich dieses Land nicht verlassen.

Als er sich erhob, legte er mir kurz die Hand auf die Schulter: »Madame, ich bitte Sie, achten Sie gut auf Ihren reizenden Sohn und sich selbst! Machen Sie keine Dummheiten, und wenn Sie einen Rat brauchen, wenden Sie sich an mich! Ich bedaure sehr, Ihnen keine bessere Auskunft geben zu können!«

Es stimmte also, was Kamal mir an dem Abend vor Iskanders Geburt in Saads Lokal verächtlich ins Gesicht geschleudert hatte: Ich hatte keine Möglichkeit, mit meinem Kind nach Europa auszureisen. Ich war auf den guten Willen meines Ehemannes angewiesen, und niemals und unter keinen Umständen würde er mir die Erlaubnis erteilen, Iskander außer Landes zu bringen.

Arbeitslos

So gut ich es vermochte, ging ich meiner Arbeit nach, kümmerte mich mithilfe von Aischa um mein Kind, verbrachte meine Freizeit mit Amany, ihrem kleinen Sohn Karim und Kamals Familie. Meine Schwiegereltern behandelten mich wie eine Tochter, ihr Haus stand mir zu jeder Zeit offen, Iskander und ich waren ihnen stets willkommen.

Wie sehr hatte sich mein Leben seit meiner Hochzeit verändert! Mein privates Paradies war zerstört worden von neiderfüllten, missgünstigen Menschen, die mir mein kleines Glück nicht gönnen konnten. Auch mein Mann hatte mit seiner Trunksucht und Gleichgültigkeit dafür Sorge getragen, dass mein Lebensweg einen anderen Verlauf nahm als geplant und ich nicht zur Ruhe kam. Wenigstens in der Hotelboutique fühlte ich mich wohl, ich schätzte meine Mitarbeiter, und Monsieur Kalif war mir ein großväterlicher Freund, der sich um mein Wohlergehen und das meines Kindes sorgte. Auch meine Arbeitskollegen begegneten mir mit Freundlichkeit und Entgegenkommen, und Iskander war der erklärte Liebling aller.

Nur Ulla schien noch eine Rechnung mit mir offen zu haben; sie hatte nicht vergessen, dass ich mich, in ihren Augen, in ihre Freundschaft mit Sofie gedrängt hatte. Ich war die Nächste auf ihrer Abschussliste, und das ließ sie mich mit bösen Spitzen wissen.

Aber bevor es dazu kam, flog mein Ehemann in hohem Bogen aus seinem gut bezahlten Job. Beim Frühstück war mir aufgefallen, dass er nicht auf seinem Posten war und die Kellner mit verschrecktem Blick zwischen den Tischen umherhuschten. Ich hatte das Gefühl, dass die Augen von Gästen und Personal auf mich gerichtet waren, und mir war klar, dass es einen unliebsamen Vorfall gegeben haben musste.

So nahm ich einen der Animateure, mit dem ich mich gut verstand, zur Seite und fragte nach: Mein Ehemann hatte, wie gewöhnlich, am Abend zuvor an der Bar einen Wodka nach dem anderen gekippt. In angetrunkenem Zustand hatte er sich an eine Touristin herangemacht und sie mit seinen Avancen bedrängt. Doch die Dame war nicht interessiert und hatte ihn mit deutlichen Worten abgewiesen. Kamal hatte sich davon nicht abschrecken lassen und sie so lange weiter belästigt, bis einer ihrer männlichen Begleiter die Geduld verlor und dazwischenging. Es war zu verbalen Beleidigungen und Handgreiflichkeiten gekommen, mein Mann musste von Security-Beamten aus der Hotelbar entfernt werden.

Ich bedankte mich kurz für die Information und machte mich unverzüglich auf den Weg ins Direktionsbüro, denn ich wollte mit eigenen Ohren hören, ob auch mir nun ein Hinauswurf bevorstand. Nur Monsieur Kalif konnte meine Kündigung aussprechen, aber selbstverständlich konnte ihm dieser Schritt von der Hotelleitung nahegelegt werden. Zum Glück traf ich den Direktor in seinem Büro an und erfuhr, dass mein Mann fristlos entlassen war und Hausverbot im Nike erhalten hatte. Unser Bungalow wurde gerade geräumt, unsere Habseligkeiten im Büro des Sicherheitsdienstes deponiert. Ich hatte mir nichts zuschulden kommen lassen, deshalb durfte ich weiterhin in der Lederboutique arbeiten. Meinem Mann allerdings war strengstens untersagt, noch einmal das Hotel zu betreten.

Nun, da uns der Bungalow genommen worden war, würden wir wieder unter einem Dach leben müssen. Von nun an würde ich die Brötchen verdienen, er würde Tag für Tag ohne Arbeit zu Hause sitzen, würde sich Nacht für Nacht betrinken und mir das Leben zur Hölle machen. Allein die Vorstellung war beängstigend. Ich wollte ihn nicht in unserer Nähe haben, er sollte Iskander nicht mit seinen betrunkenen Ausfällen belästigen.

Ich versuchte, es so einzurichten, dass wir möglichst wenig voneinander zu sehen bekamen. Tagsüber war ich mit Aischa und Iskander im Hotel, den Abend verbrachte ich bei meinen Schwiegereltern und bei Amany. Ich hatte mich in der oberen Etage des Hauses eingerichtet, mein Ehemann hatte das Gästezimmer bezogen. Wir gingen einander aus dem Weg, soweit es möglich war. Wenn ich nachts wach lag und nicht schlafen konnte, hörte ich ihn manchmal im Morgengrauen nach Hause wanken.

Einmal traf ich ihn frühmorgens in der Küche an, als ich Frühstück für mich und Iskander bereiten wollte. Er lümmelte mit beiden Armen auf dem Tisch, vor sich eine Flasche Bier. Dunkle Bartstoppeln zierten seine Wangen, er sah ungepflegt und heruntergekommen aus, und er stank nach Alkohol und kaltem Rauch. Angeekelt verließ ich schleunigst den Raum. Ob er sich um Arbeit bemühte, wusste ich nicht, hoffte aber, dass er bald eine neue Aufgabe finden würde.

Kamals Entlassung und der Abschied von Sofie und Tom machten mir schwer zu schaffen, ich war gesundheitlich angeschlagen und immer noch deprimiert und niedergeschlagen. Auf diesen Augenblick hatte Ulla gewartet. An einem Nachmittag, als ich allein im Laden war, kam sie hereingeschlendert, ein herablassendes

Lächeln auf den Lippen. »Na, meine Liebe, wie geht es dir? Hat Kamal denn schon eine neue Arbeit gefunden? Oder bist du jetzt die Alleinverdienerin? Das muss ganz schön anstrengend für dich sein, kann ich mir denken. Du tust mir wirklich leid.«

Diese Frau war mir von ganzem Herzen zuwider, ihre unaufrichtige, gehässige Art verursachte mir körperliches Unbehagen. Langsam strich sie mit der Hand über die teure Lederkleidung und betrachtete sie nachdenklich. »Ich denke, ich nehme diese beige Lederjacke für mich und die braune für meinen Mann«, teilte sie mir mit.

»Vielleicht solltest du die Jacke erst einmal probieren«, schlug ich ihr vor.

»Nein, nein, das geht schon in Ordnung. Du brauchst sie nicht einzupacken, ich nehme sie so mit.«

»Zahlst du bar, oder soll ich den Betrag abbuchen lassen?« Jeder Gast und Angestellte verfügte über ein Hotelkonto, sodass wir im Hotel bargeldlos Einkäufe tätigen konnten.

»Weder noch! Wir probieren sie zu Hause an, und dann überlege ich, ob wir sie behalten oder nicht.«

Diesen Trick kannte ich bereits. Sie hatte sich im benachbarten Juweliergeschäft Goldarmbänder mitgeben lassen und diese, trotz mehrfacher Aufforderung, nie bezahlt. Die gleiche Geschichte kannte ich vom Teppichhändler im Hotel und aus dem Mini-Supermarkt, wo sie sich ohne Bezahlung mit Süßigkeiten und Sonnenöl einzudecken pflegte. Nun versuchte sie mit dieser dreisten Masche, mich um zwei teure Lederjacken zu erleichtern.

»Tut mir leid, ich darf keine Ware ohne Bezahlung außer Haus geben. Du kannst die Jacke anprobieren, und wenn du sie kaufen möchtest, lasse ich den Betrag abbuchen.«

Heimtückisch starrte sie mich aus zusammengekniffenen Augen an: »Ich glaube, du hast mich nicht verstanden. Ich nehme die Jacken mit, und damit basta! Du vergisst wohl, wen du vor dir hast!«

Mit einer schnellen Bewegung nahm ich ihr die Jacken aus der Hand und hängte sie zurück auf die Bügel. »Du hast mich gehört, keine Ware ohne Bezahlung! Und wen ich vor mir habe, das weiß ich nur zu gut. Aber die Höflichkeit verbietet mir, es dir in aller Deutlichkeit zu sagen.«

»Das wirst du noch bereuen, du aufgeblasene kleine Wichtigtuerin! Ich sorge dafür, dass du hinausgeworfen wirst, und zwar noch heute. Dann kannst du deinem versoffenen Ehemann zu Hause Gesellschaft leisten.« Wutentbrannt machte sie auf dem Absatz kehrt und vergaß nicht, beim Verlassen des Ladens die Tür mit Schwung hinter sich zuzuknallen.

Nach diesem Auftritt zitterte ich von Kopf bis Fuß. Mir war klar, dass ich soeben meinen geliebten Arbeitsplatz verloren hatte.

Club Marbha

Die Reaktion von Ullas Ehemann ließ nicht lange auf sich warten. Kaum zwanzig Minuten später wurde ich ins Direktionsbüro gerufen. Mir wurde zur Last gelegt, die Frau des Direktors tätlich angegriffen, beleidigt und geschubst zu haben, während sie im Begriff war, eine Lederjacke zu kaufen. Da mir von vornherein klar war, dass es sich um ein abgekartetes Spiel handelte, ersparte ich mir jede Rechtfertigung und verschaffte mir auf diese Art einen einigermaßen würdevollen Abgang.

Danach rief ich Monsieur Kalif in Tunis an, teilte ihm mit, dass ich Hausverbot im Hotel erhalten hatte, und bat um ein Gespräch. Ich verabschiedete mich von meinen sprachlosen Kollegen und Mitarbeitern und ging ein letztes Mal durch die luxuriöse Eingangshalle. Drei Jahre war ich hier ein und aus gegangen, hatte schöne und schlimme Stunden erlebt, hatte gute Freunde gefunden; mein Sohn hatte hier gespielt und war glücklich gewesen. Ein Stück meines Lebens war mir unwiederbringlich genommen worden, und ich fragte mich, ob es noch sehr viel schlimmer kommen konnte.

Erst als ich zu Hause angelangt war, ließ ich meinem Kummer freien Lauf. Stundenlang weinte ich hemmungslos und konnte mich nicht beruhigen. Amany und meine Schwiegermutter saßen hilflos daneben, während ich meinen Frust und meine Wut herausschrie. Nichts und niemand konnte mich beruhigen, denn meine Arbeit war mein Strohhalm gewesen, an den ich mich geklammert hatte, wenn mein Eheleben wieder einmal unerträglich war.

Kamal ließ sich am Abend kurz zu Hause blicken, warf nur einen Blick auf mein heulendes Elend und verschwand auf der Stelle wieder. Mit einer verzweifelten Ehefrau konnte er nichts anfangen, er verbrachte seine Zeit lieber mit seinen Kumpanen, darunter sein neuer bester Freund Mohamed, der Barmann aus dem Nike.

Dieser Mohamed war wie eine Karikatur aus einem schlechten Gangsterfilm. Klein und von stämmiger Figur, mit schiefer, hochgezogener Schulter, unrasiert, mit schlechten Zähnen, verschlagenem Grinsen und bösen, eng zusammenstehenden Augen war er optisch das genaue Gegenteil meines gut gewachsenen, schlanken Ehemannes. Mir gegenüber legte er ein devotes, unterwürfiges Verhalten an den Tag, das ich als durch und durch falsch und hinterhältig einschätzte. Er war mir unheimlich und von Grund auf unsympathisch. Er folgte meinem Mann wie ein Schatten – wo Kamal war, da war auch Mohamed.

Nicht mein Ehemann selbst, sondern mein Schwiegervater war derjenige, der mich nach einigen Wochen mit der Nachricht überraschte, dass Kamal eine neue Anstellung gefunden hatte. Im Ferienclub Marbha unweit unseres Hauses hatte er das Angebot erhalten, den Posten des Zweiten Direktors in der Geschäftsleitung zu übernehmen. Im Gegensatz zu seinen beiden vorherigen Arbeitsstellen war diese Hotelanlage nicht unter europäischer, sondern unter tunesischer Leitung. Kein Europäer hätte Kamal noch eine Chance gegeben, das wusste ich aus sicherer Quelle.

Als ich an diesem Abend mit dem schlafenden Iskander von einem Besuch nach Hause kam, stand mein Mann in der Küche und bereitete das Abendessen zu. Auf der Terrasse rauchte der Grill, frische Fische lagen in Grillzangen gepackt, und im Ofen garten Folienkartoffeln. Er war nüchtern, rasiert, geduscht, parfümiert und trug saubere Kleidung. Auf der Terrasse war der Tisch mit weißem Tuch und Blumen gedeckt, eine Flasche Champagner kühlte auf Eis.

»Bitte, *marti*, setz dich. Das Essen ist gleich fertig. Wir müssen reden!«

Widerwillig nahm ich Platz. Reden? Wie oft hatten wir schon geredet, wie viele gute Vorsätze waren bei diesen Gesprächen gefasst worden – nur wenige waren in die Tat umgesetzt worden. Unsere Ehe war völlig zerrüttet und am Ende, die Wunden würden nicht mehr heilen. Wozu noch reden und worüber? Der Kamal, den ich gekannt und geliebt hatte, existierte schon lange nicht mehr, geblieben war ein Fremder, für den ich noch nicht einmal mehr Sympathie empfinden konnte.

Im Nu hatte ich ein Glas Champagner vor mir stehen, geschickt legte er mir das Essen vor. »*Khalili marti*, ich weiß, dass ich viele Fehler gemacht habe. Ich habe mich wie ein Idiot benommen, du hättest wirklich einen besseren Ehemann verdient. Aber gib unserer Beziehung noch eine Chance, jetzt, wo ich diesen neuen, tollen Job habe. Ich ändere mich, und alles wird so werden wie früher.«

Nur zu gern hätte ich seinen Worten geglaubt, aber wie oft hatte er mir solche Versprechungen schon gemacht und wie wenig davon hatte er gehalten!

»Kamal, ich kann jetzt nichts dazu sagen. Lass uns sehen, ob wir in Frieden miteinander leben können, vielleicht findet sich alles Weitere.«

»Meine *habibati*, ich werde Geduld haben und mich bessern. Du wirst sehen, alles wird gut!«

Lange saßen wir in dieser lauen Sommernacht zusammen und unterhielten uns. Er schien seine Fehler einzusehen und von Herzen zu bereuen. Er versprach, seinen Alkoholkonsum auf ein Minimum zu reduzieren und sich mehr um mich und seinen Sohn zu kümmern.

Als wir gemeinsam den Tisch abräumten, meinte er nebenbei: »Ach, *marti,* wenn du möchtest, kannst du wieder arbeiten. Im Marbha gibt es einige Geschäfte, nicht Schickimicki wie im Nike, aber auch ganz nett. Ich habe schon mit dem Besitzer gesprochen, ein Mann aus Houmt Souk, du kennst ihn. Wenn du willst, kannst du sofort anfangen.«

»Danke, das ist nett, aber ich möchte mir das Geschäft erst einmal ansehen und selbst mit dem Chef sprechen. Ich kann ja in der nächsten Woche einmal vorbeikommen und mich im Marbha umsehen, wenn es dir recht ist.«

Er nickte, hauchte mir einen Kuss auf die Stirn und wünschte mir eine gute Nacht, bevor er sich ins Gästezimmer zurückzog. Nichts war mehr geblieben von unserer früheren Vertrautheit, wir hatten kein körperliches Verlangen mehr nach dem anderen.

Die darauffolgenden Abende verbrachte mein Mann tatsächlich zu Hause. Er kochte, er spielte mit seinem Sohn, er arbeitete im Garten und strich die Fensterläden. Er war nüchtern und trank Wasser und Tee anstatt des üblichen Rotweins. Vielleicht würde sich ja doch etwas ändern, vielleicht war er zur Besinnung gekommen. Ich schöpfte ein wenig Hoffnung.

Am Wochenende lud mich mein Mann zum Abendessen im Marbha ein. Ich sollte endlich sein neues Betätigungsfeld kennenlernen und mir bei dieser Gelegenheit auch die Geschäfte im Hotel ansehen. Ihm schien viel daran gelegen, dass ich dort einen neuen Arbeitsplatz finden würde.

Ein Taxi setzte mich vor dem Eingang ab, und ich sah mich neugierig um. Schon oft war ich hier vorbeigefahren, war aber bisher noch nie im Hotel gewesen. Das Gebäude machte einen wenig einladenden Eindruck: Bröckelnder Putz und fehlende Farbe vermittelten das Gefühl von Vernachlässigung und Gleichgültigkeit; in den Blumenbeeten spross Unkraut, und auf den Fenstern der Eingangshalle lag eine feine Staubschicht. Dieses Haus bot keinen Vergleich zu unserer früheren Arbeitsstätte, wo alles vor Sauberkeit geblitzt und geleuchtet hatte.

Nachdem ich meinen Namen am Empfang genannt hatte, brachte mich eine Angestellte in die Hotelbar, wo ich Kamal treffen sollte. Als ich den Raum betrat, blieb ich wie angewurzelt stehen. Kamals Freund Mohamed stand grinsend hinter dem Tresen und polierte Gläser.

»Guten Abend, *marti*!« Strahlend kam mein Mann mir entgegen.

»Was zum Teufel macht dieser Kerl hier?« Bevor ich mich bremsen konnte, war mir die Frage entschlüpft.

»Wen meinst du? Mohamed? Aber er ist mein bester Freund, und er wollte nicht im Nike bleiben, wo man mich so mies behandelt hat.«

»Hätte er dich nicht mit Wodka abgefüllt, hättest du deine Arbeit im Nike wahrscheinlich heute noch!« Ich kochte vor Zorn.

Der Barmann musterte mich mit tückischem Blick und machte eine kleine Verbeugung in meine Richtung.

»Warum kannst du ihn nicht leiden? Er verehrt dich. Immer wieder sagt er, was für eine tolle Frau du bist.«

»Er verehrt mich? Mach dich nicht lächerlich! Er hasst mich, und wenn er konnte, wie er wollte …« Angewidert wandte ich mich ab und bat Kamal, mir die Ferienanlage zu zeigen.

Was ich bei unserem Rundgang zu sehen bekam, bestätigte meinen ersten, negativen Eindruck. Die Anlage war schäbig und heruntergekommen, überall waren die Zeichen des Verfalls sichtbar. Selbst der Pool mit seinem glitzernden Wasser machte einen unsauberen und ungepflegten Eindruck. Direkt dahinter gab es fünf kleine Geschäfte. Vor dem Laden für Sportbekleidung lümmelte ein Angestellter. Kamal stellte uns vor, und wir besichtigten die Waren, während der Verkäufer desinteressiert in den Zähnen stocherte. Nein, hier wollte ich auf keinen Fall arbeiten, alles, was ich bisher gesehen hatte, fand ich abstoßend.

»Die Gäste geben hier gutes Geld für Kleider und Souvenirs aus. Kein Wunder, sie haben ja Essen und Getränke frei«, nuschelte der Angestellte hinter seinem Zahnstocher hervor.

»Was meint er damit, Essen und Getränke frei?«, fragte ich Kamal.

»Das Marbha ist der erste All-Inclusive-Club auf der Insel. Alles ist gratis, die Getränke zum Essen, an der Bar, am Strand, Eiscreme, Kaffee und Kuchen, alles ist im Preis inbegriffen.«

»Das heißt, es gibt Gratis-Alkohol rund um die Uhr?« Nun war mir klar, warum mein Mann diese Arbeit angenommen hatte und woher seine Begeisterung für diese wenig ansprechende Anlage kam. »Dir mag es hier vielleicht gefallen, mir aber nicht. Ich werde nicht hier arbeiten. Ich suche mir einen anderen Job, aber auf keinen Fall im Marbha.«

»Monsieur Said ist aus Houmt Souk gekommen. Er wartet im Café und möchte mit dir sprechen. Hör dir doch wenigstens einmal an, was er dir anzubieten hat. Danach kannst du immer noch ablehnen.«

Widerstrebend ließ ich mich ins Café führen, wo uns der Geschäftsinhaber bereits erwartete. Tatsächlich hatte er ein verlockendes Angebot für mich: Ich würde nur fünf Stunden täglich im Geschäft verbringen müssen und bekam zu einem guten Gehalt noch einen Dienstwagen der Firma. Das war eine imponierende Offerte, die ich eigentlich nicht ausschlagen konnte. Ich bat um zwei Tage Bedenkzeit, und Monsieur Said verabschiedete sich. Kamal machte einen hochzufriedenen Eindruck.

»Nimm das Angebot an, *marti*! Du wirst sehen, dass es hier gar nicht so schlecht ist. Natürlich ist es nicht so feudal wie das Nike, aber du wohnst hier nicht, du arbeitest hier täglich ein paar Stunden, und danach fährst du zurück in unser wunderschönes Haus. Wo also ist das Problem?«

Mein Problem war, dass ich mich hier nicht wohlfühlte. Die Gäste, die Angestellten, das Hotel, die Umgebung, nichts fand

Gnade in meinen Augen. Ich fand das Marbha und alles, was dazugehörte, schäbig und erbärmlich.

Die Trennung

Widerwillig und unter Vorbehalt nahm ich den Job in der Sportboutique an. Da ich für den Wareneinkauf verantwortlich war, versuchte ich, so wenig Zeit wie möglich im Geschäft und so viel als möglich in Houmt Souk im Warenlager und in den Fabriken zu verbringen. Ich erledigte die Buchhaltung und die Warenbeschaffung und drückte mich, so gut es ging, um den Verkauf und die Kundenbetreuung.

Wie befürchtet, hielten Kamals gute Vorsätze gerade einmal zehn Tage, dann nahm er sein altes Lotterleben wieder auf. Er hatte eine kleine Wohnung im Hotel bezogen und kam bloß noch sporadisch nach Hause. Nur zum ersten Geburtstag unseres Sohnes, zu dem meine Eltern aus Deutschland angereist waren und den wir mit einem großen Fest im Familienkreis feierten, konnte er sich überwinden, noch einmal eine Nacht in unserem Haus zu verbringen.

Seine Trunksucht hatte mittlerweile eine neue Dimension angenommen, und ich hegte den Verdacht, dass nicht mehr nur Alkohol, sondern auch andere Substanzen im Spiel waren. Es war im Marbha unter dem Personal ein offenes Geheimnis, dass einige der Animateure mit Haschisch, Kokain und Amphetaminen dealten und dass bei den wöchentlichen Strandpartys nicht nur hemmungslos gesoffen wurde.

Ich beobachtete, dass Kamal kaum noch Nahrung zu sich nahm, dafür aber umso mehr Alkohol konsumierte. Schon morgens stand er bei seinem Freund Mohamed an der Bar, das obligatorische Weinglas in der Hand. Wenn ich ihm zufällig zu Hause über den Weg lief, schien er mich kaum wahrzunehmen, sein Blick ging durch mich hindurch. Seine Wangen waren blass und eingefallen, er sah krank und elend aus und hatte Gewicht verloren.

Eines Nachts wurde ich durch Hupen, das Knallen von Autotüren und lautem Geschrei und Gelächter geweckt. Iskander war ebenfalls durch den Lärm wach geworden und weinte in seinem Bettchen. Ich nahm ihn hoch und trat ans Fenster. Mehrere Autos standen im sorgsam gepflegten Vorgarten meines Schwiegervaters geparkt, eine Bande betrunkener Frauen und Männer torkelte laut grölend vor dem Haus herum, Wein- und Schnapsflaschen in den Händen. Mohamed und ein anderer Kerl zerrten meinen Mann aus einem Auto und stützten ihn, weil er sich nicht mehr auf den Beinen halten konnte. Sie schwankten auf die Terrasse, dort öffnete Mohamed seine Hose und urinierte auf unsere Gartenmöbel.

Im schwiegerelterlichen Haus flammte Licht auf, und wenige Sekunden später erschien Kamals Vater, gefolgt von meinen Schwägern. Mit einem Blick erfasste er die Lage und donnerte mit hallender Stimme los. Er schimpfte laut und befahl den Saufkumpanen seines Sohnes, sofort von seinem Land zu verschwinden. Die leicht bekleideten Damen beeilten sich, in die Autos zurückzukriechen, und auch die Männer hatten es plötzlich eilig. Meinen Mann, der zu betrunken war, um noch einen Schritt zu gehen, ließen sie auf der Terrasse zurück.

Ich legte Iskander ins Bett zurück und eilte die Treppe hinunter. Kamal lag noch genauso da, wie sie ihn liegen gelassen hatten. Sein Vater und seine Brüder standen um ihn herum und starrten auf den reglosen Körper zu ihren Füßen. Als ich mich über ihn beugte, stieg mir ein bestialischer Gestank in die Nase, und voller Ekel zuckte ich zurück. Mein Mann hatte sich eingekotet und lag besinnungslos betrunken in seinen Exkrementen.

Ich sank auf die Treppenstufen und begann lautlos zu weinen. Ich hatte geglaubt, das Schlimmste schon erlebt zu haben, aber nun wusste ich, dass der Albtraum erst begonnen hatte. Mein Schwiegervater kam zu mir, legte mir den Arm um die Schulter und lotste mich in die Küche. Seinen Söhnen rief er zu, sie sollten Kamal in die Garage legen, dort könne er seinen Rausch ausschlafen. Er holte ein Glas Wasser für mich und wartete geduldig, bis mein Schluchzen nachließ.

»*Binti,* ich habe mich bisher nicht in eure Probleme eingemischt, aber ich denke, nun ist es an der Zeit, dass ich einschreite. Ich werde meinem Sohn verbieten, weiterhin ins Haus zu kommen und dich und das Kind zu belästigen. Ich will, dass du und mein Enkelsohn hier in Ruhe leben könnt. Er soll im Hotel wohnen bleiben und euch nicht mehr behelligen. Ist dir das recht? Soll ich es ihm so sagen?«

Ich nickte unter Tränen, sprechen konnte ich nicht. Das war mir sogar mehr als recht, denn ich wollte nicht mehr mit diesem Trunkenbold unter einem Dach leben, er sollte uns in Ruhe lassen. Dieses Erlebnis hatte mir den Rest gegeben, ich schüttelte mich vor Abscheu und Widerwillen, wenn ich an meinen Mann und seine Exzesse dachte.

An Schlaf war in dieser Nacht für mich nicht mehr zu denken. Nachdem ich mich vergewissert hatte, dass mein Kind eingeschlafen war, wanderte ich ruhelos durchs Haus. Mir war klar geworden, dass ich nicht mehr auf Djerba bleiben wollte, dass ich mich von meinem Mann trennen und nach Deutschland zurückkehren würde. Wie ich das anstellen sollte, wusste ich noch nicht.

Mein Sparguthaben war allerdings stark geschrumpft. Das meiste hatte ich in dieses Haus investiert, und das wenige, was mir geblieben war, hatte ich im Kinderzimmer in einem Versteck deponiert; ein wenig Bargeld hatte ich meiner Mutter mitgegeben, die es bei einer deutschen Bank eingezahlt hatte. Aber es blieb die Frage, wie ich es schaffen sollte, ohne diese ominöse Reisegenehmigung mit Iskander das Land zu verlassen. Als Erstes würde ich morgen früh den Anwalt der Nike-Anlage aufsuchen, der mir damals seine Hilfe angeboten hatte. Danach würde ich weitersehen.

Am nächsten Tag ging ich zur Anwaltskanzlei in Houmt Souk. Ich zeigte dem Anwalt den notariellen Vertrag für das Haus sowie ein notariell beglaubigtes und von Kamal unterzeichnetes Testament, dass im Falle seines Todes sein Sohn der Alleinerbe wäre. Der Anwalt warf einen einzigen Blick auf die Dokumente und fragte: »Madame, das sind französische Verträge. Wo sind die arabischen?«

»Es gibt nur diese Verträge«, entgegnete ich bestürzt.

»Ich muss Sie enttäuschen, diese Papiere sind völlig wertlos. Vor einem tunesischen Gericht werden Sie damit nicht weit kommen. Sie benötigen auf jeden Fall eine beglaubigte arabische Übersetzung, ansonsten werden diese Verträge nicht anerkannt.«

»Aber Französisch ist doch die Amtssprache in diesem Land!« Ich war den Tränen nahe.

»Madame, ich habe Ihnen schon einmal erklärt, dass es einen Unterschied gibt zwischen dem geschriebenen und dem praktizierten Gesetz. Das hier ist nur *ein* Beispiel dafür.«

Ich hatte mein Geld im wahrsten Sinn des Wortes in den Sand gesetzt und würde keinen Pfennig mehr davon zu sehen bekommen. Der Notarvertrag war nicht die Tinte wert, mit der er unterzeichnet war. Wie benommen fuhr ich nach Hause.

Kamal hatte das Haus verlassen: Im Kleiderschrank klaffte eine Lücke, wo seine Anzüge und Kleidung gehangen hatten, im Badezimmer fehlten sein Aftershave und Parfüm. Er war endlich aus unserem häuslichen Leben verschwunden. Erleichtert atmete ich auf. Von nun an würde es einfacher für mich werden, hoffte ich.

Als hätte sie meinen großen Kummer gespürt, rief an diesem Abend Sofie an. Unter Tränen erzählte ich ihr von meiner Misere und redete mir meinen Kummer von der Seele. Sie bot mir sofort an, dass ich zu ihr und Tom nach Frankfurt kommen und bei ihnen wohnen könnte. Sie hatten zwar nur eine kleine Wohnung, aber für den Anfang würde es sicher gehen. Sofies Freundschaft und Treue trösteten mich ein wenig. Ich versprach, mich bald bei ihr zu melden und ihr mitzuteilen, wie es bei mir weitergehen würde.

Erst einmal kehrte ein wenig Ruhe in mein Leben ein. Kamal sah ich nur noch, wenn ich mich kurzzeitig im Marbha aufhielt. Der Hotelklatsch wusste zu berichten, dass die Kinderanimateurin in seine kleine Wohnung eingezogen war und mit ihm lebte. Mir war alles recht, solange er mich und Iskander in Ruhe ließ.

Kamal und Mohamed

Nun, da ich mich nicht mehr tagein, tagaus mit den Exzessen meines Ehemannes herumschlagen musste, kam ich langsam zur Ruhe. Ich kümmerte mich um mein Kind, den Haushalt und meinen Job, und so etwas wie ein gleichförmiger Alltag stellte sich ein.

Um meinen Ehemann machte ich nach wie vor einen großen Bogen. Die wenigen Worte, die wir im Hotel miteinander wechselten, drehten sich meist um das Wohlbefinden von Iskander, nach dem sich sein Vater gelegentlich mehr höflich als interessiert erkundigte.

Mehr als vier Monate lebten wir nun getrennt, und in dieser Zeit war Kamal nur zweimal zum Haus gekommen, um seinen Sohn zu besuchen. Nie hatte er sich lange aufgehalten, wie immer war er nach kurzer Zeit von seinem Kind gelangweilt, sodass er nach einer halben Stunde unter einem Vorwand das Weite suchte. Er besaß aber immer noch einen Schlüssel und konnte daher kommen und gehen, wie es ihm beliebte.

An einem arbeitsfreien Montag wollte ich mit Amany, Karim und Iskander zum Strand. Wir planten einen Tag am Strand von Laguna, den ich seit dem Picknick mit Kamals Familie immer wieder aufgesucht hatte und dessen Ruhe und Abgeschiedenheit ich liebte. Wir hatten die Kinder ins Auto gesetzt und Taschen und Sonnenschirm im Kofferraum verstaut. Es war ein schwülheißer Tag, und wir konnten es nicht erwarten, ans Wasser zu kommen. Nachdem wir schon einige Kilometer zurückgelegt hatten, schlug

Amany sich plötzlich mit der flachen Hand an die Stirn und rief: »Wir müssen zurück, ich habe den Picknickkorb in deiner Küche vergessen!« Ohne Essen und Getränke konnten wir nicht den ganzen Tag mit den Kindern am Strand verbringen, also machte ich kehrt, und wir schaukelten in gemächlichem Tempo zurück.

Vor unserem Haus stand ein mir unbekanntes Auto geparkt, aber ich konnte keinen Besucher entdecken. »Kommst du noch kurz mit hinein, Amany? Wenn wir schon hier sind, können wir auch das Gummiboot für die Kinder mitnehmen.« Wir stiegen aus dem Auto, öffneten die Haustür und gingen in die Küche.

Der Anblick, der sich uns dort bot, ließ uns zu Stein erstarren: Mit heruntergelassenen Hosen lag Mohamed bäuchlings über dem Küchentisch, hinter ihm stand gebeugt, mit den Hosen um die Fußknöchel, mein Ehemann und bearbeitete ihn mit kräftigen Stößen. Die beiden waren so in ihre Aktivitäten vertieft, dass sie uns nicht kommen hörten. Erst Amanys Aufschrei unterbrach ihr stürmisches Liebesspiel. Überrascht starrten die beiden Amany und mich an, dann verzog sich Mohameds Gesicht zu einem höhnischen Grinsen, und mein Mann brüllte: »Was glotzt du so dumm! Mach, dass du rauskommst!«

Wie zwei kopflose Hühner flohen Amany und ich aus dem Haus, sprangen ins Auto und nahmen Reißaus. Ich zitterte so sehr, dass ich kaum das Auto in der Spur halten konnte, und neben mir schluchzte Amany in ihre vors Gesicht geschlagenen Hände. Ich stand regelrecht unter Schock. Trotz der Hitze liefen mir Kälteschauer über den Rücken, und ich bebte von Kopf bis Fuß.

Irgendwann bremste ich ab und lenkte das Auto an den Straßenrand.

»Was machen wir jetzt?« Ich konnte vor Schreck kaum sprechen.

»Ich werde es Riyad erzählen. Er soll entscheiden, ob er mit seinem Vater darüber sprechen will oder nicht.«

Bei dem Gedanken an unsere Schwiegereltern begann sie erneut zu weinen, und auch mir liefen Tränen über die Wangen. Wie würde sich der alte Mann grämen, wenn er von dieser unfassbaren Geschichte erfuhr? Die Aufregungen und Sorgen um seinen missratenen Sohn würden ihn noch ins Grab bringen, zumal seine Gesundheit nicht die beste war.

»Amany, *baba* darf unter keinen Umständen davon erfahren, das musst du mir versprechen!« Diese Kränkung wollte ich meinem Schwiegervater um jeden Preis ersparen.

Die Hitze im Auto war mittlerweile unerträglich, die Kinder wurden unruhig und begannen zu quengeln.

»Wir haben keine Getränke und kein Essen dabei. Lass uns zu Saad fahren, dort können die Kinder im Garten spielen, und wir können uns ein wenig beruhigen, bevor wir nach Hause fahren.«

Völlig aufgelöst erreichten wir Saads Lokal. Amany, die sonst nie Alkohol trank, bestellte zwei Gläser Rotwein. Saad bemerkte, wie verstört wir waren, und stellte uns ohne Fragen einen Teller mit kleinen Leckereien auf den Tisch. »Essen hält Leib und Seele zusammen, so sagt man doch in der deutschen Sprache«, versuchte er zu scherzen.

Für das mir soeben zugefügte Leid gab es keine Heilung. Es war die letzte in einer langen Reihe von Kränkungen, und ich war nicht mehr gewillt und in der Lage, weitere hinzunehmen. Das Maß war voll! Mehr konnte ich nicht ertragen!

Showdown

In den darauffolgenden Wochen ging ich Kamal aus dem Weg. Auch er vermied jeglichen Kontakt.

Als Amany und ich eines Tages nach einem Strandausflug mit den Kindern nach Hause kamen, stand die Haustür weit offen. »Ein Einbruch!«, schoss es mir im ersten Moment durch den Kopf. Wir ließen die Kinder im Auto zurück und liefen ins Haus. Iskanders Wickelkommode, seine Stofftiere, die niedliche Spieluhr und das

Schaukelpferd, das meine Eltern aus Deutschland mitgebracht hatten, waren verschwunden. Die Bücherregale waren leer geräumt, und ein Teil meiner Kleidung und Unterwäsche lag in wirrem Durcheinander auf dem Boden, dazwischen eine eiserne Kassette, deren Deckel offen stand.

»Mein Schmuck! Mein Schmuck ist weg!«, heulte ich auf. In heller Panik rannte ich durchs Haus. Einige wertvolle Dekorationsstücke, darunter ein großer handgeschnitzter Elefant und eine teure chinesische Vase, waren nicht mehr an ihrem Platz.

Dann fiel mein Blick aus dem Fenster. Im Garten war ein meterhoher Scheiterhaufen aus Büchern aufgebaut und angezündet worden. Obenauf lagen meine Lieblingskleider und -schuhe, die bereits Feuer gefangen hatten.

Mir wurde schlagartig klar: Das war kein Einbruch sondern das Werk meines rachsüchtigen Ehemannes und seines Liebhabers. Kamal wusste, wie sehr ich meine Bücher liebte. In schlimmen Zeiten hatte ich mich immer in sie geflüchtet. Indem er sie verbrannte, nahm er mir das, woran mein Herz hing. Und nicht nur, dass er meine Kleider ruiniert und meinen Schmuck gestohlen hatte, er war sogar so weit gegangen, die Spielsachen und Möbel seines Sohnes zu entwenden. Was würde als Nächstes kommen?

Völlig fassungslos starrte Amany auf das Werk der Zerstörung, das sich vor uns ausbreitete. Dann lief sie davon, um unsere Schwiegereltern zu holen.

Die beiden Diebe hatten meinen gesamten Schmuck mitgehen lassen: Ringe, Armbänder, Halsketten, Uhren und Ohrringe waren verschwunden. Mit bebenden Händen durchsuchte ich alles, um festzustellen, was sie sonst noch mitgenommen hatten. Als ich die Kommode mit der Kinderkleidung durchsuchte, fiel ein kleiner verknoteter Plastikbeutel heraus. Er enthielt einen großen, harten, erdfarbenen Brocken. Ich öffnete das Tütchen und roch an dem Beutelinhalt. Würziger, harziger Duft stieg mir in die Nase. Das war Haschisch, und zwar eine große Menge. Mein Ehemann oder sein Lover hatten mir dieses Päckchen untergeschoben, und falls die Polizei einen anonymen Hinweis erhielt und eine Hausdurchsuchung stattfand, würde ich ohne Wenn und Aber ins Gefängnis wandern, und das für viele lange Jahre. Da ich das Haus allein und ohne meinen Ehemann bewohnte, wäre ich als Drogenhändlerin entlarvt. Er würde ohne Schwierigkeiten das Sorgerecht für Iskander erhalten, sich das Haus ohne Widerstand unter den Nagel reißen und mich im Gefängnis verrotten lassen. Die tunesische Polizei war nicht gerade als zimperlich bekannt, und besonders hart griff sie bei Drogendelikten durch. Als Ausländerin hätte ich vor Gericht keine Chance, das Urteil wäre bereits gefällt.

Jetzt konnte ich nicht mehr anders, ich musste meinen Schwiegervater einweihen und ihm die ganze Geschichte erzählen. Ich konnte nicht abschätzen, zu welchen Mitteln mein Mann noch greifen würde, um mich aus dem Weg zu räumen.

Auch meine Schwiegereltern waren entsetzt von den Verwüstungen. In Amanys Wohnzimmer wurde sofort ein Familienrat gehalten. Nachdem sich unser Schwiegervater und Riyad schweigend angehört hatten, was Amany und ich zu erzählen hatten, bat *baba* die beiden, uns allein zu lassen. »Tina, was ich dir jetzt sage, ist nur für deine Ohren bestimmt. Ich werde dir diese Reisegenehmigung beschaffen, und du wirst mit Iskander Tunesien verlassen, ich verspreche es dir! Es wird einige Zeit in Anspruch nehmen, aber du musst Geduld haben. Besitzt du genügend Geld für das Flugticket?«

In der Aufregung hatte ich völlig vergessen, nach dem versteckten Geld zu sehen. »Ich habe ein wenig Geld zur Seite gelegt, es müsste eigentlich reichen. Aber ich weiß nicht, ob es noch da ist.«

»Du kannst später nachsehen. Jetzt hör mir zu: Du bleibst so lange hier wohnen, bis du zu deinen Eltern reisen kannst. Ich möchte nicht, dass du mit dem Kind allein wohnst. Iskander bleibt hier in meinem Haus, unter meiner Aufsicht. Wir müssen in Zukunft gut auf ihn aufpassen.« Er hielt einen Moment inne und konnte mir nicht in die Augen schauen. »Es tut mir sehr leid, und ich entschuldige mich für das, was mein Sohn dir angetan hat. Ich schäme mich für ihn und seine Taten. Er hat keinen Respekt und keine Liebe, nicht für dich, nicht für sein Kind und nicht für seine Familie. Er wird alles tun, um dir Schaden zuzufügen. Das ist der Grund, weshalb ich dir helfe. Du hast es nicht verdient, von ihm so schlecht behandelt zu werden. Du bist ihm eine gute Ehefrau gewesen, hast ihm einen gesunden Sohn geboren und hast immer zu ihm gehalten.«

Ich konnte nicht antworten, meine Kehle war wie zugeschnürt.

»Nun sieh nach, ob dein Erspartes noch am Platz ist. Wenn nicht, werde ich dir aushelfen, mach dir deshalb keine Sorgen. Und nun geh!«

In höchster Eile rannte ich zum Haus. Es dämmerte bereits, und ich wollte dort nicht im Dunkeln allein bleiben. Mit fliegenden Händen suchte ich in dem Versteck, aber das Geld war nicht mehr da. Mein Mann hatte mir auch noch den letzten Notgroschen gestohlen.

Völlig fertig und am Ende schlich ich die Treppe hinunter. Unter dem Torbogen lehnte im Halbdunkel mein Mann und wartete auf mich. Vor Angst zog sich mein Magen zusammen, ich wäre vor Schreck fast gefallen und konnte mich gerade noch am Geländer festhalten. Er betrachtete mich aus eiskalten Augen und versperrte mir den Weg. »So, du dumme deutsche Schlampe, nun meinst du also, du hättest etwas gegen mich und Mohamed in der Hand, hm? Du meinst, du könntest mich bei meinen Eltern anschwärzen und mir meinen Sohn wegnehmen? Da täuschst du dich!« Sein Gesicht war von Hass und Gemeinheit entstellt. »Ich werde dir jetzt die Wahrheit sagen, damit du nicht dumm sterben musst. Jahrelang hast du mich genervt mit deinem albernen Liebesgefasel. Ihr Weiber glaubt, ihr könnt hierherkommen mit euren dicken Geldbündeln und euch *Liebe* kaufen! Glaubst du denn wirklich, ich hätte dich je geliebt? Über so viel Dummheit kann ich nur lachen.« Er bellte ein hohntriefendes Lachen heraus, bevor er seine Hasstirade fortsetzte: »Nein, ich habe nur eine Idiotin gebraucht, die dieses Haus hier finanziert, und außerdem macht es bei euch Europäern doch immer Eindruck, wenn man eine von euch als Ehefrau aufweisen kann. Den Job im Nike habe ich nur bekommen, weil ich mit einer Deutschen verheiratet bin. Und wie fleißig du immer geschuftet hast, damit es uns an nichts fehlt! Glaubst du, eine Tunesierin wäre je so dumm, zu arbeiten und alles zu bezahlen? Unsere Frauen haben noch Stolz und Würde, anders als ihr geilen Weiber, die ihr glaubt, ihr könnt euch hier ein bisschen Liebe kaufen. Woher habe ich wohl meine teuren Klamotten, die Uhren und den Schmuck? Mit meinem Hungerlohn bezahlt? Wenn du nicht so beschränkt wärst, hättest du es schon längst selbst herausgefunden! Ich habe dich ausgenutzt und vom ersten Tag an belogen und betrogen! Und weißt du auch, mit wem? Mit Lydia, deiner lieben Freundin, die du unbedingt bei unserer Hochzeit dabeihaben wolltest! Weißt du noch, wie du durch den Club gerannt bist und mich gesucht hast? Ich war mit ihr auf ihrem Zimmer, sie ist ja eine richtige Matratze und für jeden zu haben! «

»Wie praktisch, dass sie bald deine Schwägerin wird. Dann kannst du dich ja nach Bedarf bedienen!« Von Amany wusste ich, dass Mounir diese Frau in Kürze heiraten würde.

Bösartig grinste er mich an: »Nein, bei der brauche ich mich nicht mehr zu bedienen. Das macht jetzt mein Bruder. Sie ist sein Ticket nach Europa. Dort wollte er schon immer hin, und sie ermöglicht es ihm, und ein schönes, sorgenfreies Leben dazu. Und noch etwas: Du verschwindest von hier! Ich will dich nicht mehr sehen, ich brauche dich nicht mehr! Aber der Junge bleibt hier, für den habe ich noch Verwendung. Die fetten alten Weiber werden vor Mitleid zerfließen, wenn du mich und das arme Kind einfach sitzen lässt und dich aus dem Staub machst. Die Mitleidstour zieht immer, das gibt eine Menge Scheine extra. Also, mach, dass du wegkommst, aber schnell!«

Drohend kam er näher. Ich wich ein paar Stufen nach oben zurück. »Ich reiche die Scheidung ein, und sobald ich geschieden bin, heirate ich eine tunesische Jungfrau. Wer will denn schon eine von euch widerlichen europäischen Kühen, die sich schon mit Dutzenden Männern in der Kiste gewälzt haben? Für jeden macht ihr die Beine breit und wundert euch, wenn ihr wie Dreck behandelt werdet. Denn genau das seid ihr, Dreck, Dreck!« Speichel flog von seinen Lippen, er stand nun dicht vor mir und packte mich an der Kehle. Aus Leibeskräften fing ich an zu schreien und schlug mit beiden Händen nach der hassverzerrten Fratze, die sich über mich beugte. Ich stolperte, und gemeinsam fielen wir die Treppe hinunter.

Seine Hände lagen immer noch um meinem Hals, aber plötzlich wurde er von mir weggerissen, mein Schwiegervater schlug ihm mit der flachen Hand ins Gesicht und schrie auf ihn ein, während Riyad und Sharif ihn an den Armen festhielten. Mit vereinten Kräften zerrten sie ihn aus dem Haus, und ich hörte Getöse und Geschrei auf dem Vorplatz. Dann knallte eine Autotür, ein Motor heulte auf, und der Spuk war vorbei.

Das war zu viel für mich, meine Knie gaben unter mir nach, und vor der Treppe unseres Hauses brach ich zusammen.

Abschied für immer

Ich hatte einen Nervenzusammenbruch erlitten, tagelang fieberte ich, und krampfartige Migräneattacken ließen mich nicht schlafen. Schon der Geruch von Essen verursachte mir heftige Übelkeit. Ein Arzt wurde gerufen, der mir eine Beruhigungsspritze verabreichte und viel Ruhe und Schonung verordnete. Aber ohne Unterlass spulte sich die Szene immer wieder in meinem Kopf ab.

Während ich mich schlaflos auf Amanys Sofa hin und her warf, dachte ich daran, wie oft er im Marina Club stundenlang verschwunden gewesen war, wie oft ich nachts auf ihn gewartet hatte, wenn ich glaubte, dass er im Restaurant oder Büro zu tun hatte.

Während ich ihn bei der Arbeit wähnte, hatte er sich mit anderen Frauen getroffen, von der ersten Stunde unserer Beziehung an hatte er mich belogen und betrogen. Jede liebevolle Geste, jedes Geschenk, jedes freundliche Wort war eine Lüge gewesen – selbst unser Kind hatte er nicht aus Liebe gezeugt, sondern aus Berechnung und weil er sich einen Vorteil davon versprach. Dieser Gedanke schmerzte mich am meisten, und ich weinte ohne Unterlass. Ich war immer noch zu schwach, um aufzustehen, und sah die Besorgnis in den Gesichtern meiner Schwiegerfamilie. Sie umhegten mich und versuchten, mir das Leben erträglich zu machen, aber nach diesem Schock gab es keinen Trost für mich. Meine kleine Familie, für die ich gelebt und gearbeitet hatte, war ein Betrug, eine Lüge, ein Hirngespinst gewesen. Mein Ehemann war nichts anderes als ein schäbiger Heiratsschwindler, ein kleiner Ganove, der nichts ahnende Frauen um ihren Besitz, ihr Selbstwertgefühl und ihre Würde brachte. Er hasste und verachtete Frauen, nur für Männer konnte er anscheinend aufrichtige Gefühle empfinden. Aber er war ein exzellenter Schauspieler, der sich all die Jahre verstellt und mir die Rolle des liebenden Ehemannes vorgespielt hatte. Und ich war gutgläubig auf seine Maskerade hereingefallen und hatte ihm jedes Wort geglaubt. Nun hatte ich also meine Schuldigkeit getan und konnte gehen. Ich sollte ausgetauscht werden gegen eine Tunesierin, die sich ins gemachte Nest setzen würde. Man hatte mir nichts gelassen und wollte mir nun auch noch das Letzte nehmen – meinen Sohn. Wenn mein Schwiegervater mir nicht helfen konnte, waren mein Kind und ich verloren.

Nur langsam erwachten meine Lebensgeister. Aber ich biss die Zähne zusammen und sprach mir selbst Mut zu. Wenn ich tatsächlich mit Iskander das Land verlassen wollte, brauchte ich all meine Energie und meinen Mut. Eine blasse, kranke und nervöse Frau würde an der Zollabfertigung unliebsame Aufmerksamkeit erregen. Ich musste einen ruhigen und entspannten Eindruck machen, wenn dieser Plan gelingen sollte.

Jeden Abend, wenn mein Schwiegervater aus dem Dorf zurückkam, sah ich ihn fragend an, und jedes Mal schüttelte er unmerklich den Kopf. Er hatte das heiß ersehnte Dokument also noch nicht besorgen können. Mir war zwar nicht klar, wie er es anstellen wollte, aber ich traute mich nicht, neugierige Fragen zu stellen.

Sobald ich wieder auf den Beinen war, begann ich heimlich, Abschied zu nehmen von Menschen und Plätzen, die ich während der Zeit lieb gewonnen hatte. Ein letztes Mal besuchte ich meinen Freund Saad in seinem Lokal, und während wir zusammen Tee tranken, sagte ich ihm in meinem Herzen Lebewohl. Allein fuhr ich nach Laguna und saß eine Stunde lang weinend am Strand. Wie sehr liebte ich dieses Fleckchen Erde, wie oft und gern war ich hierhergekommen. Nun betrachtete ich alles mit anderen Augen, und in mir pulsierten die Worte: Ein letztes Mal, ein letztes Mal!

Ich spazierte über den Bazar und durch die engen Gassen von Midoun und Houmt Souk, ich schüttelte Hände und umarmte Freunde und Nachbarn, immer im Bewusstsein: Ein allerletztes Mal! Erst jetzt, da ich im Begriff stand, alles, was ich mir in den letzten Jahren aufgebaut hatte, zurückzulassen, ging mir auf, wie sehr mir Djerba und seine Menschen ans Herz gewachsen waren und wie sehr ich alles vermissen würde. Der Abschied war umso schwerer, da niemand etwas davon erfahren durfte. Nach außen hin musste alles normal wirken, keiner sollte auch nur ahnen, dass ich unsere Abreise vorbereitete.

Zu meiner Erleichterung sah und hörte ich nichts von meinem Ehemann, er ließ sich nicht mehr zu Hause blicken, und ich hoffte von ganzem Herzen, dass es dabei bleiben würde. Vorsichtig begann ich, zwei kleine Reisetaschen mit dem Nötigsten für mich und Iskander zu packen. Ich konnte nicht riskieren, großes Gepäck mitzunehmen, denn sicher wäre es aufgefallen, wenn ich einen Koffer durchs Haus geschleppt hätte. Noch nicht einmal Amany, der ich bedingungslos vertraute, konnte ich in meine Pläne einweihen, sondern musste meine Reisevorbereitungen in aller Heimlichkeit vorantreiben.

Schließlich war es so weit. Mein Schwiegervater nahm mich zur Seite und sagte: »Ich habe die Reisegenehmigung. Sie ist vom Notar unterschrieben und gesiegelt. Wir werden gemeinsam zum Flughafen fahren, und ich werde dafür sorgen, dass ihr ohne Schwierigkeiten durch die Kontrollen kommt. Morgen fährst du nach Houmt Souk und buchst einen Flug nach Deutschland. Jetzt muss alles sehr schnell gehen!«

»Aber wir brauchen doch Kamals Unterschrift auf dem Dokument, sonst lassen sie mich nicht ausreisen!«

»Ich habe mit seinem Namen unterschrieben. Mach dir deshalb keine Gedanken.«

Wenn der Schwindel aufflog, würde auch mein Schwiegervater mit dem Gesetz in Konflikt geraten, weil er mich mit falschen Papieren ausgestattet hatte. Ich hoffte und betete, dass mein Sohn und ich unbehelligt das Flugzeug erreichen würden.

Am nächsten Morgen buchte ich unseren Flug für den nächsten Tag und benachrichtigte meine Eltern von unserer bevorstehenden Ankunft, dann fuhr ich ein letztes Mal am Meer entlang nach Hause.

Flucht aus Tunesien

Nun verbrachte ich also die letzte Nacht auf Djerba. Wenn unsere Flucht gelang, würde ich nie mehr hierher zurückkommen. Ich machte mich nach tunesischem Recht der Kindesentführung schuldig, und man würde mich sofort verhaften, wenn ich noch einmal die Insel betreten würde. Sechs Jahre lang war dies hier meine Heimat gewesen, und nun musste ich mich davonschleichen wie ein Dieb.

Ich konnte nicht schlafen, stand auf und schlich mich aus dem Haus. Ein letztes Mal wollte ich den schlafenden Garten sehen, wollte den nächtlichen Frieden spüren und in der Stille das Rauschen des Meeres hören. Auf einer Bank zwischen den dunklen Bäumen saß mein Schwiegervater, als hätte er auf mein Kommen gewartet. »Morgen geht ihr also«, stellte er fest. »Sag mir, welche Dinge möchtest du aus dem Haus mitnehmen?«

»Welche Rolle spielt das denn? Nichts kann ich mitnehmen, das weißt du doch.«

»Ich lasse deine Sachen in einen Container packen und schicke sie dir. Sobald ich weiß, dass ihr sicher angekommen seid, beauftrage ich die Spedition und lasse deinen Besitz nach Deutschland schicken.«

»Das würdest du für mich tun?« Ich schluckte. »Du bist immer sehr gut zu mir und Iskander gewesen. Ich danke dir für alles, was du für uns getan hast«, flüsterte ich.

Wortlos schloss mich der alte Mann in seine Arme, das erste und das letzte Mal, dass er so offen seine Gefühle mir gegenüber zeigte.

»*Wu enti men ahl el-cher!*«, wünschte er mir, als ich mich erhob.

Am nächsten Morgen stand ich zeitig auf. Die beiden Reisetaschen hatte ich schon am Tag zuvor im Kofferraum verstaut. Ich bereitete das Frühstück für Iskander, ich selbst brachte keinen Bissen hinunter.

Auf die Minute pünktlich stand mein Schwiegervater vor der Tür. Er trug einen Einkaufskorb über dem Arm, als wollte er auf dem Markt Besorgungen erledigen. Es würde keine Aufmerksamkeit erregen, wenn wir gemeinsam ins Auto stiegen. Jeder würde vermuten, dass wir nur zum Einkaufen fuhren.

Ich setzte Iskander in seinen Kindersitz und schnallte ihn an. Der Moment des Abschieds war gekommen, aber ich brachte es nicht über mich, noch einmal ins Haus zu laufen, um Amany und meiner Schwiegermutter Lebewohl zu sagen. Sie waren völlig arglos und würden mich bitten, Tee und Gewürze vom Markt mitzubringen, nicht ahnend, dass es ein Abschied für immer war. Diese Vorstellung überstieg meine Kräfte, deshalb nahm ich schnell hinter dem Steuer Platz und fuhr los.

Ein letzter Blick auf unser Haus im Rückspiegel, dann war es hinter einer Sanddüne verschwunden. Ich zwinkerte die Tränen zurück, die mir in die Augen stiegen. Nur nicht die Nerven verlieren! Für das, was mir nun bevorstand, brauchte ich gute Nerven und all meine Kräfte.

Auf dem Flughafenparkplatz drückte ich *baba* die Autoschlüssel in die Hand.

»Gib sie Monsieur Said und sag ihm Adieu von mir!«, bat ich.

»*Binti,* ich sage dir nun auch Lebewohl, denn ich möchte es nicht dort drin vor aller Augen tun. Allah sei mit dir und meinem Enkelsohn und beschütze euch!« In seinen Augen glänzten Tränen, doch er bewahrte seine würdevolle Haltung. »Nun komm, es ist so weit!«

Mein Magen hob und senkte sich, und vor Angst lief mir der kalte Schweiß über den Rücken.

Nachdem wir das Gepäck aufgegeben hatten und die Bordkarten in den Händen hielten, gingen wir hinüber zur Zollkontrolle, die mit zwei streng aussehenden Beamten besetzt war. Ich hatte Iskander fest im Arm und unsere Pässe griffbereit, meinen deutschen und seinen tunesischen. Ich reichte dem Beamten beide Dokumente über den Tresen. Sorgfältig blätterte er Seite für Seite um und verglich aufmerksam unsere Gesichter mit den Passfotos. »Sie reisen allein, Madame? Wohin? Und wo ist Ihr Ehemann?«, fragte er mich.

»Mein Mann arbeitet. Ich besuche für eine Woche meine Eltern. Meine Mutter ist krank«, hauchte ich.

»Sie haben die schriftliche Genehmigung Ihres Ehemannes dabei?« Er musterte mich über den Rand unserer Pässe hinweg. Eilig zog ich das Dokument hervor und reichte es ihm. Er studierte Wort für Wort, dann gab er es zurück. »Sehr schön, Madame, vielen Dank! Ich darf Sie fragen, wo Ihr Ehemann beschäftigt ist? Ich möchte ihn anrufen und selbst befragen!«

Vor Schreck hätte ich fast meinen Sohn fallen lassen. Da trat mein Schwiegervater neben mich und sagte: »*As-slama, ya sayyed*. Ich bin der Großvater dieses Kindes, und seine Mutter ist meine Schwiegertochter. Mein Sohn ist leider verhindert, da er im Hotel unabkömmlich ist, deshalb habe ich sie in seinem Auftrag hierher begleitet. Sie hat seine und meine Erlaubnis für die Reise zu ihrer kranken Mutter.«

Interessiert musterte der Beamte nun meinen Schwiegervater von Kopf bis Fuß, und es entspann sich eine lebhafte Unterhaltung. Mir stand der Angstschweiß auf der Stirn, und ich wagte kaum zu atmen. Schließlich drehte sich der Zöllner zu mir, gab mir die Pässe zurück, nickte wohlwollend und wünschte mir »Bon voyage«. Ich hatte es geschafft! Der Betrug war geglückt.

Ein allerletztes Mal sah ich zurück. Der alte Mann hob noch einmal kurz die Hand zum Gruß, dann drehte er sich um und war in der Menge verschwunden. Ich sank auf einen der Plastikstühle und drückte meinen Sohn fest an mich. Wir waren auf dem Weg nach Deutschland! Noch konnte ich mein Glück kaum fassen. Nur noch 45 Minuten, dann würde unser Flug aufgerufen, und mein Kind und ich wären in Sicherheit.

Noch nie war die Zeit so langsam verstrichen, jede Minute sah ich ungeduldig auf die Uhr, ich fieberte dem Abflug entgegen. Da ertönte eine Lautsprecherdurchsage: «Madame Souhdis, bitte kommen Sie umgehend zur Zollabfertigung! Madame Souhdis, zur Zollabfertigung, bitte!«

Mein Herzschlag stockte, ich war nicht in der Lage, mich zu erheben. Schließlich kam ich auf die Füße und stolperte zurück zum Tresen, an dem mich die beiden Beamten erwarteten. Jetzt verhaften sie dich und nehmen dir dein Kind weg!, zuckte es mir durch den Kopf, und meine Hände flatterten in Panik.

Der Beamte reichte mir mit freundlichem Lächeln die Bordkarten über den Tresen hinweg: »Die haben Sie hier liegen lassen, Madame! Sicher sind Sie sehr in Sorge wegen Ihrer kranken Mutter«, meinte er mitfühlend.

»Ja, sehr!«, murmelte ich und vergaß vor Erleichterung, mich zu bedanken. Mein Puls raste, und ich zählte die Minuten: noch 25 Minuten bis zum Abflug, noch 20, noch zehn, dann wurde unser Flug aufgerufen.

Erst als ich auf meinem Platz saß und mich anschnallte, wagte ich aufzuatmen. Und als sich das Flugzeug endlich in die Luft erhob, fiel alle Spannung von mir ab. Noch immer hielt ich mein Kind an mich gepresst, während ich aus dem Flugzeugfenster einen allerletzten Blick auf meine ehemalige Heimat warf. Einerseits war ich voller Trauer über den Verlust, aber auf der anderen Seite überwog das Glück. Es war vorbei, und obwohl ich so viel verloren hatte, hatte ich das Wertvollste gerettet. Mein tunesisches Abenteuer war nach sechs Jahren zu Ende.

Vierter Teil

Gefahr in Deutschland – Mein Kind bekommst du nicht

Zurück in der Heimat

Mit unseren zwei kleinen Reisetaschen im Gepäck kamen wir in Deutschland an. Meine Eltern, die uns vom Flughafen abholten, waren entsetzt und ungläubig über die katastrophale Wendung, die meine Ehe und mein Leben genommen hatten.

Ich war in einem Strudel der Gefühle und wusste nicht, ob ich lachen oder weinen sollte. Durch den unfassbaren Betrug meines Ehemannes hatte ich von einem Tag auf den anderen nahezu alles verloren: meine bisherige Heimat, unser Haus, meine Arbeit, mein Erspartes, meine Möbel und Kleidung, meinen persönlichen Besitz und für mich unersetzliche Erinnerungsstücke. Aber ich hatte mein Kind bei mir, und das war das Wichtigste.

In meinem Elternhaus war alles für uns vorbereitet. Mein einstiges Kinderzimmer war frisch tapeziert und mit neuen Möbeln ausgestattet worden, ein Bettchen für Iskander stand bereit. Liebevoll kümmerte sich meine Familie um uns, aber ich war tagelang nicht ansprechbar. Während Iskander mit seinem Großvater in den Tierpark ging, lag ich im Bett und weinte mir meine Qualen von der Seele. Zu allem Leid kam noch die Sorge um meinen Schwiegervater. Hatte er wegen unserer Ausreise Ärger mit der Polizei bekommen? Wie würde sein unberechenbarer Sohn reagieren, wenn er von der Hilfe seines Vaters erfuhr? Ob er seinen eigenen Vater anzeigen würde? Ich wusste es nicht.

Mein Magen war wie zugeschnürt, ich brachte keinen Bissen hinunter und verlor rapide an Gewicht. Doch am meisten zu schaffen machte mir das Leid meines Kindes. Er vermisste sein Kindermädchen Aischa und seinen Spielgefährten Karim, er vermisste den Strand und die dort genossene Freiheit. An einem verregneten Morgen fragte er mich, nach einem Blick aus dem Fenster: »Mama, ist es hier immer kalt? Regnet es hier jeden Tag? Gibt es hier kein Meer und keinen Strand? Ich möchte nach Hause!« Mir brach es fast das Herz, als ich sein unglückliches Gesichtchen sah, und ich konnte gerade noch die aufsteigenden Tränen zurückhalten. »Nein, mein Liebling, Strand und Meer gibt es hier nicht, aber dafür gibt es viele andere schöne Dinge. In ein paar Tagen ist Weihnachten, und vielleicht fällt dann Schnee. Dann gehen wir Schlittenfahren, das macht genauso viel Spaß, wie am Strand zu spielen.« Schnee kannte Iskander noch nicht, und er ließ sich nicht durch die Aussicht auf eine Rodelpartie trösten, sondern brach in Tränen aus. Sein Kummer verschärfte den meinen, und ich litt wie noch nie zuvor in meinem Leben.

Insgeheim hatte ich anfangs gehofft, dass Kamal sich melden würde. Sobald das Telefon läutete, setzte mein Herzschlag aus, und ich erwartete, ans Telefon gerufen zu werden. Allerdings wartete ich vergeblich. Es kam kein Anruf, kein Brief, kein Lebenszeichen. Auch von meinen Schwiegereltern hörte ich nichts. Es war, als hätte es diesen Lebensabschnitt für mich nie gegeben, als wäre meine Zeit in Tunesien nur ein Traum gewesen.

Weihnachten kam und ging. Das erste Mal erlebte Iskander ein deutsches Weihnachtsfest, mit Weihnachtsliedern und Familiengottesdienst, mit Klavierspiel und Geschenken unterm Tannenbaum. Wie bestellt, hatte es einige Tage vor Heiligabend geschneit, und am ersten Weihnachtstag stapfte er an der Hand seines Großvaters, mit der anderen fest die Schnur des neuen Schlittens gepackt, zum Rodeln in den Park. Sein Heimweh war vergessen; zu viel Neues und Aufregendes stürmte auf ihn ein.

Ich wünschte mir, dass auch ich vergessen könnte. Doch Nacht für Nacht lag ich wach, und die Gedanken an die Ereignisse auf Djerba vertrieben den Schlaf. Wie konnte sich ein Mensch so sehr verstellen, und das über eine so lange Zeit hinweg? Warum hatte ich nichts davon bemerkt? War ich zu sehr mit mir selbst beschäftigt gewesen? Vielleicht hatte ich nicht sehen wollen, was er wirklich war: ein seelenloser und unbarmherziger Lügner, der für seinen Vorteil über Leichen ging, der für die Durchsetzung seiner Wünsche mich und unser Kind zur Seite stieß.

Nach zwei Wochen hatte ich noch immer nichts aus Djerba gehört, und ich fragte mich insgeheim, ob mein Schwiegervater wohl sein Versprechen halten würde, mir meine persönlichen Dinge nachzuschicken. Mittlerweile zweifelte ich daran, und mir war auch schon der Gedanke gekommen, dass er mir nur deshalb bei der Ausreise geholfen hatte, um endlich seine Ruhe zu haben vor den ständigen Streitereien und dem unentwegten Ehezwist zwischen Kamal und mir.

Im neuen Jahr fasste ich den Entschluss, mir eine Arbeit zu suchen. Erst wenn ich über ein regelmäßiges Einkommen verfügte, wäre ich in der Lage, eine eigene Wohnung anzumieten und mich wieder auf eigene Füße zu stellen. Ich konnte nicht ewig meinen Eltern zur Last fallen, auch wenn sie mir nie das Gefühl gaben, eine Belastung für sie zu sein.

Zusammen mit meinem Bruder und meiner Schwägerin arbeitete ich einen Plan für den Start in mein neues Leben als alleinerziehende, berufstätige Mutter aus. Als Erstes musste ich mich um einen Platz für Iskander im nahe gelegenen Kindergarten bemühen. Als Nächstes mussten Bewerbungsmappen angefertigt werden. Danach würde ich mich bei einem Computerkurs einschreiben und anschließend bei der Arbeitsagentur als arbeitsuchend melden. Ich musste die Stellenangebote in den Zeitungen durchlesen und mich um Bewerbungsgespräche bemühen. Es würde nicht leicht für mich werden, wieder einen normalen Bürojob anzunehmen, nachdem ich jahrelang sozusagen mein eigener Chef gewesen war und ein freies und lockeres Arbeitsleben geführt hatte. Von nun an würde ich meine Mittagspausen wieder in der Kantine verbringen und nicht mehr im Strandrestaurant oder beim Wasserskifahren. Es gäbe keinen Schwatz mehr von Liegestuhl zu Liegestuhl, während wir in den Ruhephasen vor dem Laden saßen und auf Kundschaft warteten. Ab sofort wehte mir wieder der unangenehm scharfe Wind des deutschen Arbeitsmarktes um die Nase, und ich wusste, dass es mir schwerfallen würde, mich reibungslos in den Arbeitsablauf einzufügen.

Mit Iskander an der Hand war mein erster Gang zum Kindergarten um die Ecke. Mein Sohn war sofort vom fröhlich-bunten Äußeren des Gebäudes eingenommen, und auch der Spielplatz mit seinen zahlreichen Rutschen, Karussells, Wippen, Sandkästen und Schaukeln hatte es ihm angetan. Selbst die beiden jungen Erzieherinnen fanden Gnade vor seinen Augen, und problemlos und ohne Aufforderung gesellte er sich zu einer Gruppe spielender Kinder, sodass ich in Ruhe mit den beiden verantwortlichen Damen sprechen konnte. Ich schilderte ihnen in kurzen Worten meine Zwangslage, und sie versprachen, alles zu tun, um Iskander so bald wie möglich in ihrem Kindergarten aufnehmen zu können. Iskander wäre am liebsten gleich dageblieben und konnte sich nur schwer von den neuen Spielkameraden trennen. Ich hoffte, dass wir bald positiven Bescheid bekommen würden, denn dann wäre die erste Hürde genommen, und ich konnte mich um eine Arbeitsstelle bemühen.

Bereits am nächsten Tag rief die Leiterin des Kindergartens an, um Iskanders Aufnahme zu bestätigen. Besonders Iskander jubelte über die Zusage, und auch ich atmete vor Erleichterung auf, weil ich wusste, dass er in guter Obhut sein würde.

Erste Schritte

Die Arbeitsagentur stand als Nächstes auf meiner Liste, die ich Punkt für Punkt abzuarbeiten gedachte. Ich hatte mir telefonisch einen Termin bei einem der Sachbearbeiter geben lassen und wartete nun mit meinen Bewerbungsunterlagen in der Tasche im Besucherraum darauf, aufgerufen zu werden.

Ein junger Mann öffnete die Tür und bat mich, einzutreten. Ich stellte mich vor und erläuterte ihm meine derzeitige Situation. Aufmerksam blätterte er meine Unterlagen durch. Besonders genau studierte er die Zeugnisse, die ich im Marina Club und von Monsieur Kalif erhalten hatte. Dann sah er sich meinen Lebenslauf an. »Ihr Geburtsname lautet Sachs. Sind Sie mit Jonas Sachs verwandt?«

»Aber ja, er ist mein Bruder.«

»Ihr Bruder ist einer meiner Schulfreunde. Wie geht es ihm? Wir haben uns schon länger nicht mehr gesehen. Das letzte Mal bei einem Klassentreffen.«

Nun driftete das Gespräch ab in persönliche Bereiche; wir sprachen über gemeinsame Bekannte und die Schule, die auch ich besucht hatte. Ich schilderte ihm meine derzeitige Notlage, und er versprach, sein Bestes zu tun, um mir schnellstmöglich eine Arbeit zu beschaffen. Mit einem guten Gefühl machte ich mich auf den Nachhauseweg. Bisher verlief der Start ins neue Leben gar nicht so schlecht.

Noch am gleichen Nachmittag klingelte das Telefon. Ich war zu einem Vorstellungsgespräch bei einer der größten Anwaltskanzleien der Stadt eingeladen und sollte dort am nächsten Morgen erscheinen. Ich konnte es kaum glauben. Bisher waren die Prognosen für das schnelle Aufnehmen einer Arbeit eher schlecht gewesen. Freunde und Nachbarn hatten mitleidig abgewinkt, wenn ich von meiner Jobsuche erzählte. Im Moment sah es nicht allzu rosig aus auf dem Arbeitsmarkt, und es war eher unwahrscheinlich, dass jemand wie ich, der jahrelang im Ausland gelebt hatte, schnell eine lukrative Anstellung finden würde.

Voller Hoffnung machte ich mich am nächsten Tag auf den Weg. Die Kanzlei war nur etwa zehn Minuten Fußmarsch von meinem Elternhaus entfernt, und ich nutzte den kurzen Spaziergang, um mich ein wenig zu entkrampfen, denn ich hatte große Angst vor diesem Gespräch und mein Magen zog sich vor Aufregung zusammen.

Die Büroräume befanden sich in einem alten Sandsteinhaus aus dem 18. Jahrhundert. Hohe Stuckdecken, marmorne Stufen und ein schmiedeeisernes Treppengeländer verliehen dem Aufgang eine gediegene Würde. Ich klingelte am mit goldenem Türschild verzierten Eingangsportal und wurde von einer freundlichen Dame ins Wartezimmer geführt.

Nach wenigen Minuten erschien ein schlanker älterer Herr in silbergrauem Anzug mit dunkelblauer Krawatte und passendem Einstecktuch. Er begrüßte mich geschäftsmäßig und führte mich zu einem kleinen Raum, der gemütlich wie ein Wohnzimmer mit Sofa, Sesseln und einem kleinen Kaffeetisch eingerichtet war.

Nachdem wir Platz genommen hatten, musterte er mich mit scharfen Augen, denen nichts entging. Einige Momente verharrten wir in Schweigen, dann fragte er mich, ob ich Kaffee oder Tee wolle. Meine Hände zitterten, und ich war mir nicht sicher, ob ich eine Tasse ruhig zum Mund führen konnte, daher lehnte ich ab und reichte ihm meine Bewerbungsunterlagen.

Minutenlang las er mit wachem Blick Seite für Seite durch und beobachtete mich dabei immer wieder über den Rand der Mappe hinweg. Ich fühlte mich klein und unsicher unter seinen kritischen Blicken und konnte nur hoffen, dass er es nicht bemerken würde.

»Warum möchten Sie für uns arbeiten, Frau Souhdis?«, fragte er schließlich.

»Weil ich ein Kind zu versorgen habe und deshalb dringend Arbeit brauche.« Bevor ich nachdenken konnte, war mir der Satz entschlüpft.

»Das ist natürlich ein gutes Argument«, meinte mein Gegenüber. »Gibt es noch weitere Gründe?«

»Die Arbeit bei Ihnen entspräche meiner Ausbildung. Für eine renommierte Kanzlei wie die Ihre zu arbeiten wäre auch ein Vorteil.«

»Sie haben die letzten Jahre aber nicht in Ihrem Beruf gearbeitet. Trauen Sie es sich denn zu? Unsere Damen arbeiten mit den neuesten elektronischen Geräten, die Bedienung von diversen Computerprogrammen und Internetrecherchen gehören bei uns zum Standard. Außerdem sind Stenografie und auch Fremdsprachenkenntnisse von Vorteil. Wären Sie diesen Anforderungen gewachsen?«

»Ich werde mich noch heute bei einem Computerkurs anmelden«, versprach ich.

»Nun gut. Wenn wir uns über Ihr Gehalt einig werden, sehe ich keinen Grund, Ihnen nicht eine Chance zu geben. Wann könnten Sie anfangen?«

»Sofort, wenn Sie das wünschen.«

»Sie melden sich also noch heute für einen Computerlehrgang an, und ich erwarte Sie morgen um acht Uhr zur Vertragsunterschrift! Sie können dann gleich hierbleiben und mit der Arbeit beginnen.«

Über mein Gehalt waren wir uns nach kurzer Diskussion einig. Ein fester Händedruck, ein kurzes Nicken, und ich war entlassen.

Ich konnte mein Glück kaum fassen – erst gestern hatte ich bei der Arbeitsagentur vorgesprochen, und heute hatte ich gleich beim ersten Vorstellungsgespräch einen Volltreffer gelandet! Mit so viel Erfolg auf Anhieb hatte ich nun wirklich nicht gerechnet. Für einen Moment war ich vor Freude und Begeisterung ganz benommen.

Glück im Unglück, ging es mir durch den Kopf. Vielleicht wollte das Schicksal etwas an mir gutmachen, vielleicht sollte ich durch die kleinen Erfolge, die ich täglich erleben durfte, entschädigt und ein wenig aufgebaut werden. Gebrauchen konnte ich es, denn noch immer hatte ich nichts aus Djerba gehört, hatte keine Nachricht von meiner tunesischen Schwiegerfamilie. Auch Amany meldete sich nicht bei mir, es war, als hätte es sie und unsere Freundschaft nie gegeben. Ich fragte mich tagtäglich, wie es wohl »zu Hause« aussehen mochte. Mein Heimweh war manchmal unerträglich, aber noch unerträglicher war die Vorstellung, dass man mich und mein Kind einfach losgeworden war, dass man uns abgeschoben hatte, weil wir der Familie lästig geworden waren. Vielleicht hatte das alles zum Plan gehört, den Kamal gemeinsam mit seiner Familie ausgeheckt hatte. Diese Gedanken quälten mich in der Nacht und ließen mich nicht zur Ruhe kommen.

Neuigkeiten aus Djerba

Am nächsten Morgen um kurz vor acht Uhr klingelte ich mit schweißnassen Händen bei meinem neuen Arbeitgeber. Anstatt kurzen Hosen, T-Shirt und flatternden langen Haare, die früher zu meiner Arbeitskleidung gehört hatten, trug ich nun einen dunklen Hosenanzug mit weißer Bluse und hatte mein Haar zum Zopf gebunden. Die Aufregung schnürte mir fast den Atem ab, denn mich plagten starke Zweifel, ob ich dem anspruchsvollen und mittlerweile für mich ungewohnten Beruf einer Rechtsanwaltsfachangestellten gewachsen sein würde.

Mein zukünftiger Chef und sein Seniorpartner erwarteten mich bereits mit dem vorgefertigten Vertrag. Noch einmal wurden die Punkte einzeln durchgesprochen, dann setzte ich meine Unterschrift darunter. Erst nach einer sechsmonatigen Probezeit würde sich zeigen, ob ich diese Anstellung behalten würde oder nicht.

Bei einem Rundgang durch die Büroräume wurde ich den zahlreichen Mitarbeiterinnen und Mitarbeitern vorgestellt. So viele neue Namen und Gesichter, die ich auf Anhieb behalten sollte. So viele neugierige Blicke, die mich von oben bis unten musterten.

Schließlich wurde ich einer älteren Dame im schicken Kostüm und mit pfiffiger Kurzhaarfrisur übergeben. Frau Kampner, die Chefsekretärin, sollte sich um meine Einarbeitung kümmern. Ein winziges, düsteres Kämmerchen mit Schreibtisch, Aktenregalen und Computer war meine neue Wirkungsstätte. Ich konnte nicht verhindern, dass meine Gedanken bei diesem Anblick sehnsuchtsvoll zu Monsieur Kalifs luxuriösem, hellem Ladengeschäft schweiften. Wie wohl hatte ich mich dort immer gefühlt! Ob ich hier zwischen meterhohen Aktenschränken und ausladendem Computerbildschirm genauso zufrieden sein würde?

Ich riss mich zusammen und drängte die leise Wehmut zurück, die mich befallen wollte. Monsieur Kalif und meine Zeit in Tunesien waren Vergangenheit, ein für alle Mal. Es war an der Zeit, dass ich lernte, damit abzuschließen und nicht ständig an mein früheres Leben zurückzudenken.

Frau Kampner nahm sich viel Zeit und erklärte mir ruhig und sachlich die verschiedenen Arbeitsvorgänge. Vage erinnerte ich mich an Diktate, Schriftverkehr, Ablage und Postausgang, und erst nach und nach rief ich mir diese Abläufe wieder ins Gedächtnis. Die ersten Stunden meiner neuen Tätigkeit verbrachte ich mit dem Abheften von Schriftsätzen, eine Aufgabe, die ich schon während meiner Ausbildung gehasst hatte. Um kurz nach zehn Uhr steckte Frau Kampner den Kopf ins Zimmer, um mich zur Kaffeepause einzuladen.

Die Kolleginnen machten einen rührigen Eindruck, jemand reichte mir eine Tasse Kaffee und bot mir ein Gebäckstück an. Es herrschte eine gelöste Stimmung, die Gespräche drehten sich um Freizeitaktivitäten und das vergangene Wochenende. Vielleicht wird es ja doch nicht so schlimm werden, dachte ich. Aller Anfang ist ja bekanntlich schwer.

Tagsüber hatte ich kaum Zeit zum Nachdenken, ich war mit meinem neuen Job und mit meinem Kind beschäftigt. Aber nachts überfielen mich die Erinnerungen, und die offenen Fragen nagten an mir und meinem Selbstbewusstsein. War ich früher lebensfroh, sorglos und übermütig gewesen, so war ich jetzt in mich gekehrt, ablehnend und regelrecht menschenscheu. Mein Urvertrauen war zerstört, ich besah alles und jeden kritisch und voller Misstrauen. Ich kapselte mich ab, und nur im Kreis meiner Familie fühlte ich mich sicher und gut aufgehoben.

Als ich an einem Spätnachmittag mit Iskander vom Kindergarten zurückkam, hatte meine Mutter eine überraschende Nachricht für mich: »Lydia ist heute aus dem Urlaub zurückgekommen. Sie war in Tunis. Mounir und sie haben dort geheiratet! Er kommt in wenigen Wochen hierher, um mit ihr zu leben.«

Sie hatte es also wahr gemacht und den Bruder meines Ehemannes geheiratet. Somit war sie meine Schwägerin geworden, und schon bald würde Mounir mit Iskander und mir in der gleichen Stadt wohnen. »Hat sie sonst noch etwas erzählt? War die Familie bei der Hochzeit? Wie haben sie reagiert?« Lydia als Schwiegertochter – *baba* würde im Erdboden versinken!

»Die Familie weiß es noch gar nicht, sie haben es angeblich niemandem erzählt. Sie hat sich in Tunis mit Mounir getroffen, am nächsten Tag sind sie mit den Papieren zum Standesamt gefahren, haben sich dort trauen lassen, und das war's. Es waren keine Gäste dabei, nur sie und ihr Bräutigam.«

Ich konnte mir die Reaktion meiner Schwiegereltern gut vorstellen, wenn sie von diesem Geniestreich ihres Sohnes erfahren würden. Nicht nur hatte er eine Frau geheiratet, die auf der Insel einen denkbar schlechten Ruf genoss, er hatte es nicht einmal für nötig gehalten, seine Familie darüber zu informieren. Der Skandal würde hohe Wellen schlagen, die Verwandten und Nachbarn würden sich wochenlang ihre Mäuler über diese Sensationsmeldung zerreißen. Ein klein wenig Schadenfreude mischte sich in mein Unbehagen. »Wird sie weiterhin mit dir zusammenarbeiten? Oder hat sie nun andere Pläne?«

»Nein, sie will weiterhin arbeiten, und Mounir kommt so schnell wie möglich zu ihr. Er möchte hier leben und arbeiten.«

Seit mehr als sechs Wochen wartete ich nun auf Nachricht aus Tunesien, und die erste Information, die ich von dort erhielt, berichtete über die Hochzeit meines Schwagers mit meiner Kontrahentin. Diese Neuigkeit musste ich erst einmal verdauen.

Um mich abzulenken, studierte ich die Wohnungsinserate in der Zeitung. Ein neues Heim für mich und Iskander, dieses Vorhaben wollte ich als Nächstes in Angriff nehmen. Ein wenig Geld hatte ich ja in Deutschland zur Seite gelegt, es sollte als Grundlage für die Anmietung unserer neuen Bleibe dienen.

Die Hoffnung, dass mein Schwiegervater mir Möbel und persönlichen Besitz schicken würde, hatte ich bereits aufgegeben. Wahrscheinlich hatten sie schon ihre Angel nach einer neuen, tunesischen Schwiegertochter ausgeworfen, die eine reiche Mitgift in die Ehe bringen würde und noch Jungfrau war. Nach ihrem angeblich so sehr geliebten Enkelkind und der fremdländischen Schwiegertochter krähte kein Hahn, anscheinend waren wir schnell in Vergessenheit geraten.

Fortbildung

Nur schwer gewöhnte ich mich an die neue Arbeit und ihre vielfältigen Aufgaben, an den alltäglichen Trott und die Bürotätigkeiten. Bei der »Fortbildungsstätte für Erwachsene« hatte ich mich für verschiedene Computerkurse eingeschrieben, und an drei Abenden pro Woche saß ich nach Feierabend vor dem Bildschirm und ließ mich in die Geheimnisse der Computerarbeit und des Internets einweisen. Anfangs war ich mit Widerwillen zu diesen Schulungen gegangen, die Scheu vor der neuen Technik war groß und mein Selbstbewusstsein derart geschrumpft, dass ich mir nicht vorstellen konnte, einmal unbeschwert und komplikationsfrei am PC arbeiten zu können. Doch nach und nach erwachte mein Interesse, und ich empfand es als Herausforderung, den Tücken der Technik zu trotzen und mir Stück für Stück neues Wissen anzueignen.

Unser Ausbilder war ein ansehnlicher, hochgewachsener, blonder Enddreißiger, er schien der Schwarm der Damenwelt zu sein. Wenn er sich zu einer meiner Mitschülerinnen beugte, um ihr dieses und jenes am Bildschirm zu erklären, fingen die anderen an zu kichern und zu tuscheln. Es gab außer ihm nur noch zwei ältere männliche Kursteilnehmer, daher war er unangefochten der Hahn im Korb. Thema Nummer eins bei der Schulung war, ob er sich wohl in festen Händen befand, da er keinen Ehe- oder Verlobungsring trug.

Mir war er egal, ich hatte kein persönliches Interesse an ihm oder einem anderen Mann. Ich befand mich in einer Art Schwebezustand, fühlte mich nicht mehr verheiratet, aber auch nicht frei und ledig, und allein der Gedanke an eine neue Beziehung verursachte mir Gänsehaut. Der nächste Schritt für mich war der Besuch bei einem Anwalt. Nachdem ich noch immer nichts von meinen Noch-Ehemann gehört hatte, stand mein Entschluss fest, die Scheidung einzureichen.

An diesem Abend hatte der Kurs etwas später als sonst geendet. Als ich endlich zur Haltestelle kam, war mir der letzte Bus vor der Nase weggefahren. Ich würde mich also zu Fuß auf den Heimweg machen müssen. Während ich meine Umhängetasche schulterte, hielt ein Auto neben mir, und unser Kursleiter beugte sich aus dem geöffneten Fenster. »Haben Sie den Bus verpasst?«, fragte er. »Kann ich Sie vielleicht ein Stück mitnehmen?«

Ich zögerte. Einerseits würde ich mir gern den langen Fußmarsch spätabends ersparen, andererseits hatte ich keine Lust auf den Klatsch und Tratsch, die dieser Fahrt folgen würde.

»Nun steigen Sie schon ein! Ich bringe Sie nach Hause.«

Er öffnete von innen die Tür, und ich stieg ein.

»Sie wohnen im Eichenweg, richtig? Das ist ungefähr auch meine Richtung.« Lächelnd sah er mich von der Seite her an.

»Und woher kennen Sie meine Adresse?« Mir war ausgesprochen unbehaglich zumute.

»Von Ihrem Anmeldeformular natürlich.«

»Ah, Sie kennen also die Adressen aller Teilnehmer?«, fragte ich.

»Nein, nur von denen, die ich abends nach Hause fahre«, erwiderte er schlagfertig.

Unwillkürlich musste auch ich lachen. Schon lange hatte ich nicht mehr ungezwungen mit einem Mann gescherzt, mir fehlte ganz eindeutig die Übung.

»Gefällt Ihnen mein Kurs? Macht es Ihnen Spaß?«, versuchte mein Lehrer die Unterhaltung in Gang zu halten.

»Anfangs nicht, jetzt schon. Langsam gewöhne ich mich an Computer, Bildschirm und Maus. Aber leicht ist es nicht.«

»Aber Sie machen Ihre Sache gut. Man merkt, dass Sie mit Interesse und Aufmerksamkeit dabei sind.«

Als er vor meinem Elternhaus hielt, drehte ich mich zu ihm und reichte ihm die Hand: »Danke fürs Mitnehmen! Sie haben mir eine lange Nachtwanderung erspart.«

»Aber gern! Vielleicht möchten Sie ja auch nächstes Mal wieder mitfahren.«

»Nur wenn ich wieder den Bus verpasse.«

»Dafür kann gesorgt werden.« Grinsend winkte er mir zu und fuhr davon.

Am nächsten Vormittag klingelte das Telefon auf meinem Schreibtisch. Ich nahm Block und Stift zur Hand, denn ich nahm an, dass mein Chef mich zum Diktat rufen würde. Eine jugendliche Stimme meldete sich mit »Hallo, hier ist Chris«. Gerade wollte ich ihm erklären, dass er sich wahrscheinlich verwählt hatte, als er schon fortfuhr: »Ihr Kursleiter, Sie erinnern sich? Ich habe Sie gestern nach Hause gebracht.«

»Natürlich erinnere ich mich. So lange ist es ja noch nicht her.«

»Ich bin heute Mittag ganz in Ihrer Nähe und wollte Sie fragen, ob Sie mit mir einen Kaffee trinken gehen möchten?«

»Nein, das geht nicht, ich habe nur dreißig Minuten Pause!«, wehrte ich erschrocken ab.

»Gut, dann eben ein anderes Mal. Ich frage Sie morgen Abend wieder, irgendwann wird es schon einmal klappen.«

Mit einem fröhlichen »Tschüss« legte er auf.

Das war das Letzte, was ich jetzt wollte: mit einem Mann anbändeln und mich in eine neue Beziehung stürzen. Mir steckten noch die letzten Erlebnisse in den Knochen, und ich hatte keine Lust, mich auf neue Sorgen und Nöte einzulassen. Mein Kind war mir das Wichtigste, danach kam meine Familie und die Arbeit, dann das Ordnen meiner verworrenen familiären Verhältnisse. Einen neuen Mann oder eine neue Liebschaft konnte ich momentan nicht gebrauchen.

Kleine Erfolge

Erstaunlich schnell lebte sich mein kleiner Iskander ein. Hatte er anfangs noch nach seiner *nana* Aischa geweint und sich nach Strand, Sonne und seinem Spielkameraden gesehnt, so war er nun voller Begeisterung für Schnee, Kälte und die sich ihm bietenden neuen Freizeitaktivitäten. Warm eingepackt in einem Schneeanzug zog er täglich mit seinem Großvater und dem Rodelschlitten los, um im Park stundenlang die Abfahrten hinunterzusausen. Im elterlichen Garten entstand eine ganze Gruppe von Schneemännern und -frauen, die, mit Karottennasen, Kohleaugen und Besen verziert, unser Haus bewachten. Wenn er mit vor Aufregung geröteten Wangen und leuchtenden Augen von seinen täglichen Erlebnissen berichtete, wusste ich, dass ich die richtige Entscheidung getroffen hatte. Hier wuchs mein Kind in Ruhe und Frieden auf, ohne Bedrohung durch einen unberechenbaren Vater.

Im Kindergarten hatte er viele neue Freunde gewonnen und wanderte jeden Morgen an der Hand meines Vaters, einen kleinen

Rucksack auf dem Rücken und in ernsthafte Gespräche mit dem Großvater vertieft, zur Kinderbetreuung.

In den ersten Wochen wollte er nicht allein schlafen, hatte Albträume und wachte nachts schreiend auf. Oft kam er weinend zu mir ins Bett gekrochen und konnte sich erst wieder beruhigen, wenn ich ihn fest im Arm hielt. Nun war er wieder ein fröhliches und unbekümmertes Kind, das sich in seiner neuen Umgebung sichtlich wohlfühlte.

Auch mein Vater war durch Iskanders Anwesenheit aufgeblüht. Er war eine Zeit lang sehr krank gewesen und schien seinen Lebensmut verloren zu haben. Aber jetzt war er gefordert, und er nahm diese Aufgabe mit großem Ernst und Enthusiasmus an. Vergessen war die Krankheit, er konzentrierte sich ganz auf seinen Enkel und dessen Wohlergehen.

Die Familie war in dieser Zeit zusammengerückt, jeder bemühte sich nach Kräften, mir und Iskander behilflich zu sein. Dieser Beistand, den ich bei jeder Gelegenheit spürte, baute mich auf und gab mir Kraft und Energie. Ohne diese Unterstützung und den Rückhalt vonseiten meiner Familie und meiner Verwandten wäre ich in den schweren Monaten nach meiner Rückkehr aus Tunesien wohl kläglich gescheitert. Sie hielten mir den Rücken frei und sorgten sich um Iskander, sodass ich ohne schlechtes Gewissen meiner Arbeit und meiner beruflichen Weiterbildung nachgehen konnte. Sie erleichterten mir und meinem Kind den Start ins neue Leben.

Als ich an einem Freitagabend Anfang April müde vom Büro nach Hause kam, öffnete meine Mutter mir strahlend die Tür: »Tina, die Spedition hat angerufen. Der Container ist in Frankfurt eingetroffen, muss dort aber noch durch die Zollkontrolle. Was sagst du dazu?«

Ungläubig schaute ich sie an. Fast vier Monate waren wir nun schon in Deutschland, und nach all dieser Zeit ohne ein Lebenszeichen aus Djerba nun endlich diese Nachricht! Ich war sprachlos.

»Ruf doch am besten gleich im Speditionsbüro an und besprich die Einzelheiten.« Meine Mutter schien ganz aus dem Häuschen vor Freude. Sie hatte beobachtet, wie sehr ich unter dem scheinbar gebrochenen Versprechen meines Schwiegervaters gelitten hatte, und war nun offensichtlich erleichtert, dass er sein Wort gehalten und den Container tatsächlich abgeschickt hatte.

An diesem Abend erreichte ich keinen der Speditionsmitarbeiter, aber allein schon das Wissen, dass meine Möbel und mein persönlicher Besitz nun auf deutschem Boden angekommen waren, versetzte mich in Hochstimmung, und ich überlegte, ob ich *baba* anrufen und mich bedanken sollte.

Ich entschied mich für einen Brief. Mühsam formulierte ich einen kurzen Dankesbrief in französischer Sprache und legte dem Schreiben ein Foto von Iskander bei. Vielleicht würde es die Familie freuen zu sehen, dass es ihrem Enkel und Neffen gut ging.

Am nächsten Montagmorgen rief ich im Speditionsbüro an. Es fehlten noch einige Dokumente, unter anderem eine Auflistung des Containerinhalts. Da ich nicht zu sagen vermochte, was mein Schwiegervater gepackt hatte, schien sich daraus ein größeres Problem zu ergeben. Der Container war versiegelt und durfte ohne diese Liste nicht geöffnet werden. Tagelang gingen nun Telefonate zwischen mir und dem Spediteur hin und her, um eine Lösung zu finden. Immer wieder tauchten neue Hindernisse auf, die eine Herausgabe verzögerten.

Nach zwei Wochen waren wir noch genauso weit wie am Anfang, und ich war mit meinem Latein am Ende. Kein noch so geschicktes Verhandeln, kein Bittbrief, nichts hatte geholfen. Meine Sachen standen nach wie vor beim Zoll, und es sah so aus, als wären die Beamten in Frankfurt nicht bereit, den Container passieren zu lassen.

Als letzten Ausweg wandte ich mich an meinen Chef und erzählte ihm von meinem Missgeschick. Ein versierter Anwalt sollte wissen, was in dieser verfahrenen Situation zu tun war. Er zögerte nicht lange und beauftrage einen der jüngeren Anwälte, sich um meinen »Fall« zu kümmern. Beruhigt legte ich die Angelegenheit in die Hände von Dr. Haber, wusste ich doch, dass er sein Bestes tun würde, um mir zu helfen.

Auch Chris, mein Kursleiter, wollte behilflich sein und bot mir an, mich nach Frankfurt zu begleiten, falls ich vorhatte, mich vor Ort um die Herausgabe zu bemühen. Obwohl ich ihm keine Hoffnungen machte, gab er seine Annäherungsversuche nicht auf. Regelmäßig rief er an und lud mich zum Essen oder zu einem Spaziergang ein. Ich mochte Chris und seine offene, ungezwungene Art, erklärte ihm aber immer wieder, dass ich weder Zeit noch Lust auf amouröse Abenteuer hätte. Davon ließ er sich nicht beirren, und nach einer Weile freute ich mich über seine Anrufe und genoss die lustigen Unterhaltungen in flapsigem Ton, die ich mit ihm führen konnte.

Gespannt wartete ich darauf, ob Dr. Haber bei seinen Verhandlungen um die Herausgabe des Containers erfolgreich sein würde. Es brauchte noch einmal zwei Wochen und einen umfangreichen Schriftverkehr, dann erhielt ich die Nachricht, dass man mit der tunesischen Inhaltsliste vorliebnehmen würde und keine zweite Liste erstellt werden musste. Nun sollte der Container geöffnet und sein Inhalt anhand der tunesischen Liste überprüft werden. Wenn diese Besichtigung ohne Beanstandung über die Bühne ging, konnte der Container endlich zu mir geschickt werden. Noch einmal wartete ich eine Woche, dann kam der erlösende Anruf: Unsere Sachen waren nach monatelangem Warten auf dem Weg zu uns!

Nun endlich hatte ich Möbel und das, was von unserer Kleidung und Iskanders Spielsachen übrig geblieben war. Wir konnten uns eine Wohnung mieten und mit dem Einrichten beginnen. Schon lange hatte ich ein Auge auf eine Altbauwohnung in der Nähe des Anwaltsbüros geworfen. Dort standen eine Reihe sanierter Sandsteinhäuser, in denen schöne und bezahlbare Wohnungen zu mieten waren.

Gleich am nächsten Tag machte ich mich in der Mittagspause auf den Weg ins benachbarte Vermietungsbüro, um mich als Interessentin anzumelden. Meine Personalien wurden aufgenommen, und dann drückte man mir ohne Weiteres den Schlüssel zum Objekt meiner Begierde in die Hand.

Im neuen Heim

Voller Ungeduld fieberte ich dem Feierabend entgegen. Ich konnte es nicht erwarten, die Wohnung zu besichtigen, an der ich jeden Tag auf dem Weg zur Arbeit vorbeikam. Seit Wochen stand sie leer, es hatte sich offenbar noch kein Mieter dafür gefunden.

Pünktlich auf die Minute packte ich Mantel und Tasche und rannte zur Tür hinaus. Nur einen Block weiter war ich am Ziel: ein Haus mit schlichter Fassade und einer altertümlichen schweren Holztür. Ich schloss auf, trat ins Treppenhaus und sah mich um. Einfach, sauber und gepflegt, wie ich es erwartet hatte. Ich stieg in den ersten Stock und öffnete die Wohnungstür. Vor mir lag ein langer, breiter Gang, von dem zahlreiche Türen abgingen. Hohe Decken, große Fenster, ein altmodischer schmiedeeiserner Balkon, ein geräumiges Wohn- und helle Schlafzimmer. Von der Küche aus sah ich in einen weitläufigen Garten. Die Räume strahlten Ruhe und freundliche Helle aus. Es war einfach perfekt; hier würden Iskander und ich ein neues Zuhause finden.

An diesem Abend teilte ich meinen Eltern mit, dass ich die ideale Wohnung für uns gefunden hatte und sobald als möglich den Mietvertrag unterschreiben würde. Es war schön, bei meinen Eltern zu sein, aber ich wollte mich doch gern wieder in meinen eigenen vier Wänden niederlassen.

Am nächsten Mittag brachte ich die mir überlassenen Schlüssel zurück und teilte der Hausverwalterin mit, dass ich die Wohnung mieten wollte. Innerhalb von zwei Tagen war der Vertrag ausgefertigt und unterschrieben. Nun hatten Iskander und ich unser eigenes kleines Reich.

Auch unser lang erwarteter Container war endlich eingetroffen. Wir hatten ihn einstweilen in der Werkstatt eines Freundes untergestellt, und ich brannte schon darauf, seinen Inhalt zu inspizieren. Bereits in vier Wochen sollten wir in unser neues Heim übersiedeln, und bis dahin gab es noch viel zu organisieren.

Mein Computerkurs näherte sich dem Ende. Nur noch zwei Abende, dann war auch diese Hürde genommen. Ich schreckte nicht mehr vor der Bedienung des PCs zurück, denn ich hatte gelernt, mit verschiedenen Programmen und Techniken umzugehen, und daran sogar Vergnügen gefunden.

Chris hatte hartnäckig weiterhin Flirtversuche unternommen, bis ich schließlich am Ende des Kurses zustimmte, mit ihm zum Essen zu gehen. Bei Nasi Goreng und Yi Shang Shu erklärte ich ihm ein weiteres Mal in aller Deutlichkeit, dass ich kein Interesse an einer wie auch immer gearteten Beziehung hatte. Er versuchte zu argumentieren, aber ich ließ mich auf keine Diskussion zu diesem Thema ein. Schließlich kamen wir überein, in Kontakt zu bleiben und uns gelegentlich zum Essen zu treffen.

Noch immer litt ich unter den Folgen der Trennung. Besonders bitter war für mich, dass mein Ehemann keinerlei Interesse an seinem Sohn zeigte. Nicht ein einziges Mal hatte er angerufen oder geschrieben, es war, als hätte er mich und sein Kind aus seinem Leben und seinen Erinnerungen gelöscht. Ich konnte mir keinen einzigen Tag ohne die Gegenwart meines Kindes vorstellen, wie hätte ich es ertragen können, über Wochen und Monate von ihm getrennt zu sein, ohne das geringste Lebenszeichen? Allein bei diesem Gedanken kamen mir die Tränen. Auch von Amany war ich zutiefst enttäuscht: Sie, die mich »Schwester« genannt und mir so oft ihre Freundschaft versichert hatte, hatte mich im Stich gelassen und meldete sich nicht. Der Schmerz darüber saß fast genauso tief wie der über den Betrug durch meinen Mann.

Ich hatte mir fest vorgenommen, nach meinem Umzug einen Anwalt aufzusuchen, um die Scheidung einzureichen. Mit einem kriminellen Heiratsschwindler und Betrüger wollte ich nicht länger verheiratet sein. Ich wollte das alleinige Sorgerecht für mein Kind beantragen und dieses leidvolle Kapitel meines Lebens endlich abschließen. Doch ich musste Schritt für Schritt planvoll vorgehen, weil ich wusste, dass ich für die Scheidung einen freien Kopf brauchen würde.

Da ich meine Neugierde nicht zügeln konnte, hatte ich schon einmal einen Blick in den Container geworfen. Mein Schwiegervater hatte an alles gedacht: Kleidung, Lampen, Spielsachen, Porzellan, Nippes, Küchen- und Haushaltsgeräte, Bilder, Kleinmöbel und der klägliche Rest, der von meinen Büchern übrig geblieben war. Sogar meine Fotoalben hatte er nicht vergessen.

In Gedanken bat ich ihn um Verzeihung dafür, dass ich an ihm und seiner Aufrichtigkeit gezweifelt hatte. Ich war froh und erleichtert, meine wenigen persönlichen Besitztümer vor mir ausgebreitet zu sehen. Nur ein kleiner Teil war mir geblieben, den Rest hatte mein Mann auf dem Scheiterhaufen seines Hasses verbrannt.

Die Suche nach den richtigen Möbelstücken für unser neues Zuhause lenkte meine trübsinnigen Gedanken in eine andere, fröhlichere Richtung. Jeden Abend zog ich von Geschäft zu Geschäft, um nach passenden Einrichtungsgegenständen und Accessoires Ausschau zu halten. Fast immer war ich erfolgreich, und so trug ich Stück für Stück unsere neue Ausstattung zusammen. Da ich genau auf meine Ausgaben achten musste, schlug ich so manch reizvolles Angebot aus und entschied mich für ein günstigeres Objekt. Aber mit etwas Fantasie und Kreativität würde ich uns ein ansprechendes und gemütliches Heim schaffen, auch ohne großen finanziellen Aufwand.

Meine Mutter und Silvia, meine Schwägerin, waren mit der gleichen Begeisterung bei der Sache. Schon jetzt häuften sich Vorhang- und Dekorationsstoffe in meinem Elternhaus, bunte Flickenteppiche und Kinderspielsachen stapelten sich in den Ecken. Meine Familie war im Umzugsfieber, alle brannten darauf, endlich loslegen zu können.

Und dann war es so weit, die Schlüssel wurden an mich übergeben, und ich hatte endlich wieder eine eigene Wohnung. Noch am gleichen Abend schleppten wir Teppiche, Vorhänge und Lampen die Treppen hinauf. Für das bevorstehende Wochenende war das große Räumen geplant, ein Kleinlaster und mehrere Pkws standen bereit, um unsere Einrichtungsgegenstände anzuliefern. Mein Bruder Jonas und einige Freunde und Nachbarn hatten sich für den Möbeltransport angeboten.

Schon am frühen Samstagmorgen wartete ich in der neuen Wohnung auf die fleißigen Helfer. Bald herrschte im Haus geschäftiges Kommen und Gehen, und ein Stück nach dem anderen fand seinen Weg in unser neues Heim. Bereits um die Mittagszeit waren alle Möbelstücke, Kisten und Kartons in der Wohnung verstaut, und der Aufbau konnte beginnen. In jedem Zimmer wurde geschraubt, gehämmert und vermessen. Lampen wurden angebracht, Regale in die Wand gedübelt und Schränke aufgestellt. In rasantem Tempo nahm alles Form und Gestalt an.

Meine Mutter, die abends mit Iskander und einem gigantischen Picknickkorb vor der Tür stand, wurde mit lautem Beifall empfangen. Im Nu waren einige Handtücher auf dem Boden ausgebreitet, und alle stürzten sich heißhungrig auf den mitgebrachten Imbiss. Mit Limonade und Bier stießen wir auf die neue Wohnung an und merkten erst jetzt, wie erschöpft und ausgepumpt wir eigentlich waren.

Nach dem Essen verabschiedete sich unser Team, und Iskander und ich blieben zurück, um die erste Nacht in unserem neuen Zuhause zu verbringen.

Unerwarteter Besuch

In wenigen Monaten hatte ich, mit der Unterstützung meiner Familie, einiges geschafft: Ich hatte eine gute Arbeitsstelle und einen Platz in der Kinderbetreuung gefunden, ich hatte eine Wohnung angemietet und eingerichtet.

Nun blieb nur noch eines zu tun: einen Anwalt aufzusuchen und die Scheidung einzureichen. Obwohl mein Mann mir so viel Leid zugefügt hatte, zögerte ich diesen letzten Schritt immer wieder hinaus. Eine Rechtfertigung dafür gab es nicht. Tief in meinem Innern hatte ich monatelang gehofft, dass er den Kontakt zu mir und seinem Kind suchen und es eine Erklärung für sein unglaubliches Verhalten geben würde. Nach sechs Monaten hatte ich alle Hoffnung begraben, dass es jemals zu einer Aussprache zwischen uns kommen würde. Jegliche Verbindung war gekappt, mit Erklärungen oder gar einer Entschuldigung konnte ich nicht mehr rechnen.

Wie ich ja bereits wusste, hatte Lydia ihren Ehemann Mounir nach Deutschland geholt und lebte mit ihm in meiner Heimatstadt. Von beiden hatte ich aber seit unserem letzten Zusammentreffen nichts gehört oder gesehen. Einerseits war ich froh darüber, andererseits konnte ich nicht verstehen, dass Mounir, dem ich jahrelang in Freundschaft verbunden gewesen war und der Iskander so offensichtlich mochte, sich nie um Kontakt zu uns bemühte.

An einem Samstagnachmittag im Frühsommer waren wir bei meinen Eltern eingeladen. Iskander konnte keinen Tag ohne seinen geliebten Großvater sein. Die beiden waren unzertrennlich, sein Großvater war der Vaterersatz für mein Kind. Für diesen Nachmittag hatten sie einen Besuch im Schwimmbad geplant und waren gleich nach dem Mittagessen losgezogen. Ich hatte mich mit einem Buch in den Garten zurückgezogen, meine Mutter war mit Rosenschneiden und -binden beschäftigt.

Alles war still und friedlich, als es plötzlich an der Haustür Sturm läutete. Da wir keinen Besuch erwarteten, zögerten wir einen Moment. Die Klingel schrillte weithin hörbar. Offensichtlich hatte es jemand eilig, mit uns zu sprechen. Ich sprang von meiner Liege auf, lief zur Tür und öffnete.

Vor mir stand Kamal, den Finger fest auf dem Klingelknopf, die blutunterlaufenen Säuferaugen zusammengekniffen und mit einer übelriechenden Schnapsfahne im Gepäck. »Wo ist mein Sohn?«, herrschte er mich an.

Erschrocken zuckte ich zurück und versuchte, die Tür zu schließen, aber er war schneller und schob seinen Fuß dazwischen. Dann stieß er mich zur Seite und drängte sich ins Haus.

»Ich habe gefragt, wo du meinen Sohn versteckt hältst!«, brüllte er mich mit heiserer Stimme an.

Ich war vor Schreck und Angst immer noch wie versteinert. Meine Mutter war inzwischen aus dem Garten ins Haus getreten, und auch sie blieb wie angewurzelt stehen, als sie sah, wer da zu Besuch gekommen war.

»Iskander, komm zu deinem Vater! Komm her, mein Junge!«, grölte mein Mann nun in voller Lautstärke.

»Er ist nicht hier«, flüsterte ich verängstigt.

»Lüg mich nicht an, du Verbrecherin! Du hast meinen Sohn entführt, und ich hole ihn mir jetzt zurück. Iskander, komm zu mir!«

»Bitte glaub mir doch, Iskander ist nicht hier!«, versuchte ich es noch einmal in ruhigem Ton.

Da holte er weit aus und fegte mit Schwung Vase, Blumen und Obstschale mit Inhalt vom Wohnzimmertisch. Alles flog quer durchs Zimmer, Glas und Porzellan zerbrachen mit lautem Klirren auf dem Parkett. Panisch wichen meine Mutter und ich noch weiter zurück, während mein Mann uns weiter aufs Schlimmste beleidigte, auf den Scherben und dem matschigen Obst herumstampfte und immer weiter brüllte und wütete.

Mit den Augen versuchte ich meiner Mutter zu signalisieren, dass sie sich aus dem Zimmer schleichen sollte, um Hilfe zu holen. Vorsichtig bewegte sie sich Zentimeter um Zentimeter auf den Ausgang zu. Kamal schien es nicht zu bemerken, er war zu sehr mit sich und seiner Wut beschäftigt. Ich versuchte, den Tobenden abzulenken: »Bitte beruhige dich und lass uns in Ruhe reden.«

»Reden! Das ist alles, was du kannst, dumm quatschen und meinen Sohn entführen! Aber damit ist jetzt Schluss!« Er hob eine Glasscherbe vom Boden auf und fuchtelte damit vor meinem Gesicht herum. Mir brach der Angstschweiß aus allen Poren, und ich hoffte, dass mir schnell jemand zu Hilfe kam. Zudem befürchtete ich, dass mein Vater mit Iskander nach Hause kommen und meinem Mann in die Arme laufen würde. Was dann passieren mochte, daran wagte ich nicht zu denken.

Während Kamal laut vor sich hin schimpfend im Zimmer auf und ab lief, lauschte ich immer wieder nach draußen. Nach einer kleinen Ewigkeit vernahm ich Stimmen, und gleich danach wurde die Tür aufgerissen. Zwei uniformierte Beamte standen im Raum. Mit einem Blick registrierten sie die zerbrochenen Gegenstände und das Durcheinander und bemerkten die glitzernde Scherbe, die mein Mann noch immer in der Hand hielt. Beruhigend sprach einer der Beamten auf ihn ein, während er langsam auf ihn zuschritt. Kamal starrte mich die ganze Zeit an, sein Hass auf mich schien jede andere Wahrnehmung auszublenden. Mit einer geschickten und flinken Bewegung nahm der Polizist ihm die Waffe aus der Hand und drehte ihm den Arm auf den Rücken. Sofort fing mein Mann wieder an zu toben und um sich zu schlagen, sodass auch der zweite Polizist eingreifen musste. Nur mit Mühe konnten sie ihn gemeinsam festhalten. Beide sprachen weiterhin in ruhigem Tonfall auf ihn ein und nach einigen Minuten erlahmte sein Widerstand. »Wir werden Ihren Mann zur Wache mitnehmen«, meinte der Polizist. »Wir müssen ein Protokoll anfertigen. Wir benötigen auch Ihre Aussage, Frau Souhdis!«

Während er mit mir sprach, gelang es meinem Mann plötzlich, sich zu befreien. Ich sah nur noch aus den Augenwinkeln, wie er einen Gegenstand in meine Richtung schleuderte. Ein hartes Etwas traf mich mit voller Wucht unter dem linken Auge, und ich taumelte zurück. Meine Wange brannte wie Feuer. Auf dem Boden lag sein Ehering, den ich ihm geschenkt hatte.

»Jetzt reicht es! Wir nehmen Sie mit, und Sie können in der Ausnüchterungszelle erst einmal Ihren Rausch ausschlafen!« Nun hatten auch die beiden Beamten genug. Mein Mann bekam Handschellen angelegt und wurde aus dem Zimmer gezerrt.

Ich legte die Hand vorsichtig auf meine schmerzende Wange und spürte, wie sie anschwoll.

»Sie sollten einen Arzt aufsuchen«, riet der Polizist. »Und wenn Sie uns noch brauchen, hier ist unsere Karte.« Er legte sie vor mir auf den Tisch.

Ich konnte nur nicken und ein leises »Danke« hauchen.

Bedrohung und Angst

Als die Polizei mit meinem Ehemann im Schlepptau abgezogen war, reinigte meine Mutter die blutende Wunde an meiner Wange und bestrich sie mit kühlender Salbe. An der linken Gesichtsseite, wo mich der Ring getroffen hatte, war die Haut aufgeplatzt, und es wuchs ein dunkles Hämatom. Noch immer waren wir beide wie betäubt.

»Welch ein Glück, dass Iskander nicht hier war!« Meine Mutter sprach laut aus, was mir ständig durch den Kopf ging. »Wie lange hält er sich wohl schon in der Stadt auf? Ob er bei seinem Bruder untergekommen ist? Er wird bestimmt wiederkommen und Iskander holen.« Nur mit allergrößter Mühe konnte ich die aufsteigende Panik unterdrücken.

Von nun an würden wir mein Kind regelrecht bewachen, das nahm ich mir fest vor. Keine Sekunde durfte er aus den Augen gelassen werden, und wir mussten ständig und in jeder Situation damit rechnen, dass mein Mann und sein Bruder versuchen würden, ihn zu entführen.

Wie praktisch für Kamal, dass er vor Ort eine Anlaufstelle hatte! Sein Bruder und dessen Frau würden ihn bei seinen illegalen Vorhaben unterstützen, und Lydia war sicher zu allem bereit, um mir Schaden zuzufügen. Vielleicht hatte sich mein Mann schon seit Wochen bei seinen Verwandten eingenistet, hatte uns und unsere Gewohnheiten ausgespäht und wartete nur auf einen günstigen Moment, um sich seinen Sohn zu greifen und nach Tunesien verschleppen zu können. Bei diesen Gedanken wurde mir speiübel.

Um mich abzulenken, machten wir uns daran, die Glassplitter aufzufegen und das Zimmer zu säubern. Meine Gedanken kreisten trotzdem um das soeben Erlebte. Manchmal hatte ich mir ja heimlich gewünscht, dass mein Mann plötzlich vor der Tür stehen würde. Allerdings hatte ich dabei eher an versöhnliche Gespräche gedacht. Dass er aber mit einer Scherbe bewaffnet auf mich losgehen würde, das war mir nicht in den Sinn gekommen. Auch eine geplante Kindesentführung hatte bislang außerhalb meines Vorstellungsvermögens gelegen.

Mein Vater war außer sich, als er nach seiner Heimkehr von dem Zwischenfall erfuhr. Nur mit Mühe konnten meine Mutter und ich ihn daran hindern, sofort zur Polizei zu fahren und eine Anzeige wegen Hausfriedensbruchs gegen seinen Schwiegersohn zu erstatten.

Abends, nachdem Iskander in seinem Bettchen eingeschlafen war, saßen meine Eltern und ich noch lange zusammen. Ich traute mich nicht, nach Hause zu fahren, obwohl ich wusste, dass Kamal die Nacht in der Ausnüchterungszelle verbrachte. Mir steckte der Schreck noch so tief in den Knochen, dass ich beschloss, die Nacht in der Obhut meines Elternhauses zu verbringen.

Iskander würde die nächsten Tage auf den Besuch seines geliebten Kindergartens verzichten müssen. Erst einmal wollten wir abwarten, wie sich der Fall »Kamal« weiterentwickeln würde. Am

Montag würde ich bei der Polizei meine Aussage zu Protokoll geben und ihn wegen Körperverletzung anzeigen. Und ich wollte erfahren, ob er vorhatte, weiterhin in Deutschland zu bleiben, und vor allem, wie lange.

Ich hatte geglaubt, dass unser Leben nun in ruhigen Bahnen verliefe, und hatte mir so viel Mühe gegeben, eine gesicherte Existenz für mich und mein Kind aufzubauen. Mit dem Auftauchen meines Mannes wurde alles bisher Erreichte infrage gestellt, denn ich hatte nicht damit gerechnet, dass er Ansprüche auf seinen Sohn anmelden würde, den er bisher so konsequent ignoriert hatte.

Am Montagmorgen folgten mir im Büro neugierige Blicke. Auf meiner Wange prangte ein Hämatom in leuchtenden Farben, das trotz des dick aufgetragenen Make-ups gut zu erkennen war.

»Ein kleiner Unfall,« murmelte ich, als man mich darauf ansprach. Es sah allerdings nicht so aus, als würden meine Kollegen dieser Aussage Glauben schenken, und ich hörte das aufgeregte Getuschel hinter meinem Rücken.

Den Nachmittag hatte ich mir freigenommen, um meine Aussage bei der Polizei zu machen. Eine junge Beamtin in Zivil holte mich aus dem Wartezimmer ab und brachte mich in ihr Büro. Ich war nun ruhiger, da es mir sicher leichter fallen würde, mit einer Frau diese Peinlichkeiten zu besprechen. Auch wenn deren Kollegen sehr freundlich und hilfsbereit gewesen waren, war es für mich doch einfacher, mich einer Frau anzuvertrauen.

Die Kommissarin stellte sich mit Namen und Titel vor und begann behutsam, mich nach den Ereignissen des vergangenen Samstags zu befragen. Zwischen uns auf dem Tisch lief ein Aufnahmegerät und zeichnete unser Gespräch auf. Stockend erzählte ich meine Version der Geschichte. Am Ende angekommen, konnte ich es mir nicht verkneifen zu fragen, was mit meinem Ehemann passiert war und wo er sich nun aufhielt.

»Ihr Mann war bei seinem Bruder und seiner Schwägerin zu Besuch. Wir haben ihn gestern Mittag nach der Vernehmung dorthin gebracht und ihn und seine Angehörigen eindringlich davor gewarnt, sich in kriminelle Handlungen verwickeln zu lassen. Frau Souhdis, ich will Ihnen nicht verheimlichen, dass Ihr Mann Drohungen gegen Sie und Ihre Familie ausgestoßen hat. Er hat die ganze Zeit davon gesprochen, dass sein Sohn ihm gehört und in Tunesien aufwachsen soll. Ihre Anzeige wird er als Kriegserklärung auffassen, und er wird versuchen, sich Ihres Sohnes zu bemächtigen. Ich kann Ihnen nur raten, gut auf sich selbst und Ihr Kind achtzugeben und diese Angelegenheit keinesfalls auf die leichte Schulter zu nehmen.«

»Was heißt: Er *war* bei seinem Bruder zu Besuch? Wo ist er jetzt?«

»Das wissen wir nicht, tut mir leid. Ihr Mann hat, laut Aussage seines Bruders, gestern Abend die Stadt verlassen. Aber er scheint sich weiterhin in Deutschland aufzuhalten.«

Übelkeit stieg mir die Kehle hoch. Diese Nachricht war schlimmer als erwartet. Bisher hatten wir wenigstens gewusst, wo er sich aufhielt, doch nun war er verschwunden, und niemand wusste, wann und wo er wieder auftauchen würde.

»Noch einmal, Frau Souhdis, halten Sie in den nächsten Wochen und Monaten die Augen auf! Setzen Sie Ihr Umfeld davon in Kenntnis, welche Gefahr Ihrem Kind droht! Sie müssen die Erzieherinnen im Kindergarten und am besten auch Ihre Nachbarn informieren, damit diese ein Auge darauf haben, wer sich in Ihrer Gegend herumtreibt. Sollte Ihr Mann Mittel und Wege finden, Iskander in seine Gewalt zu bekommen, wird es schwer, ihn zurückzuholen. Und sollte es ihm gelingen, das Kind nach Tunesien zu bringen …«

Sie sprach den Satz nicht zu Ende, doch mir war klar, was das bedeutete: Wenn Iskander einmal in Tunesien war, würde es so gut wie unmöglich sein, ihn dort wieder herauszuholen.

Zu all meinen alltäglichen Sorgen und Nöten war nun eine weitaus bedrohlichere hinzugekommen. Von nun an würde ich keine ruhige Minute mehr haben, würde mich um mein Kind sorgen, sobald ich es nicht in meiner Nähe wusste. Tag und Nacht würde mich die Angst begleiten, es auf Nimmerwiedersehen zu verlieren.

Telefonterror und Stalking

Noch in der gleichen Nacht begann der Telefonterror. Aus Angst hatte ich mich entschlossen, für ein paar Tage bei meinen Eltern zu bleiben. An diesem Abend klingelte das Telefon meiner Eltern im Minutentakt. Sobald wir uns meldeten, wurde aufgelegt. Nach einer Stunde und etwa zwanzig Anrufen wurde es meinem Vater zu viel, und er zog den Stecker aus der Dose. Zwar herrschte jetzt Ruhe, aber wir waren nun für niemanden mehr erreichbar. Und kaum war das Telefon eingesteckt, ging das Spiel von vorn los.

Wenn wir vergaßen, nachts den Apparat auszustöpseln, wurden wir spätnachts durch Anrufe geweckt, bei denen laut in die Sprechmuschel geatmetet wurde, sich aber niemand meldete. Nach einigen Tagen beschloss mein Vater, dem Ganzen ein Ende zu bereiten und eine geheime Telefonnummer zu beantragen, die nirgends gelistet werden sollte. Zehn Tage würde es dauern, bis die neue Nummer einsatzbereit war, so lange mussten meine Eltern die Stalking-Anrufe ertragen.

Ich hatte in der Zwischenzeit unsere nächsten Nachbarn und die Erzieherinnen im Kindergarten über die Bedrohung informiert. Alle versicherten, aufmerksam die Umgebung zu beobachten und uns sofort Bescheid zu geben, falls ihnen etwas Ungewöhnliches auffallen würde.

Da ich die Gastfreundschaft meiner Eltern nicht auf Dauer in Anspruch nehmen wollte, entschloss ich mich nach einer Woche, wieder in meiner Wohnung Quartier zu nehmen. Bereits am ersten Abend klingelte nun hier das Telefon ohne Unterlass. Klingeln, abnehmen, auflegen, klingeln, abnehmen, auflegen, in diesem Rhythmus ging es stundenlang, bis ich den Hörer beiseitelegte.

Spätnachts läutete es Sturm an der Tür. Schlaftrunken taumelte ich zur Sprechanlage, aber niemand antwortete. Kaum hatte ich mich wieder hingelegt, klingelte es erneut lang anhaltend. Schon hörte ich, dass mein Nachbar gegenüber wach geworden war und im Treppenhaus wartete. Als es erneut klingelte, sprintete er nach unten, und ich hörte, wie er die Eingangstür aufriss und dem davoneilenden Ruhestörer hinterherschimpfte.

Mein Mann hatte ganz offensichtlich unsere neue Adresse ausfindig gemacht, obwohl wir nirgends gelistet waren. Das konnte nur bedeuten, dass er mich hatte beobachten lassen. Meine Unruhe und Besorgnis wuchsen.

Tagelang hielt der Telefon- und Klingelterror an. Mein Nachbar informierte mich, dass er einen südländisch aussehenden Mann im Treppenhaus gesehen und ihn angesprochen habe. Dieser sei jedoch wortlos davongelaufen.

Noch immer wagte ich es nicht, Iskander in den Kindergarten zu bringen, sondern ließ ihn tagsüber in der Obhut meiner Eltern, wo ich ihn sicher und gut aufgehoben wusste. Ein Anruf der Erzieherin überzeugte mich von der Richtigkeit dieser Entscheidung. Ein Mann mit starkem Akzent und orientalischem Äußeren hatte im Kingergarten vorgesprochen und sich nach Iskander erkundigt. Man hatte ihm jegliche Auskunft verweigert und ihn vor die Tür gesetzt. Er war jedoch nach einer Stunde noch einmal wiedergekommen und hatte sich auf der gegenüberliegenden Straßenseite postiert, um die spielenden Kinder zu beobachten.

Nun reichte es mir. Ich war außer mir vor Angst und Sorge und machte mich umgehend auf den Weg zum Polizeipräsidium. Die mit meinem Fall betraute Kommissarin hörte sich aufmerksam an, was ich vorzutragen hatte, und machte sich schriftliche Notizen. Helfen konnte sie mir allerdings nicht. »Wir wissen nur, dass Ihr Mann sich noch immer in Deutschland aufhält. Wir haben eine Zollabfrage gemacht. Aber wo er steckt, und bei wem …«

»Und es gibt nichts, was Sie unternehmen können?« Ich war am Rande der Verzweiflung und konnte nicht glauben, dass wir diesem Psychoterror hilflos ausgesetzt waren.

»Beantragen Sie eine Geheimnummer und öffnen Sie abends nicht mehr die Tür! Haben Sie eine Freundin, die für ein paar Tage bei Ihnen wohnen kann? Mehr kann ich Ihnen nicht raten. Außerdem werde ich veranlassen, dass nachts gelegentlich eine Streife an Ihrem Haus vorbeifährt. Und wir werden Ihrer lieben Verwandtschaft noch einmal einen Hausbesuch abstatten. Aber wir können nur tätig werden, wenn ein tatsächlicher Angriff vorliegt.«

Viel war es nicht, was sie für mich tun konnte, aber sie versuchte ihr Möglichstes. Es musste offensichtlich erst zum Äußersten kommen, bevor die Polizei eingreifen konnte.

Meine Angst steigerte sich derart, dass ich mich kaum noch auf meine Arbeit konzentrieren konnte. Ich hatte mir ein Handy besorgt, und mindestens zehnmal am Tag informierte ich mich, ob mein Kind wohlauf und in Sicherheit war. Bei jedem Klingeln des Telefons zuckte ich nervös zusammen. Abends stand ich stundenlang am Fenster und beobachtete das Treiben auf der Straße. Dieser Mann dort unten, warum bleibt er stehen und starrt zu unseren Fenstern hoch? Ach nein, er zündet sich nur eine Zigarette an. Und dieser dort, der am Straßenrand lauert? Er wartet nur auf eine Mitfahrgelegenheit.

Langsam wurde ich vor Angst regelrecht panisch. Ich lag nächtelang wach, und wenn ich einschlief, schreckte ich bei jedem Geräusch hoch. Sobald ich Schritte im Flur hörte, sprang ich aus dem Bett, um an der Tür zu lauschen und aus dem Fenster zu spähen. Das Mobiltelefon lag immer in Reichweite, die Notrufnummer der Polizei war eingespeichert. Außerdem hatte ich mir einen Apparat mit Rufnummernanzeige gekauft, in der Hoffnung, den nächtlichen Anrufer auf frischer Tat zu ertappen.

Eines Nachts war es dann so weit. Kurz nach ein Uhr klingelte das Telefon. Auf dem Display erschienen eine Neu-Ulmer Vorwahl und die Telefonnummer. Rasch hatte ich sie mir notiert und den Hörer abgenommen. Eine lallende Frauenstimme beschimpfte mich mit den übelsten Schimpfwörtern und drohte mir: »Wir bringen dich um, du miese Schlampe, und nehmen dir dein Kind weg! Wir schlitzen dich auf, stechen dir die Augen aus und schneiden dir den Kopf ab!«

Angewidert, aber gleichzeitig erleichtert, knallte ich den Hörer auf die Gabel. Nun hatte ich endlich einen Anhaltspunkt, eine Telefonnummer im weit entfernten Neu-Ulm! Von dort aus kamen die nächtlichen Bedrohungen! Jetzt konnte die Polizei tätig werden.

Am nächsten Tag gab ich die Informationen an die zuständige Beamtin weiter, und sie versprach, sich umgehend darum zu kümmern. Bereits einen Tag später kündigte sie ihren Besuch bei mir an, um mir die Ergebnisse ihrer Recherche mitzuteilen. Dass sie so schnell gehandelt hatte, zeigte mir, dass sie die Bedrohung durch meinen Mann und seine Kumpanen durchaus ernst nahm. Die Neu-Ulmer Kollegen hatten anhand der Telefonnummer die Adresse ausfindig gemacht und waren zu einem unangemeldeten Besuch dort erschienen, in der Hoffnung, meinen Mann anzutreffen. Unter dieser Anschrift hatten sie aber nur ein Ehepaar mittleren Alters angetroffen, das angab, meinen Mann im Urlaub auf Djerba kennengelernt zu haben. Er hatte sie vor Kurzem besucht, war aber bereits wieder abgereist. Als die Polizeibeamten ihnen meine Beschuldigung vorhielten, gaben sie zu Protokoll, dass es sich um einen »Scherzanruf« gehandelt habe. Die Polizei verwarnte sie nachdrücklich und informierte sie über die Strafanzeige, die ich gegen sie gestellt hatte.

Mir wollte nicht in den Kopf, aus welchem Grund sich unbeteiligte Dritte in derart kriminelle Intrigen hineinziehen lassen konnten und sogar eine Strafverfolgung riskierten. Mein Ehemann musste eine sehr plausible und rührselige Geschichte zum Besten gegeben haben.

Geburtstagsfest mit Folgen

Nachdem die Stalker sich selbst entlarvt hatten, ließ der Telefonterror nach. Noch einige Male klingelte nachts das Telefon, dann wurde die Geheimnummer freigeschaltet. Ab sofort war ich nur noch für meine Familie und die nächsten Verwandten erreichbar.

Nach und nach kehrte ein wenig Ruhe inmitten des Chaos ein, wir hielten uns jedoch immer noch in Alarmbereitschaft und bewachten Iskander rund um die Uhr. Dann kam der erlösende Anruf. Mein Ehemann hatte Deutschland verlassen, die Kommissarin war von der Zollbehörde benachrichtigt worden. Voller Erleichterung atmeten alle auf. Fünf Wochen waren meine Familie und ich den Telefonattacken und Bedrohungen ausgesetzt gewesen, fünf Wochen hatten wir unter äußerster Anspannung und Unsicherheit gelebt, immer in der Erwartung, dass in der nächsten Minute das Schreckliche passieren konnte. Nervlich war ich am Ende. Ich war dünnhäutig und brach bei jeder passenden und unpassenden Gelegenheit in Tränen aus. Die vielen schlaflosen Nächte forderten nun ihren Tribut, ich war körperlich geschwächt, fühlte mich wie zerschlagen und kaum arbeitsfähig. Trotzdem quälte ich mich Tag für Tag ins Büro und versah meine Arbeit, so gut ich eben konnte.

Meinem Chef war das Nachlassen meiner Leistung aufgefallen, er hatte mich deshalb bereits zur Rede gestellt und mich ermahnt, in Zukunft konzentrierter und aufmerksamer zu arbeiten. Was sollte ich ihm darauf erwidern? Ich konnte ihn nicht mit meinen privaten Problemen behelligen und hielt deshalb den Mund. Spaß machte mir diese Arbeit ohnehin nicht, aber ich wollte sie auf keinen Fall verlieren und nahm mir vor, mich ab sofort trotz bleierner Müdigkeit zusammenzureißen.

Als ich eines Nachmittags von der Arbeit kam, um Iskander bei meinen Eltern abzuholen, sprach mich Hanne, eine Nachbarin, an: »Tina, du siehst blass und erschöpft aus! Du hattest in den letzten Wochen und Monaten so viel um die Ohren, du brauchst unbedingt ein wenig Ablenkung und Zerstreuung. Komm doch am Samstagabend zu meiner Geburtstagsfeier. Es werden ein paar Kollegen da sein, und vielleicht kommt auch unser Chef, eingeladen ist er jedenfalls. Konny schmeißt den Grill an, und wir machen uns ein paar lustige Stunden!«

Ich kannte Hanne und ihren Mann Konny seit meiner Kindheit und nahm die Einladung dankbar an. Zum ersten Mal seit langer Zeit freute ich mich darauf, einen Abend in Gesellschaft von Freunden und Bekannten zu verleben. Ich hatte zurückgezogen gelebt und mich von der Außenwelt abgekapselt, hatte Abend für Abend zu Hause gesessen. Ein wenig Abwechslung hatte ich mir wirklich verdient, und es würde mir guttun, die Belastungen der letzten Zeit abzustreifen und wenigstens für einen Abend zu vergessen.

Am Samstagabend jedoch wollte Iskander nicht bei seinen Großeltern bleiben. Er klammerte sich an mich und weinte herzzerreißend. Erst als ich ihm sein Lieblingsmärchen vorlas, kam er zur Ruhe, und letztendlich fielen ihm die Augen zu.

Mit einiger Verspätung traf ich im Nachbarhaus ein, die Party war bereits in vollem Gang. Von »ein paar« Kollegen konnte keine Rede sein, es waren mindestens dreißig Personen, die sich in Haus und Garten drängten. Der Grill qualmte schon, und ein Fass Bier wurde gerade unter großem Hallo angestochen. Jemand drückte mir ein Glas Sekt in die Hand, und ich stieß mit Hanne auf ihren Geburtstag an.

Dann setzte ich mich in die Hollywoodschaukel und beobachtete die anderen Gäste. Ein Mann mittleren Alters mit silbergrauer Mähne überragte alle um Haupteslänge, eine auffallende Persönlichkeit mit sonorer Stimme. Ein Kreis von Zuhörern hatte sich um ihn geschart und lauschte seinen Worten.

»Das ist unser Chef, Professor Dr. med. Dr. phil. Gottfried Heinrich, der Leiter unserer Klinik. Eine beeindruckende Erscheinung, findest du nicht?«, raunte mir Hanne zu, die meinen Blicken gefolgt war.

Ja, das war er in der Tat. Zu ihm passte wie zu keinem anderen das Klischee vom Chefarzt im weißen Kittel, der, gefolgt von einem Schwarm junger Ärzte und Schwestern, durch die Flure seiner noblen Privatklinik rauscht. Durch das Stimmengewirr versuchte ich zu hören, worüber er gerade sprach.

»Soll ich dich vorstellen?«, fragte Hanne.

Erschrocken wehrte ich ab. Was sollte ich mit diesem bemerkenswerten Mann denn reden? Lieber setzte ich mich zu Konny und bewunderte seine Kochkünste am Grill. Er hatte mir bereits ein neues Glas in die Hand gedrückt, und langsam verlor ich meine Scheu und wurde ein wenig lockerer.

»Diese junge Dame kenne ich noch nicht«, ertönte eine Stimme hinter meinem Rücken. »Hanne, ist das eine Ihrer Freundinnen?«

Überrascht war ich aufgesprungen und hatte mich umgedreht. Hanne und ihr Chef standen hinter mir.

»Darf ich vorstellen, meine Freundin und Quasi-Nachbarin, Tina Souhdis! Tina, mein Chef, Herr Professor Heinrich.«

»Eine Quasi-Nachbarin mit einem ungewöhnlichen Namen, das interessiert mich. Woher kommen Sie, Frau Souhdis, wenn ich fragen darf?«

Vor Verlegenheit stieg mir die Röte in die Wangen. Ausgerechnet dieser Mann befragte mich nach meinem Woher und Wohin, wie peinlich! Aber er machte einen ungezwungenen und sympathischen Eindruck und sah mich über den Rand seiner Brille hinweg gespannt an. »Ich bin erst vor neun Monaten aus Nordafrika zurückgekommen. Und eine Quasi-Nachbarin bin ich deshalb, weil meine Eltern das Nachbarhaus bewohnen«, teilte ich ihm mit.

»Und was hat Sie nach Nordafrika verschlagen?« Sein Interesse schien echt; er beugte sich vor, um im Partylärm kein Wort zu verpassen.

Kurz schilderte ich meine Arbeit auf Djerba und erwähnte am Rande, dass mein Mann noch dort lebte.

»Sie sind also mehrsprachig? Sind Sie berufstätig?«, fragte Professor Heinrich nach einer kurzen Pause.

Ich bestätigte ihm, dass ich fließend Englisch, verständliches Französisch und außerdem Arabisch für den Hausgebrauch beherrschte, und beschrieb ihm kurz meine Tätigkeiten im Anwaltsbüro.

»Und sind Sie auch flexibel, schnell von Begriff, umgänglich, gewandt, zielstrebig, lernfähig, fleißig, zuverlässig, diskret und können gut mit Menschen umgehen?«, wollte er wissen.

»Ähm, ich weiß nicht so recht …« Erwartete er von mir nun eine Lobesrede auf meine Eigenschaften und Fähigkeiten? Dazu war ich nicht in der Lage.

»Dann finden Sie es schnell heraus und melden Sie sich anschließend bei mir!« Er griff in seine Hemdtasche und zog eine auf edles Papier gedruckte Visitenkarte heraus, die er mir reichte.

»Rufen Sie mein Büro an und vereinbaren Sie einen Termin.«

»Aus welchem Grund?«, wagte ich zu fragen.

»Ich bin seit Längerem auf der Suche nach einer Fremdsprachenkorrespondentin, einer Art Privatsekretärin, die sich um meinen Bürokram und meine Termine kümmert, beruflich und auch privat. Die Voraussetzungen kennen Sie nun. Sie erscheinen mir nicht ungeeignet, aber alles Weitere sollten wir in Ruhe besprechen. Ich höre dann also in Kürze von Ihnen.«

Sein Händedruck war fest und bestimmt, wie alles an ihm.

Meine große Chance

Das verlockende Angebot von Professor Heinrich ging mir nicht mehr aus dem Kopf. Am Sonntagmittag besuchte ich Hanne, um die Angelegenheit mit ihr zu besprechen. »Wie ist er denn so, euer Chef? Er macht einen sehr dominanten Eindruck, ganz so, als ob er keinen Widerspruch dulden würde. Richtig furchterregend!«, meinte ich.

Hanne lachte. »Das ist nur sein äußeres Erscheinungsbild. In Wirklichkeit ist er der freundlichste Mensch, den man sich vorstellen kann. Er verlangt von seinen Mitarbeitern zwar hundertzwanzig Prozent Leistung, aber nie etwas, das er nicht selbst leisten würde. Allerdings bemerkt er alles, jeden noch so kleinen Fehler, ihm entgeht einfach nichts. Er honoriert gute Leistungen, aber wenn du Mist baust, kannst du mit einem gewaltigen Donnerwetter rechnen. Er möchte dich gern im Team haben, das weiß ich.«

»Dann hat er wahrscheinlich von dir den Tipp bekommen«, vermutete ich.

»Wäre doch nett, wenn wir Kolleginnen wären!« Hanne grinste mich an.

Ich umarmte sie spontan. »Danke für dein Vertrauen, Hanne! Das ist ein fantastisches Angebot, aber ich weiß nicht, ob ich solchen Aufgaben gewachsen bin. Das ist schon eine andere Liga als mein Job im Anwaltsbüro.«

»Mädchen, trau dir doch selbst etwas zu! Du bist energisch und lässt dich nicht unterkriegen. Du hast eine gute Ausbildung und bist weder dumm noch hässlich. Mach etwas aus dir, oder willst du in deinem Kämmerchen in der Kanzlei versauern? Zeig etwas Mut und wage den Sprung ins kalte Wasser! Denn was du in den letzten Wochen und Monaten geleistet hast, macht dir so schnell keiner nach.«

Ich atmete tief durch. »Okay, überredet. Morgen rufe ich an und vereinbare ein Vorstellungsgespräch. Oh mein Gott, ich bin so aufgeregt!«

»Du schaffst das, Tina! Und du wirst den Wechsel nicht bereuen, glaube es mir. Jeder, der mit unserem Chef arbeiten darf, ist begeistert und steht loyal hinter ihm. Er ist einfach der Beste.«

Am Montag vereinbarte ich telefonisch einen Termin für den darauffolgenden Tag. Die Privatklinik lag in einer gepflegten Parkanlage etwas außerhalb der Stadt. Beim Pförtner meldete ich mich an und wurde von einer jungen Dame in Schwesternuniform abgeholt. Sie brachte mich in den ersten Stock, wo ich im Wartezimmer Platz nahm. Nach wenigen Minuten öffnete sich die Tür, und Professor Heinrich rauschte herein. »Herzlich willkommen bei uns, liebe Frau Souhdis. Kommen Sie doch bitte mit in mein Büro!«

Ich folgte ihm in einen saalähnlichen Raum, der spärlich, aber mit exquisitem Geschmack eingerichtet war. In riesigen Töpfen standen überdimensional große Pflanzen im Raum verteilt, und zwei abstrakte Gemälde in feurigen Farben ließen den Raum leuchten. Der mitten im Zimmer liegende kostbare Teppich hatte sicher ein Vermögen gekostet. Eine wahrhaft beeindruckende, zugleich auch einschüchternde Umgebung, ganz wie die Persönlichkeit seines Bewohners.

Ich sank in einen der wuchtigen Sessel und reichte Professor Heinrich meine Bewerbungsmappe. Langsam blätterte er von Seite zu Seite und las jedes einzelne Dokument sorgfältig durch. Minutenlang herrschte Stille.

»Nicht schlecht«, meinte er schließlich und legte die Mappe vor sich. »Ich suche eine Mitarbeiterin, auf die ich mich hundertprozentig in allen Belangen verlassen kann. Ich erwarte, dass sie meine Termine koordiniert, und zwar die beruflichen wie die privaten. Sie führt meine Korrespondenz, ebenfalls beruflich und privat. Ihr Büro soll meine Schaltzentrale werden, alles soll über ihren Schreibtisch laufen, sie muss über alles, was im Haus vor sich geht, Bescheid wissen. Sie hält mir den Rücken frei und nimmt mir Dinge ab, um die ich mich nicht kümmern kann oder will. An manchen Tagen wird sie bis 20 Uhr oder länger am Schreibtisch sitzen, an manchen Tagen kann sie um 13 Uhr nach Hause gehen. Und ich erwarte absolute Loyalität und Diskretion. Trauen Sie sich das zu?«

»Ja, ich glaube schon. Auf jeden Fall scheint es ein weites und interessantes Arbeitsfeld zu sein«, meinte ich.

Daraufhin begann er unvermittelt eine Unterhaltung auf Englisch, wechselte nach einigen Sätzen ins Französische, um die Konversation schließlich wieder auf Englisch zu beenden.

»Das klappt ja auch sehr gut.« Er schien mit meinen Fremdsprachkenntnissen zufrieden zu sein.

»Herr Professor, ich möchte Ihnen nicht verheimlichen, dass ich alleinerziehende Mutter eines dreijährigen Sohnes bin. Falls es deshalb einmal Zeitprobleme geben sollte …«

»… werden wir diese zu lösen wissen«, vollendete er meinen Satz. »Ich bin selbst Vater von zwei Kindern, einem dreijährigen Sohn und einer sechsjährigen Tochter. Und sollten Sie tatsächlich einmal keine Unterbringungsmöglichkeit für Ihr Kind haben, bringen Sie es mit hierher. Meine Kinder freuen sich über einen neuen Spielgefährten.«

Ich konnte kaum glauben, was ich da hörte. Alle Probleme schienen sich in Luft aufzulösen.

»Die Gehaltsfrage wäre noch zu klären«, meinte mein zukünftiger Chef. Er hatte eine Zahl auf einen Zettel gekritzelt, den er mir zuschob. »Sind Sie damit als Anfangsgehalt einverstanden?«

Ich hielt den Atem an. Das war mehr als doppelt so viel wie mein momentaner Verdienst. Sprachlos konnte ich nur nicken.

»Wann fangen Sie an?«

»In sechs Wochen?«

»Abgemacht! Sie erhalten den Arbeitsvertrag zum Ende der Woche. Ich freue mich, dass ich Sie als Mitarbeiterin gewinnen konnte!« Er brachte mich zur Tür und verabschiedete mich mit dem gewohnt festen Händedruck.

Am liebsten wäre ich in Jubelschreie ausgebrochen und hätte gesungen und getanzt. Nach all dem Ärger und Verdruss in den letzten Monaten wurde mir eine solch großartige Chance geboten, ich konnte mein Glück nicht fassen!

Hasstiraden aus Tunesien

Wie versprochen, traf am Ende der Woche der Arbeitsvertrag ein. Nachdem ich unterschrieben hatte, bat ich meinen Chef in der Kanzlei um ein Gespräch und teilte ihm mit, dass ich zum nächstmöglichen Termin kündigen würde. Er war über die Nachricht wenig erfreut, nahm es aber dennoch sportlich und gratulierte mir zur neuen Arbeitsstelle.

Und da ich gerade dabei war, mein Leben aufs Neue umzukrempeln, beschloss ich, wieder meinen Mädchennamen Sachs anzunehmen – und ich fasste endlich den Mut, eine junge Familienanwältin zu beauftragen, die Scheidung einzureichen. Nachdem sie sich meine Geschichte angehört hatte, erläuterte sie mir, dass wir ein zeitaufwendiges und kompliziertes Unternehmen vor uns hatten. Die Klageschrift musste bei einem deutschen Gericht eingereicht, übersetzt und über die Deutsche Botschaft in Tunis dem zuständigen tunesischen Gericht übersandt werden. Das alles würde viele Monate dauern, und es war nicht sicher, ob wir damit Erfolg hätten. Trotz der mäßigen Aussicht auf Erfolg wollte ich es auf jeden Fall versuchen. Zusammen mit dem Scheidungsantrag wurde auch die Unterhalts- und die Sorgerechtsregelung eingeklagt. Da gewaltige Prozesskosten auf mich zukommen würden, empfahl mir meine Anwältin einen Antrag auf Prozesskostenhilfe, die mir als Alleinerziehende sicher gewährt würde. Ich stellte den Antrag beim zuständigen Gericht, und er wurde positiv beschieden.

Alles schien nun gut zu laufen, ich hatte mich vom unerwarteten Besuch meines Ehemannes und seinen anschließenden Terrorattacken einigermaßen erholt. Zum ersten Mal war ich froh, dass es keinen Kontakt nach Tunesien gab.

Als ich eines Abends den Briefkasten leerte, fiel ein Umschlag mit einer ausländischen Marke heraus. Post aus Djerba, das konnte nichts Gutes bedeuten! Noch im Flur riss ich das Kuvert auf und las das Schreiben. Mein Ehemann bedachte mich mit einer Flut von gehässigen Bösartigkeiten, voller Hass, Verachtung und mit Drohungen gespickt. Er wünschte mir schwere Krankheit und einen langsamen und qualvollen Tod. Und er würde mich gern selbst umbringen, wollte sich aber nicht an einem Stück Dreck wie mir die Hände schmutzig machen. Allah würde schon dafür sorgen, dass eine ungläubige Hure wie ich ihre gerechte Strafe erhielt!

Was hatte ich diesem Mann bloß getan, um so viel Abneigung und Erbitterung hervorzurufen? Ich hatte jahrelang versucht, ihm eine gute Ehefrau zu sein, wir hatten ein gemeinsames Kind. Ich hatte all mein Erspartes in unser Haus investiert, hatte hart gearbeitet, um uns einen gehobenen Lebensstandard zu ermöglichen. Aber er hatte keinerlei Gefühle für mich außer Widerwillen und Geringschätzung. Schon während unserer Ehe hatte er mich ohne jeglichen Respekt, dafür aber mit ungeheuerer Rüpelhaftigkeit behandelt. Und selbst jetzt konnte er mich nicht in Frieden lassen, sondern musste mich immer weiter schikanieren.

Zum tausendsten Mal bereute ich, dass ich auf diesen aalglatten Heiratsschwindler mit seinen fadenscheinigen Versprechungen und ausgefeilten Lügen hereingefallen war. Wie gern hätte ich die Erinnerung an die Demütigungen und die unwürdige Behandlung aus meinem Gedächtnis gelöscht! Wie schwer musste es ihm doch in der Anfangszeit gefallen sein, den Verliebten zu spielen und sich vor mir als westlich aufgeklärter, frei denkender Feingeist und Frauenversteher zu präsentieren! Erst jetzt zeigte er seine Verachtung für mich und meine Kultur in vollem Maße.

Und zum tausendsten Mal fragte ich mich, warum ich so blind gewesen war und nicht hinter die Maske aus Lug und Trug geblickt hatte. Hätte ich nur damals vor der Hochzeit auf mein Gefühl gehört und die Heirat Knall auf Fall abgesagt! Warum hatte ich mich von seinen schönen Worten einlullen und von seinen liebevollen Gesten blenden lassen, und das über so lange Zeit? Warum nur war ich nicht in der Lage gewesen, seine Lügen zu erkennen und entsprechend zu reagieren? Aber nie hätte ich gedacht, dass ein Mensch sich über Jahre so sehr verstellen und einen völlig anderen Charakter spielen könnte.

Seine irren Hasstiraden verfolgten mich bis in den Schlaf. Nachts träumte ich davon, dass er mit einem Messer bewaffnet vor meiner Tür stand, um mich zu töten. Ich sah sein gerötetes, wutverzerrtes Gesicht vor mir, und die Angst lebte wieder auf.

Jedes Mal, wenn ich einen kleinen persönlichen Erfolg zu verbuchen hatte, holten mich mein Ehemann und meine unselige Vergangenheit ein und machten mir das freudige Ereignis zunichte. Nie würde ich ihn loswerden, er würde mich auf immer und ewig verfolgen!

Ich wehrte mich gegen diese schlechten Gedanken, denn ich wollte mir von ihm nicht die Vorfreude auf meine neue Arbeitsstelle zerstören lassen. Ich versuchte, mich darauf zu freuen, und zählte bereits die Tage.

Und dann war es so weit: Mein erster Arbeitstag bei Professor Heinrich! Nach einem gemeinsamen Rundgang durch die Klinik, bei dem ich allen meinen Kolleginnen und Kollegen vorgestellt wurde, ließ er mich allein in meinem neuen Büro, das mit genauso viel Geschmack ausgestattet war wie das Chefzimmer, jedoch mit aller notwendigen Funktionalität eines modernen Sekretariats: Computer und Telefonanlage waren auf dem neuesten Stand, die Möbel komfortabel und elegant. Hier war an nichts gespart worden.

Obwohl ich noch nie im medizinischen Bereich tätig gewesen war, fiel mir die Einarbeitung leicht. Professor Heinrich war ein geradezu vorbildlicher Chef. Nie zeigte er Ungeduld, immer fand er Zeit für Erklärungen und wichtige Informationen. Nie gab er mir das Gefühl, unwissend oder ungeschickt zu sein, und er sparte nicht mit Lob. War ich anfangs erschrocken, wenn er mich mit gerunzelten Brauen über den Rand seiner Brille hinweg musterte und mit strenger Stimme sprach, so gewöhnte ich mich rasch an diesen Tonfall und wagte es sogar nach einiger Zeit, ihm mutwillige Antworten zu geben, die er mit einem nachsichtigen »Aber, aber, Frau Sachs, sind Sie etwa despektierlich?« erwiderte.

Es war ein anstrengendes, aber äußerst angenehmes Arbeiten. Professor Heinrich war eine Koryphäe auf seinem Gebiet und hatte nicht nur eine große Anzahl von Patienten zu betreuen, sondern war auch in Fachausschüssen, im Ethikrat und bei wichtigen Kongressen im In- und Ausland ein gefragter Redner und Gutachter. Aus diesem Grund war mein Aufgabenbereich vielseitig, verantwortungsvoll und breit gefächert. Kein Tag war wie der andere, ständig gab es neue Herausforderungen zu bewältigen. Und obwohl ich beruflich sehr gefordert wurde, kam kein Gefühl der Müdigkeit oder des Überdrusses auf. Das war der Beruf, den ich mir immer gewünscht hatte, voller Abwechslung und Spannung.

Einige Male begleitete mich Iskander ins Büro. Er hatte mit den Professorenkindern Freundschaft geschlossen und war bei ihnen ein gern gesehener Gast. Er genoss es, im weitläufigen Park mit ihnen zu toben und zu spielen, und da ich die Kinder durch ein Au-pair-Mädchen gut behütet wusste, konnte ich in der Zwischenzeit unbesorgt meiner Arbeit nachgehen.

Es war fast zu schön, um wahr zu sein. Alles lief wie am Schnürchen, Iskander wuchs und gedieh prächtig, und ich war zum ersten Mal seit langer, langer Zeit rundherum zufrieden.

Immer noch kamen in längeren Zeitabständen Schmähbriefe aus Djerba, welche ich ungeöffnet an meine Anwältin weitergab, die sie zu den Akten legte. Wir hatten aus Tunesien noch nichts von meinem Scheidungsersuchen gehört, aber ich wusste, dass ein derartiges Verfahren Jahre in Anspruch nehmen würde. Nun musste ich mich in Geduld üben, aber ich wollte diese Scheidung unbedingt, wollte mich durch nichts mehr an diesen Mann gebunden fühlen.

Eine neue Liebe?

Seit mehr als einem Jahr lebte ich nun allein mit meinem Kind. An eine neue Beziehung wagte ich nicht zu denken, zu viel Schlimmes hatte ich in meiner Ehe erlebt, zu groß war die Enttäuschung über den Betrug durch meinen Mann und das Verhalten seiner Familie. Mein Schwiegervater hatte meinen Brief nie beantwortet, ich hatte nichts mehr von ihm oder anderen Familienmitgliedern gehört. Ich lebte immer noch sehr zurückgezogen, ging kaum aus und hatte wenig Freunde. Hinter jedem freundlichen Wort vermutete ich eine versteckte Absicht, in jeder netten Geste sah ich den Versuch, sich mein Vertrauen zu erschleichen.

Mit Hanne hatte ich einmal darüber gesprochen, und sie hatte mir eine Therapie empfohlen. Eine Therapie? Hielt sie mich vielleicht für gestört oder gar verrückt? Ich wurde noch verschlossener und brachte das Thema nie mehr zur Sprache.

Zu meinem Geburtstag bekam ich von den Mitarbeitern in der Klinik eine Konzertkarte geschenkt. Vier junge Geigerinnen aus dem Baltikum spielten Werke von Bartók und Strawinsky; diesen Kunstgenuss wollte ich unbedingt miterleben.

An diesem Abend war das Theater ausverkauft. Ich kam ein wenig zu spät und musste mich durch die voll besetzte Reihe auf meinen Platz drängen. Kaum hatte ich mich gesetzt, als die Künstlerinnen die Bühne betraten und das Konzert begann. Im Rausch der Klänge verlor ich jedes Gefühl für Zeit und Raum und kehrte erst wieder zurück, als um mich herum tosender Applaus einsetzte.

Während das Publikum zu den Ausgängen und den verschiedenen Bars stürmte, blieb ich noch sitzen und überlegte, ob auch ich mir nach diesem Musikerlebnis ein Glas Sekt gönnen sollte. Schließlich schloss ich mich der Menge an, die sich vor der Sektbar drängte. Als ich endlich ein Glas in der Hand hielt, sah ich mich nach einem Platz um.

»Frau Sachs, guten Abend!«

Ich drehte mich um. An einem Bistrotisch hinter mir stand mein ehemaliger Kollege, der mir bei meinen damaligen Problemen mit dem deutschen Zoll behilflich gewesen war.

»Guten Abend, Herr Dr. Haber«, grüßte ich zurück.

»Suchen Sie einen Platz? Kommen Sie doch an meinen Tisch«, bot er mir an.

Ich dankte ihm, stellte mein Glas ab und reichte ihm die Hand.

»Wie schön, Sie hier zu treffen! Wir haben uns lange nicht gesehen!« Er lächelte mich an. »Sind Sie allein hier?«

»Ja.«

»Ich auch.«

Wir schwiegen und wussten offensichtlich beide nicht, wie wir das Gespräch fortsetzen sollten.

»Gefällt Ihnen die Musik?«, fragte Dr. Haber schließlich.

»Oh ja, sehr! Ich habe das Quartett schon einmal im Fernsehen gesehen und war begeistert. Aber es live zu erleben ist natürlich noch faszinierender.«

Wieder schwiegen wir und lächelten uns an. Dr. Haber war anscheinend auch niemand, der gern Konversation betrieb, er machte auf mich einen eher zurückhaltenden Eindruck.

»Ähm, wie ist es Ihnen denn ergangen in der Zwischenzeit?«, brachte er schließlich heraus.

»Ganz gut, danke der Nachfrage. Ich fühle mich sehr wohl mit meiner neuen Arbeit.«

»Das ist schön!« Wieder zögerte er lange. »Ich fand es übrigens sehr schade, dass Sie uns so schnell wieder verlassen haben!« Bei diesem Satz stieg ihm die Röte ins Gesicht, und er blickte schnell zur Seite.

»Das ist nett, dass Sie es so sehen.« Ich drehte verlegen mein Glas in den Händen.

Wieder stockte das Gespräch, und ich trank schnell den letzten Schluck.

»Noch einen angenehmen Abend, Herr Dr. Haber«, verabschiedete ich mich.

»Frau Sachs, ähm, entschuldigen Sie bitte, dürfte ich Sie nach dem Konzert noch zu einem Glas Wein einladen?« Die Röte hatte nun seine Ohren erreicht, die regelrecht zu glühen begonnen hatten. Fast verspürte ich ein wenig Mitleid, denn er war mir trotz oder wegen seiner schüchternen Art sehr sympathisch. »Gern! Treffen wir uns nach dem Konzert am Ausgang?« Bevor ich noch richtig überlegt hatte, hatte ich schon zugesagt.

Er strahlte mich überrascht an, nahm meine Hand und schüttelte sie noch einmal. »Bis nachher! Ich freue mich! Ich freue mich wirklich sehr!«

Bevor ich noch auf meinem Platz saß, bereute ich schon meine impulsive Antwort. Was war nur in mich gefahren? Ich hatte doch gar keine Lust, mit diesem ständig errötenden, nicht besonders unterhaltsamen Mann den Abend zu verbringen.

Am Ausgang erwartete mich bereits Herr Dr. Haber, der mir vorschlug, im Lokal auf der gegenüberliegenden Straßenseite noch einen »Absacker«, wie er es nannte, zu trinken. Er suchte einen Zweiertisch in einer ruhigen Ecke, und wir bestellten einen Kaffee für mich und ein Glas Rotwein für ihn. Unauffällig musterte ich ihn: Ende dreißig, groß, kräftig, ein rundes, offenes Gesicht und darüber einen dichten brünetten Haarschopf, dessen eine Locke ihm immer wieder in die Augen fiel. Ein großer, gutmütiger, netter Junge, der wahrscheinlich noch bei Mama wohnte. Nicht gerade der typische Anwalt, dachte ich für mich.

Als die Getränke vor uns standen, fragte er: »Ihre neue Arbeit macht Ihnen also Spaß? Was genau haben Sie denn zu tun?«

Ich plauderte leichthin von meinen neuen Aufgaben und nippte dabei an meinem Kaffee. »Und wie läuft es bei Ihnen, Herr Dr. Haber? Haben Sie vor, in der Kanzlei zu bleiben, oder haben Sie andere Berufspläne?«

Stockend erzählte er von seinen beruflichen Zielen.

»Gehen Sie oft ins Konzert?«, fragte ich anschließend.

Nun leuchtete sein Gesicht, und er begann, von all den großartigen Konzerten und Opernaufführungen zu berichten, die er in den letzten Monaten besucht hatte. Er schien ein Experte und wahrer Musikliebhaber zu sein, denn seine Erzählung war äußerst interessant und detailliert. Vor meinen Augen verwandelte sich der schüchterne große Junge in einen lebhaften Unterhalter, der es verstand, mich durch ein geistreiches Gespräch zu fesseln. Im Nu waren fast zwei Stunden vergangen, und erschrocken stellte ich nach einem Blick auf die Uhr fest, dass es bereits weit nach Mitternacht war.

Dr. Haber brachte mich in seinem Auto nach Hause und verabschiedete sich von mir: »Darf ich Sie anrufen? Ich würde Sie gern einmal in ein Konzert einladen.«

»Überraschen Sie mich, Herr Dr. Haber! Sie wissen ja, wo Sie mich erreichen. Gute Nacht.«

Ich war bereits ausgestiegen.

»Danke! Das war ein ganz wunderbarer Abend!«, rief er mir hinterher.

Enttäuschung

Bereits in der darauffolgenden Woche rief Dr. Haber mich im Büro an. Er hatte zwei Karten für »Turandot« und lud mich ein, ihn zu begleiten. Ich freute mich, denn er hatte offensichtlich nicht vergessen, dass ich ihm von meiner Vorliebe für Puccini-Opern erzählt hatte.

An diesem Abend holte er mich zu Hause ab, und wir verbrachten einen wundervollen Opernabend. Beim anschließenden Essen taute er wieder auf und erzählte amüsant von Aufführungen in Salzburg und Bregenz, die er regelmäßig besuchte. Seine Mutter war Pianistin und hatte ihn schon als Kind mit berühmten Künstlern und Sängern bekannt gemacht. Oft wurde er nach den Aufführungen zu den anschließenden Partys eingeladen und war mit einigen namhaften Solisten befreundet.

Markus – wir duzten uns mittlerweile – und ich verloren nach und nach die Scheu voreinander, wir hatten so viele gemeinsame Interessen entdeckt, dass uns der Gesprächsstoff nicht ausging. Auch er las für sein Leben gern und besaß eine ansehnliche Bibliothek, er liebte klassische Musik, Theater, Schauspiel, Ballett und Film.

Viel zu bald endete dieser Abend, und wir verabredeten uns für einen Kinobesuch am Samstag. Schon lange hatte ich mich in Gesellschaft eines Mannes nicht mehr so wohlgefühlt. Markus war weder aufdringlich noch plump vertraulich, sondern freundlich, aufgeschlossen, unterhaltsam und amüsant, ohne mir das Gefühl zu geben, dass er dafür eine Gegenleistung erwartete. Er setzte mich in keiner Weise unter Druck und befragte mich auch nicht zu meiner gescheiterten Ehe oder meiner Zeit in Tunesien – Themen, über die zu reden mir noch immer schwerfiel.

Regelmäßig trafen wir uns von nun an, um gemeinsam kulturelle Veranstaltungen zu besuchen. Er begleitete mich zu einem Grillfest im Haus von Professor Heinrich und holte mich in der Zahnklinik ab, als ich mich dort einem kleinen Eingriff unterziehen musste. Nach zwei Monaten lud ich ihn zu mir nach Hause ein, damit er Iskander kennenlernen konnte. Mein Sohn, normalerweise besitzergreifend und von männlichen Nebenbuhlern wenig begeistert, hatte gegen Markus und seine nun häufiger werdenden Besuche nichts einzuwenden, denn dieser war immer bereit, mit Iskander im Garten Fußball zu spielen oder auf der neu installierten Rennbahn kleine Autos im Kreis herumflitzen zu lassen. An den Sonntagen fuhren wir gemeinsam an den See zum Schwimmen, wir besuchten den Zoo oder sahen uns zu Iskanders Freude im Kino einen Kinderfilm an. Wir kochten und aßen zusammen und trafen uns so oft wie möglich. Fast waren wir wie eine richtige Familie.

Nur eines bereitete mir Kopfzerbrechen. Markus und ich kannten uns nun schon eine ganze Weile, wir gingen miteinander aus, wir verbrachten die Wochenenden zusammen und verstanden uns hervorragend. Aber noch nie hatte er versucht, mich zu küssen oder mir auch nur den Arm um die Schulter zu legen. Er schien körperlichen Kontakt zu scheuen und Berührungen zu vermeiden. Anfangs war ich froh über diese Zurückhaltung gewesen, denn ich war nach meinen desaströsen Ehe-Erfahrungen vorsichtig geworden und hatte nicht die Absicht, mich Hals über Kopf in eine unbedachte Affäre zu stürzen. Aber mittlerweile fragte ich mich, ob er mich so unattraktiv und wenig begehrenswert fand, dass er kein Interesse an einer körperlichen Beziehung hatte.

Ich begann, ihn genau zu beobachten, und bemerkte, dass er überhaupt jede körperliche Berührung vermied, nicht nur mit mir, sondern auch mit anderen Menschen. Selbst ein Händedruck schien ihm schon zu viel zu sein, denn auch diesem Körperkontakt ging er, wann immer möglich, aus dem Weg. Wenn ich ihn zufällig berührte, zuckte er zusammen und rückte unmerklich von mir ab, ganz so, als wäre es ihm unangenehm.

Ich nahm mir vor, ihn bei passender Gelegenheit darauf anzusprechen, denn wenn ich etwas nicht wollte, dann war es eine weitere problematische Beziehung. Wenn Markus allerdings eine platonische Freundschaft bevorzugte, sollte es mir auch recht sein. Sein Verhalten allerdings sagte etwas anderes. Für mich hatte es den Anschein, als hätte er gern eine eigene Familie gehabt, deshalb hatte er mich und Iskander sozusagen »vorgefertigt« übernommen.

Der richtige Moment für ein derart delikates Gespräch ergab sich während einer Einladung zum Abendessen in seinem Haus. Markus bewohnte eine reizende kleine Villa, die er von seinen Großeltern geerbt hatte. Das Haus war ein Schmuckstück, das ich bereits von früheren Besuchen her kannte. Beeindruckend fand ich die antiken Möbel, die extravaganten Lüster und den Steinway-Flügel, der neben einem Cello und mehreren Konzertgitarren im

Musikzimmer stand. Das Haus strahlte gediegene Vornehmheit, exzellenten Geschmack und althergebrachte Familientraditionen aus und war der geeignete Rahmen für Markus und seine Musikleidenschaft. Er passte vollkommen in dieses und zu diesem Haus.

An diesem Abend saßen wir im Garten, es war ein lauer Sommerabend. Markus hatte gekocht, und nach dem Essen genossen wir in der abendlichen Stille ein Glas spanischen Rioja. Ich zermarterte mir das Gehirn, wie ich das Gespräch auf dieses heikle Thema bringen sollte. Auch Markus schwieg und drehte sein Glas in den Händen. Noch bevor ich etwas sagen konnte, fing er an: »Tina, ich muss mit dir reden. Schon seit Wochen kämpfe ich mit mir, ob ich offen darüber sprechen soll, und wenn ja, wie ich dieses Thema zur Sprache bringe.«

Ich horchte auf und wartete gespannt. Markus leerte sein fast volles Glas in einem Zug, stellte es vor sich und schwieg für eine Weile. Das, was er mir sagen wollte, schien ihm sichtlich schwer über die Lippen zu kommen.

»Du hast dich sicher schon über mein Verhalten gewundert«, fing er an.

Ich sah ihn fragend an.

»Du bist eine schöne, begehrenswerte Frau, und ich habe noch nie Anstalten gemacht …«, er ließ den Satz unbeendet.

»Du wolltest noch nie mit mir schlafen«, stellte ich trocken fest. »Ja, darüber habe ich mir schon den einen oder anderen Gedanken gemacht.«

Er schaute mich nicht an, sondern zeichnete angestrengt die Muster der Tischdecke mit einem Finger nach.

»Das hat nichts mit dir zu tun, sondern nur mit mir und … meinen Vorlieben«, murmelte er so leise, dass ich ihn kaum verstehen konnte.

»Welche Vorlieben sind das? Markus, bitte schau mich an und sprich mit mir.« Noch immer konnte er mir nicht in die Augen sehen, sondern spielte mit seinem Weinglas. Dieses Gespräch fiel ihm sichtlich schwer, er suchte mühsam nach den geeigneten Worten. Über den Tisch hinweg wollte ich seine Hand fassen, aber er zog sie erschrocken zurück.

»Es … ich weiß nicht, wie ich dir das sagen soll …« Schweiß glänzte auf seiner Stirn, obwohl es nicht sehr warm war. Abrupt stand er auf. »Komm mit, ich zeige es dir!«

Er eilte mir voraus ins Haus, ich konnte ihm kaum folgen. Er rannte die Treppe hinauf, und ich sah, dass er einen Schlüssel aus seiner Hosentasche zog. Er steckte ihn ins Schloss, sperrte auf und öffnete die Tür. Ich hielt den Atem an.

Vor mir an der Wand hing ein riesiges schwarzes Holzkreuz. Rechts und links am Querbalken waren Handschellen angebracht, daneben baumelten Peitschen, Gerten, Hand- und Fußfesseln in verschiedenen Größen und Farben an der Wand. An der gegenüberliegenden Wand waren Capes, Masken und Latexanzüge an einer Garderobe aufgehängt. Ein Gerät wie zum Bockspringen stand seitlich an der Wand, ein mittelalterlicher Pranger war direkt daneben aufgebaut. Den Mittelpunkt des Raumes bildete eine Art Thron, zu dem zwei Stufen führten. Alles war in Schwarz gehalten, selbst die Wände glänzten in schwarzem Lack. Ich befand mich in einem perfekt ausgestatteten Domina-Studio mit allen notwendigen Foltergeräten und Instrumenten.

Geschockt war ich stehen geblieben und starrte auf die vor mir ausgebreitete Palette bizarrer Möbel und Geräte. Da plötzlich zog Markus, der schräg vor mir stand, sein Hemd hoch und präsentierte seinen mit blutverkrusteten Striemen übersäten Rücken. Entsetzt wich ich einige Schritte zurück, erschreckt und angewidert von den tiefen Wunden, die sich über seinen Körper zogen.

»Jetzt weißt du, warum ich nicht mit dir schlafen kann«, flüsterte er.

Ich drehte mich um und rannte in Panik davon.

Zu Hause lag ich die ganze Nacht wach und überlegte, wie ich mit dieser Situation wohl vor meiner Ehe umgegangen wäre. Damals hätte ich mit Markus ungezwungen über seine sexuellen Vorlieben gesprochen, denn er war ein liebenswerter Mensch, den ich sehr schätzte. Eventuell hätte ich mich sogar auf eine Beziehung mit ihm eingelassen, aber nach meinen katastrophalen Erfahrungen mit Kamal traf mich Markus' Geständnis nun doppelt schlimm, und meine Vorbehalte gegen eine neue Partnerschaft wurden dadurch noch verstärkt. Obwohl ich nicht in ihn verliebt war, hatte ich Markus sehr gemocht, respektiert und ihm vertraut. Er war mir ein guter Freund gewesen, ein faszinierender Gesprächspartner und jemand, auf den ich mich im Laufe der Monate fast unmerklich immer mehr verlassen hatte. Durch ihn hatte ich gelernt, wieder Vertrauen zu einem Partner zu fassen, hatte mich in seiner Gesellschaft wohlgefühlt und war regelrecht aufgeblüht. Ich hatte meine selbst erwählte Isolation aufgegeben und mich wieder dem Leben zugewandt.

Da ich selber noch so sehr unter dem in Djerba Erlebten litt, war ich nicht in der Lage, mich mit Markus' Problemen auseinanderzusetzen, und wenn ich ehrlich war, wollte ich ihn nicht in der Nähe meines Kindes wissen. Zudem wollte ich niemanden um mich haben, der in seinem Haus eine Folterkammer installiert hatte und diese auch benutzte.

Meine Enttäuschung über die so vielversprechend begonnene und so grotesk gescheiterte Freundschaft war nicht in Worte zu fassen. Was machte ich nur falsch, dass alle meine Beziehungen auf so absonderliche Weise endeten? Ich suchte die Schuld bei mir und kam zu dem Schluss, dass es besser für mich wäre, in Zukunft keine Beziehung mehr einzugehen. Ganz offensichtlich war ich nicht in der Lage, eine gut funktionierende partnerschaftliche Verbindung aufrechtzuerhalten. Ich hatte mehr als genug von Schmerz, Kummer und Tränen, die jede Trennung unweigerlich mit sich brachte. Von nun an wollte ich allein bleiben, denn ich war mir nicht sicher, noch eine weitere Enttäuschung verkraften zu können.

Gleiches Schicksal – neue Freundschaft

In den folgenden Monaten verbrachte ich meine Abende wieder zu Hause, ohne amüsante Unterhaltungen. Anstatt Konzerte zu besuchen, surfte ich viel im Internet und stieß dabei auf eine Seite, auf der Frauen von ihren gescheiterten Ehen und Partnerschaften mit Orientalen berichteten. Ich hatte bisher geglaubt, allein zu sein mit meinen Erfahrungen, doch hier gab es Hunderte von Geschichten von Frauen, die ausgenutzt, betrogen, beleidigt, geschlagen, misshandelt oder vergewaltigt worden waren und die sich ihren Schmerz von der Seele schrieben. Gebannt saß ich Abend für Abend vor dem PC und las von Leid und finanziellem Ruin, von entführten Kindern, von psychischen und physischen Schäden, die infolge des skrupellosen Betrugs und der rücksichtslosen Behandlung durch diese Männer entstanden waren. Einige der Erlebnisse waren so schrecklich, dass mir meine Geschichte dagegen wie ein Kindermärchen vorkam. Wieder wurde mir bewusst, wie viel Glück ich gehabt hatte, dass mir mein Schwiegervater und meine Eltern so tatkräftig zur Seite gestanden waren. Viele Frauen hatten dieses Glück nicht gehabt und standen nun arbeits- und chancenlos vor dem Nichts.

Eine der Frauen war mir durch ihre mitfühlenden Beiträge besonders aufgefallen, und nach langer Überlegung fasste ich mir ein Herz und schrieb sie per E-Mail an. Sie antwortete mir postwendend, und es entspann sich eine aufschlussreiche Korrespondenz. Auch sie hatte unter einem *Bezness*-Betrug zu leiden, war von ihrem ehemaligen Lebensgefährten geschlagen und um viel Geld betrogen worden, welches sie nun dringend benötigte. Wir mailten uns hin und her, bis ich sie eines Abends um ihre Telefonnummer bat, um sie anrufen zu können.

Wie schön war es, ihre Stimme zu hören und endlich mit einem Menschen frei und offen über das Erlebte sprechen zu können! Bisher hatte ich es nicht über mich gebracht, jemandem die ganze Geschichte zu erzählen, nicht einmal meiner Anwältin. Die Scham war so groß, dass ich jedem Gespräch über Djerba und meine Ehe aus dem Weg ging und sofort das Thema wechselte, wenn ich darauf angesprochen wurde. Noch immer quälte ich mich mit Selbstvorwürfen, weil ich nicht in der Lage gewesen war, die wahren Absichten meines Ehemannes zu durchschauen, und ahnungslos in die Falle getappt war. Nun konnte ich all das zum ersten Mal laut aussprechen, und mein Gegenüber reagierte nicht mit Unverständnis und Verachtung, sondern mit Wärme und Verständnis, da sie ähnliche Erfahrungen wie ich selbst gemacht hatte.

Schade war nur, dass Britta, meine Internetbekanntschaft, am anderen Ende der Republik wohnte und wir uns im Moment nur über Telefon oder E-Mail austauschen konnten. Zu gern hätte ich sie persönlich kennengelernt und mich mit ihr von Angesicht zu Angesicht über ihre Erlebnisse unterhalten. Am Telefon machte sie einen lebhaften und munteren Eindruck, sie war belesen, sprach mehrere Sprachen und war sehr kunstinteressiert. Nachdem sie ihren tunesischen Betrügerfreund vor die Tür gesetzt hatte, lebte sie als erfolgreiche Geschäftsfrau allein.

Nach unzähligen Telefonaten und E-Mails lud Britta mich schließlich im Juli 2001 zu sich ein. Jede von uns war so gespannt auf die andere, dass wir uns spontan zu einem Treffen in Brittas Heimat am Bodensee entschlossen. Ich würde Iskander mitnehmen und unser Treffen mit ein paar Urlaubstagen verbinden.

Am Bahnhof in Konstanz erwartete mich eine bildschöne, hochgewachsene Frau mit kurzem rotbraunen Haar und einnehmendem Lächeln. Wir verstanden uns auf Anhieb, und es war, als würden wir uns schon ein Leben lang kennen. Auch Iskander fühlte sich auf Anhieb zu Britta und ihrer offenen und ausgeglichenen Art hingezogen und schloss sie liebevoll in sein Kinderherz.

Gleich nachdem wir unser Gepäck in ihre Wohnung gebracht hatten, machten wir uns auf den Weg zum Seeufer. Britta hatte einen Picknickkorb gepackt, und wir fanden einen fast menschenleeren Platz nahe am Wasser, wo wir unsere Decke ausbreiteten.

Vor dem spektakulären Panorama der Alpen und des Bodensees erholten wir uns bei belegten Broten, Salat und Kaffee von den Strapazen der weiten Bahnreise. Britta hatte schon Pläne für die nächsten Tage gemacht, unter anderem würden wir noch weitere betroffene Frauen kennenlernen, die ebenfalls mit Britta in Kontakt standen. Damit hatte ich nicht gerechnet und war sehr gespannt auf diese neue Erfahrung. Nun würde ich mehrere Frauen mit einem ähnlichen Schicksal wie dem meinen treffen, würde aus ihrem Mund hören, wie es ihnen in Marokko, Tunesien oder Ägypten ergangen war und ob und wie sie sich letztendlich aus ihrer misslichen Lage befreien konnten.

Noch lange, nachdem Iskander, übermüdet von der anstrengenden Reise, eingeschlafen war, saßen Britta und ich zusammen, und ich lauschte ihren Erzählungen. Das Phänomen *Bezness* schien sich auf alle Alters- und Gesellschaftsklassen zu erstrecken, von der 16-jährigen Schülerin bis zur 75-jährigen Rentnerin, der ein 25-jähriger Beach-Boy schöne Augen machte und seine unsterbliche Liebe schwor. Ärztinnen, Studentinnen, Verkäuferinnen, Büroangestellte, Akademikerinnen und Arbeiterinnen, alle waren betroffen – die *Bezness*-Betrüger machten vor nichts und niemandem halt. Selbst verheiratete Frauen waren in Gegenwart ihres Ehemannes mit Worten und Gesten belästigt worden, wusste Britta zu berichten. Die Rezeptionisten gaben gegen geringes Entgelt ihr Wissen an die Betrüger weiter, und diese waren so immer über alleinreisende Frauen, ihre Zimmernummer und auch private Daten bestens informiert. Auch mein Ehemann war vor Jahren auf diesem Weg in Besitz meiner Adresse und Telefonnummer gelangt, nur hatte ich damals nicht geahnt, dass ein betrügerisches und wohlorganisiertes System hinter dieser Masche steckte. Ich hatte mich durch sein vermeintliches Engagement geschmeichelt gefühlt und es als Zeichen dafür angesehen, dass er um jeden Preis mit mir in Kontakt bleiben wollte. Das hatte auch gestimmt, allerdings auf eine andere Art und Weise, als ich es mir erträumt hatte.

Familienmitglieder und Verwandte arbeiteten Hand in Hand, um den Betrug glaubhaft erscheinen zu lassen, so wurden der europäischen Geliebten Ehefrauen als Cousinen oder Schwestern und die gemeinsamen Kinder als jüngere Geschwister vorgestellt. Keine Lüge war schäbig genug, um sie nicht im Kampf um Aufenthaltsgenehmigung, Geld, Geschenke oder sonstige Vorteile einzusetzen. Besonders beliebt war das Vortäuschen schwerer Krankheiten, um Geld aus den Opfern herauszupressen. Ein weiterer beliebter Trick war es, Geld zu erbetteln, um sich vom drohenden Wehrdienst freizukaufen.

Bei Brittas Erzählungen überkamen mich Déjà-vus. Vieles von dem, was ich hörte, kam mir verdächtig bekannt vor. Hatte nicht auch meine Freundin Claudine ihrem Lebensgefährten Ibi 2000 DM gegeben, um ihm den Militärdienst zu ersparen? Hatte mich nicht auch der Notar betrogen, der beglaubigen sollte, wie viel meiner Ersparnisse ich in das Haus einbrachte?

Mir schwirrte der Kopf nach all diesen Erkenntnissen, und in dieser Nacht fand ich keinen Schlaf, sondern warf mich unruhig von einer Seite auf die andere. Die bösen Erinnerungen waren erneut zum Leben erwacht und zum Greifen nahe.

Trotz der räumlichen Distanz festigte sich die Freundschaft zu Britta, und auch zu anderen Frauen, die ich in Konstanz kennengelernt hatte, hielt ich weiterhin Kontakt. Wir unterstützten einander mit Rat und Tat, so gut wir konnten, aber es war vor allem das Gefühl, nicht mehr allein und isoliert zu sein, das uns allen weiterhalf. Jede von uns hatte unter dem Gefühl gelitten, alleingelassen zu sein und mit dem Erlebten nur auf Ablehnung und Unverständnis zu stoßen. Dies hatte sich mit diesem Treffen geändert, und alle hatten davon profitiert.

Der neue Chef

Ein paar Monate später fand ich eines Morgens eine Notiz auf meinem Schreibtisch. Für den folgenden Tag war eine Mitarbeiterbesprechung anberaumt, für alle war es Pflicht, daran teilzunehmen. Offensichtlich gab es Wichtiges zu besprechen, denn selten wurde ein Treffen in diesem großen Rahmen angeordnet.

Gespannt warteten wir am nächsten Tag auf die Neuigkeiten, die unser Chef zu verkünden hatte. Professor Heinrich kam als letzter ins Sitzungszimmer, und entgegen seiner sonstigen Gewohnheit nahm er nicht Platz, sondern blieb am Kopfende des Tisches stehen. »Guten Morgen, meine Damen und Herren, ich will Sie nicht auf die Folter spannen, deshalb mache ich es kurz: Eine renommierte Klinik in Los Angeles hat mir ein Angebot unterbreitet, die Leitung dort zu übernehmen. Sie sollen wissen, dass ich noch keine Entscheidung diesbezüglich getroffen habe, aber ich möchte den bereits kursierenden Gerüchten zuvorkommen und offen mit Ihnen darüber sprechen. Sie werden die Ersten sein, denen ich meinen Entschluss mitteilen werde, sobald eine Entscheidung gefallen ist. Eines aber sollen Sie wissen: Sie alle werden Ihre Arbeitsplätze behalten. Ich danke für Ihre Aufmerksamkeit.«

Man hätte eine Stecknadel fallen hören können, so still war es im Raum. Alle Mitarbeiter starrten betroffen auf unseren Chef; mit dieser Nachricht hatte sicher keiner gerechnet. Erst als er den Raum verlassen hatte, hob sich der Geräuschpegel, als alle aufgeregt und verstört durcheinanderredeten. Diese Überraschung war gelungen, die Nachricht hatte bei mir und meinen Kollegen eingeschlagen wie eine Bombe. Trotz der Äußerung, dass unsere Arbeitsplätze sicher wären, machten wir uns alle Sorgen um unsere Jobs. Wie würde es ohne unseren Chef für uns weitergehen, wenn er sich tatsächlich für Los Angeles entscheiden würde? Die Klinik – das war Professor Heinrich! Wer sollte ihn ersetzen können?

Langsam ging ich in mein Büro zurück. Was würde aus mir werden, falls Professor Heinrich uns tatsächlich verlassen würde? Er war der perfekte Chef; die Arbeit bereitete mir Freude, obwohl er anspruchsvoll war und keinen Fehler durchgehen ließ. Er leitete jeden seinen Mitarbeiter persönlich an, hatte seine Augen überall und bemerkte alles, herausragende Leistungen, aber auch Dinge, die wir gern vor ihm verborgen hätten. Nie erhob er die Stimme, nie war er ungehalten oder ungerecht. Er war mitfühlend und immer um ein gutes Arbeitsklima bemüht. Ich konnte nur hoffen, dass er sich zum Bleiben entschließen würde, denn ob wir noch einmal das Glück hätten, für einen solch großartigen Mann arbeiten zu dürfen?

Die Tage gingen dahin, wir blieben im Ungewissen. Professor Heinrich hatte einige seiner engsten Mitarbeiter, darunter auch mich, gefragt, ob wir uns vorstellen könnten, ihn nach Los Angeles zu begleiten. Ich hatte mir Bedenkzeit erbeten, letztendlich aber doch – mit Blick auf meinen Sohn – abgelehnt. Schon einmal hatte er seine Heimat und seine Familie verloren, noch einmal wollte ich ihn nicht aus der gewohnten Umgebung und von der Seite der geliebten Großeltern reißen.

Schließlich teilte er uns mit, dass er das Angebot annehmen und die Klinik verlassen würde. Uns allen war im Grunde klar gewesen, wie er sich letztendlich entscheiden würde, trotzdem machte uns die Nachricht betroffen und unsicher. Die Stimmung sank auf den Nullpunkt, jeder zitterte vor dem Neuanfang. Vier seiner Mitarbeiter würden Professor Heinrich nach Amerika begleiten, aber was erwartete die Zurückbleibenden?

Kurz nachdem uns die Entscheidung unseres Chef mitgeteilt worden war, wurde ich in sein Zimmer gerufen. »Frau Sachs, ich möchte Ihnen nochmals versichern, dass Sie Ihren Arbeitsplatz behalten werden. Ich habe dafür gesorgt, dass alle meine Mitarbeiter übernommen werden. Sie brauchen sich deshalb nicht zu sorgen. Es ist sehr bedauerlich, dass Sie sich zum Bleiben entschlossen haben, aber ich kann Ihre Entscheidung durchaus verstehen. Mein Nachfolger wird es sicher zu schätzen wissen, eine derart fähige und gewandte Mitarbeiterin übernehmen zu können, und Ihr Arbeitsbereich wird Ihnen erhalten bleiben.«

Sprechen konnte ich nicht, deshalb nickte ich nur wortlos und versuchte die Tränen zurückzuhalten, die mir in die Augen stiegen. Zwei Jahre hatte ich mit ihm Tag für Tag gearbeitet, hatte viel gelernt in dieser Zeit, hatte neue und interessante Leute kennengelernt und war unter dem Lob und Wohlwollen von Professor Heinrich aufgeblüht. Er hatte mein geschrumpftes Selbstbewusstsein aufpoliert, er hatte Vertrauen in mich gesetzt und mir immer wieder gezeigt, wie sehr er mich und meine Arbeit schätzte. Ich hatte ihm unendlich viel zu verdanken. Aber wer oder was würde mich nun erwarten?

In den nächsten Wochen waren wir mit Packen beschäftigt. An so viele Dinge musste gedacht werden, mein Organisationstalent war gefordert. Wir standen in ständigem Kontakt mit der Amerikanischen Botschaft in Berlin, die uns mit guten Ratschlägen und Tipps unterstützte. Nicht nur medizinisches Gerät, Akten, Fachbücher und -zeitschriften mussten gebündelt, auch der private Haushalt sollte in Containern verstaut werden. Tag für Tag gingen Möbelpacker und Speditionskaufleute bei uns ein und aus, um zu sichten, zu vermessen und den Abbau und Transport zu besprechen. Es gab so viel zu tun, dass ich manchmal sogar darüber vergaß, dass dieser Umzug uns einen neuen Vorgesetzten bringen würde.

Bevor wir uns versahen, war der Zeitpunkt des Abschieds nah. Nur noch wenige Tage in der Heimat verblieben Professor Heinrich und seiner Familie vor der Reise über den Großen Teich. Ein letztes Mal traf sich das Team auf Einladung unseres Chefs zum gemeinsamen Abendessen im Garten seines ehemaligen Hauses. Am nächsten Tag überreichte er jedem seiner Mitarbeiter ein Dienstzeugnis, in dem er die Leistungen eines jeden würdigte.

Ein letztes Mal kam er in die Klinik, ging von Raum zu Raum, und jeder, der mit ihm gearbeitet hatte, wurde mit einem kleinen Geschenk und einigen persönlichen Worten verabschiedet. Wieder einmal hatte ich einen mir nahestehenden Menschen verloren, wieder einmal musste ich Adieu sagen.

Bald würde der neue Vorgesetzte eintreffen, der Mann, der Professor Heinrich ersetzen und zukünftig die Klinik leiten sollte. Wilde Spekulationen kamen mir zu Ohren, aber bisher war noch nichts endgültig entschieden. Doch die Gerüchteküche brodelte.

An einem Nachmittag im Januar 2003 klopfte es an meiner Bürotür. Herein kamen der Aufsichtsratsvorsitzende der Klinik und ein mir unbekannter Herr im dunklen Anzug. Er wurde mir als Professor Sandner, der neue Klinikleiter, vorgestellt. Ich hatte mich erhoben und wartete, dass er mir die Hand zur Begrüßung reichte. Doch er nickte nur kühl und ging an mir vorbei zum Chefzimmer, ohne mich weiter zu beachten oder das Wort an mich zu richten.

Als er seinen Rundgang durch die beiden Büros beendet hatte, kam er zurück zu meinem Schreibtisch. Wieder nickte er nur kurz, drehte sich wortlos um und verließ mit dem Aufsichtsratsvorsitzenden im Schlepptau mein Büro.

Fassungslos sank ich auf den Stuhl zurück. Ich hatte soeben meinen neuen Vorgesetzen kennengelernt, und es war gegenseitige Abneigung auf den ersten Blick.

Mobbing und Krankheit

Von nun an wehte mir ein neuer, kalter Wind um die Nase. Hatte Professor Heinrich mich immer als seine engste Mitarbeiterin gesehen, zeigte mir sein Nachfolger vom ersten Tag an, was er von mir und meinen Fähigkeiten hielt, und vor allem, dass ich ihm von ganzem Herzen unsympathisch war. Bereits an unserem ersten gemeinsamen Arbeitstag blieb er mit meiner Personalakte in der

Hand vor meinem Schreibtisch stehen und blickte voller Arroganz auf mich herab. »Sie haben welche Ausbildung?«, fragte er.

»Eine abgeschlossene Lehre als Rechtsanwaltsfachangestellte sowie eine zweijährige Sprachausbildung«, erwiderte ich.

»Auf einer Fachhochschule?«

»Nein, auf einer privaten Sprachschule.« Konnte er nicht selbst in den Unterlagen nachlesen, was ihn offensichtlich so brennend interessierte? Wozu diese inquisitorischen Fragen?

»So, so, also keinerlei akademische Bildung. Nun, ich bin es nicht gewohnt, mit nicht akademischem Personal zu arbeiten. Sie werden sich anstrengen müssen, um meinen hohen Anforderungen gerecht zu werden!«

Ich war entsetzt über seine Unterstellung, dass ich nur aufgrund meiner nicht akademischen Ausbildung nicht in der Lage sein würde, seine gehobenen Ansprüche zu erfüllen. Aber ich wollte nicht von Anfang an durch eine patzige Antwort das Arbeitsklima vergiften und hielt deshalb den Mund. Mir war an einem reibungslosen Miteinander gelegen, denn ich war auf diesen Job und mein Gehalt angewiesen. Auf keinen Fall wollte ich gleich am ersten Tag einen Streit vom Zaun brechen und diesen Mann noch mehr gegen mich aufbringen. Vielleicht ärgerte er sich über den Umstand, dass er praktisch gezwungen war, mich von seinem Vorgänger zu übernehmen. Vielleicht musste ich mich erst bewähren und ihm zeigen, dass ich trotz meiner von ihm gering geschätzten Ausbildung etwas zu leisten imstande war.

»In Zukunft wird es so sein, dass Sie Ihre Anweisungen von meinen Assistenten erhalten. Ich werde mich nicht damit aufhalten, Ihnen meine Arbeitsweise zu erklären, Sie werden also zukünftig das tun, was meine Assistenten anordnen!« Damit verließ er mein Büro, und die Verbindungstür zwischen unseren Zimmern fiel mit einem lauten Knall hinter ihm ins Schloss.

Nun waren die Fronten geklärt, und ich wusste, was ich von meinem neuen Vorgesetzten zu erwarten hatte. Nicht viel Gutes, wie es aussah. Ich konnte nur darauf hoffen, dass seine Mitarbeiter mir freundlicher gesinnt waren als ihr Chef.

Doch auch sie brachten mir nicht mehr Sympathie entgegen als er. Mir ins Gesicht waren sie freundlich, doch ich wusste, dass sie hinter meinem Rücken wenig Nettes über mich zu sagen hatten. Ich konnte mir nicht erklären, womit ich mir von Anfang an ihre Abneigung zugezogen hatte. Nichts, was ich tat oder sagte, konnte ihre Meinung über mich ändern, und vom ersten Tag an war ich der Außenseiter im Team: Man hielt es nicht für nötig, mich über wichtige Dinge zu informieren, die Assistenten übernahmen einen Teil meiner Arbeit, weil mein Chef mich offensichtlich nicht für fähig hielt, weiterhin meinen gewohnten Tätigkeiten nachzugehen. Innerhalb kürzester Zeit blieben nur noch Ablage und Telefonate für mich zu erledigen, selbst die Terminplanung war mir entzogen worden. Keines der laufenden Projekte war mit mir besprochen worden, sodass ich bei Nachfragen stets einen uninformierten, dümmlichen Eindruck hinterließ. Bei den täglichen Arbeitsabläufen wurde ich einfach übergangen, ich war ausgeschlossen und konnte nichts dagegen tun.

Und nicht nur mein beruflicher Werdegang, auch mein persönlicher Status als alleinerziehende Mutter schien meinem neuen Chef ein Dorn im Auge zu sein, denn auch darüber musste ich mir abfällige Kommentare gefallen lassen. Auch meine gescheiterte Ehe mit einem Nordafrikaner war für ihn nur ein weiteres Zeichen meiner sozialen Inkompetenz.

Das nach meiner Trennung mühsam erarbeitete Selbstvertrauen fiel in sich zusammen, ich war wieder unsicher, fahrig und nervös. Mir unterliefen Fehler, die unter normalen Umständen nie passiert wären, durch die ständige Anspannung war ich oft unkonzentriert und unbedacht. Die von mir gemachten Fehler wiederum gaben meinem Chef Anlass zu bissigen Kommentaren, die ich bald zu fürchten lernte. Besonders gern setzte er mich in Gegenwart seiner Assistenten mit höhnischen Bemerkungen herab, sodass ich oft am liebsten im Erdboden versunken wäre. Ihre scheinheilig mitleidigen Mienen, hinter denen sie ihre Schadenfreude und Abneigung verbargen, waren mir unerträglich, und es fiel mir nicht leicht, weiterhin geschäftsmäßig höflich und freundlich zu wirken.

Von Tag zu Tag fiel es mir morgens schwerer, aufzustehen und meiner Arbeit nachzugehen. Schon am frühen Morgen litt ich unter heftigen Magenkrämpfen und musste mich vor der Fahrt ins Büro übergeben. Nachts konnte ich nicht schlafen, denn meine Angst vor dem, was mich tagsüber im Büro erwartete, ließ mich nicht mehr zur Ruhe kommen. Heftige Migräne mit Schwindelanfällen war die Folge der mich häufig quälenden Schlaflosigkeit.

Mit niemandem konnte ich über die unerträgliche Situation sprechen, der ich tagtäglich ausgesetzt war. An wen sollte ich mich mit meiner Beschwerde wenden, wenn doch mein Vorgesetzter derjenige war, der das Mobbing selbst in Gang gesetzt hatte und mit beifälligem Grinsen jede mir zugefügte Demütigung zur Kenntnis nahm?

Meine Schlafstörungen nahmen zu, in manchen Nächten war an Schlaf nicht zu denken. Stundenlang lief ich in meinem Schlafzimmer auf und ab. Tagsüber war ich todmüde und erschöpft, nachts konnte ich keine Ruhe finden. Mein Magenleiden hatte sich verschlimmert, ich konnte kaum Essen bei mir behalten. Ohne Unterstützung meiner Eltern wäre ich mit der Kindererziehung völlig überfordert gewesen, aber sie halfen mir, wo sie nur konnten.

Ich hatte Gewicht verloren, tiefe dunkle Ringe lagen unter meinen Augen, und ich sah blass und krank aus. Schließlich überredete mich meine Mutter, eine Ärztin aufzusuchen. Diese diagnostizierte eine Epstein-Barr-Viruserkrankung, auch als Pfeiffersches Drüsenfieber bekannt. Eigentlich eine Kinderkrankheit, konnte sie bei Erwachsenen lang anhaltende und schwere Erschöpfungszustände mit sich bringen und war nur mit viel Ruhe und Vermeidung von Stress zu kurieren. Zu meiner Erleichterung sollte ich mehr als zwei Monate pausieren, um wieder auf die Beine zu kommen.

Bei der behandelnden Ärztin hatte ich offenbar einen mutlosen und deprimierten Eindruck hinterlassen, der nicht nur auf die Krankheit zurückzuführen war. Während einer Untersuchung fragte sie mich, ob ich schon einmal eine Gesprächstherapie in Erwägung gezogen hätte. Ich hatte ihr von der dramatischen Trennung und dem laufenden Scheidungsersuchen erzählt, die Schikanen, denen ich derzeit ausgesetzt war, aber verschwiegen. Ich bat um Bedenkzeit, denn ich wollte mich erst einmal gründlich über die zu erwartende Behandlung informieren.

Schließlich stimmte ich mit gemischten Gefühlen zu, mich für ein Gespräch mit der Therapeutin zu treffen. Noch immer war ich arbeitsunfähig, und wenn ich nur daran dachte, wer mich an meinem Arbeitsplatz mit giftigen Kommentaren und bösen Blicken erwartete, verließ mich jegliche Kraft. Vielleicht konnte sie mir helfen, mich aus der verzwickten Situation, in der ich gefangen war, zu lösen, und mir hilfreiche Tipps und Hinweise geben. Und vielleicht wäre es eine große Erleichterung für mich, ohne ein Blatt vor den Mund zu nehmen über meine Lage sprechen zu können. Auf jeden Fall hatte ich mich nun durchgerungen, diese Möglichkeit wahrzunehmen.

Mein Scheidungsersuchen war zweimal vergeblich nach Tunesien gesandt worden, eine Zustellung war nicht möglich gewesen. Mehr als drei Jahre warteten wir schon auf eine Antwort, die Ungewissheit war zermürbend. Noch immer war ich mit meinem betrügerischen Ehemann verheiratet, und obwohl ich nicht die Absicht hatte, je wieder eine Beziehung oder gar eine Ehe einzugehen, wollte ich die bürokratischen Fesseln, die mich an ihn banden, endlich abstreifen. Ich hatte zwar damit gerechnet, dass es sehr lange dauern würde, bis mein Scheidungsersuchen in Tunesien Gehör fand, aber diese jahrelange, kostspielige Prozedur hatte ich nicht erwartet. Ein weiteres Mal versuchten wir, die Scheidung in Medenine einzureichen, und hofften nun auf eine dritte und erfolgreiche Zustellung der Dokumente.

Wochenlang plagte mich schon das Pfeiffersche Drüsenfieber, noch immer litt ich unter Schwächeanfällen, Migräne und Magenbeschwerden und war arbeitsunfähig.

Iskander war eingeschult worden, und wir sahen uns neuen Schwierigkeiten gegenüber. Seine Lehrerin war wenig erfreut über die Tatsache, dass ein dunkelhaariges Kind mit braunen Augen und brauner Haut in ihre Klasse kam. Bei jeder Gelegenheit spielte sie auf seine Herkunft an, erniedrigte ihn vor der gesamten Klasse und verfolgte ihn mit ihrem kleingeistigen Hass. Da ich gerade selbst Mobbing hautnah erlebte, reagierte ich besonders empfindlich auf das, was meinem Kind angetan wurde. Vehement setzte ich mich dieses Mal zur Wehr, denn ich konnte es nicht mit ansehen, wie mein Kind unter der Diskriminierung und den Herabsetzungen seiner unfähigen Lehrerin litt. Ich nahm all meine Kraft zusammen und schrieb eine Dienstaufsichtsbeschwerde. Es kam zum Eklat, und das zuständige Schulamt schaltete sich ein. Es ging so weit, dass ich Iskander von der Schule nahm und in einer außerhalb gelegenen Grundschule unterbrachte.

Durch all den Ärger und Stress hatte sich mein Gesundheitszustand wieder verschlechtert. Nun endlich kam ich zur Besinnung und war bereit, die Hilfe der mir empfohlenen Therapeutin in Anspruch zu nehmen.

Wie erwartet, war es eine Erleichterung, die auf mir lastenden Probleme mit einer neutralen Person besprechen zu können. Frau Reithel verstand es, mein Vertrauen zu gewinnen, und ihre ausgeglichene und sachliche Art machte es mir leicht, mich ihr zu öffnen und ohne falsche Scham über meine Probleme zu sprechen. Es hatte den Anschein, als wäre mein Leben völlig aus den Fugen geraten. Problem häufte sich auf Problem, und ich hatte keine Lösungen parat. Mir fehlten die Kraft und der Mut, um aufzustehen und mich gegen Krankheit, Mobbing-Attacken, die tunesischen Behörden und eine rassistische Lehrerin erfolgreich und dauerhaft zur Wehr zu setzen.

Aber ich wollte gesund werden, wollte wieder leistungs- und einsatzfähig sein, wollte mein Leben wieder in die Hand nehmen und die Baustellen, die sich aufgetan hatten, eine nach der anderen beseitigen.

Nach dreimonatiger Krankheit war ich so weit wiederhergestellt, dass ich meine Arbeit von Neuem aufnehmen konnte. Ganz offensichtlich kreidete man mir mein langes Fehlen als persönliches Verschulden an, denn nun war ich gänzlich zur Unperson geworden. Kaum einer richtete noch das Wort an mich, ich wurde einfach übersehen. Gespräche gingen über mich hinweg, als wäre ich unsichtbar. Aber nun hatte ich einen Rettungsanker, eine Person, der ich von all den Erniedrigungen berichten konnte. Ich musste diese Unsäglichkeiten nicht mehr mit mir herumtragen und sie in mich hineinfressen, ich konnte sie laut aussprechen und sie damit von mir werfen und aus meinem Kopf verbannen. Es waren kleine Schritte, aber ich fühlte, dass es Schritte in die richtige Richtung waren.

Und als ich das Gefühl hatte, dass es nun wieder aufwärtsging, dass ich mich trotz der Anfeindungen im Büro auf meinem Platz behaupten konnte, erkrankte mein Vater. Schon lange hatte er über Schmerzen im Unterleib geklagt, sich aber nicht zu einem Arztbesuch entschließen können. Sobald die Schmerzen nachließen und er sich wohler fühlte, war er nicht mehr zu bewegen, einen Arzt aufzusuchen. An einem warmen Julinachmittag im Jahr 2005 war er nach einem Spaziergang mit Iskander im Badezimmer zusammengebrochen. Der schnell herbeigerufene Notarzt veranlasste die sofortige Einweisung ins Krankenhaus.

Wir brachten Iskander bei Verwandten unter, dann fuhren meine Mutter, mein Bruder und ich in die Klinik. Während mein Vater noch untersucht und geröntgt wurde, bat der Oberarzt uns zu einem Gespräch. Auf den Röntgenbildern seien Geschwüre erkennbar, aber man wolle sich zu diesem Zeitpunkt noch nicht festlegen und zur Sicherheit eine Gewebeuntersuchung machen, teilte uns der Oberarzt mit. Mein Vater musste also weiter in der Klinik bleiben.

Es dauerte nur wenige Tage, bis das Ergebnis der Gewebeuntersuchung feststand: Krebs, die Diagnose, vor der wir uns alle gefürchtet hatten. Wir wurden zu einem weiteren Gespräch ins Krankenhaus gebeten, wo man uns eröffnete, dass mein Vater bereits Krebs im Endstadium hatte. Operation oder Chemotherapien kamen nicht mehr infrage, es ging nur noch um die Frage, wie man ihm die Schmerzen erträglich machen konnte.

Wie Hammerschläge hatten uns die Sätze getroffen, mit denen der Arzt die Diagnose darlegte. Meine Mutter war bleich und völlig regungslos, meinem Bruder standen die Schweißperlen auf der Stirn, während er angestrengt auf seine Schuhspitzen starrte. Ich konnte nur an Iskander denken und daran, dass er schon in kurzer Zeit seinen über alles geliebten Großvater verlieren würde, der sich jahrelang mit liebevollster Zuneigung um ihn gekümmert, der ihn tagtäglich in den Kindergarten gebracht und wieder abgeholt hatte, der im Winter mit ihm zum Rodeln und im Sommer zum Schwimmen gegangen war. Mein Vater hing mit all seiner großväterlichen Liebe an meinem kleinen Sohn und wurde ebenso leidenschaftlich von diesem geliebt. Ohne meinen Vater war meine Familie für mich nicht vorstellbar. Der Schmerz über diese Nachricht war so überwältigend, dass ich zu keiner Reaktion fähig war, sondern nur wortlos in mich zusammensank.

Es dauerte lange, bis mein Bruder sich aufraffen konnte zu fragen: »Wie geht es nun weiter? Bleibt mein Vater bei Ihnen oder …?«

»Ihr Vater braucht professionelle Pflege. Ich empfehle Ihnen ein Hospiz, denn zu Hause werden Sie die dafür erforderlichen Leistungen nicht erbringen können. Ich werde Ihnen eine Sozialberaterin schicken, mit der Sie alles Weitere besprechen können.« Er telefonierte kurz.

Als die Beraterin eintrat, verabschiedete er sich von uns und verließ den Raum. Wir saßen noch immer wie versteinert, als uns die Frau mitfühlend die Hand drückte. Das Gesagte drang nicht bis zu mir vor, ich konnte es nur bruchstückweise aufnehmen. Ich wollte meinen Vater sehen, seine Hand halten und wissen, dass er noch bei uns war. Ich wollte nicht hier sitzen und mit einer Fremden darüber sprechen, wie wir ihm das Sterben erleichtern sollten.

Die Kraft meiner Mutter half uns durch dieses Gespräch. Sie hielt meine Hand fest umfasst und drückte sie immer wieder wie zum Trost. Während die Sozialberaterin uns die Möglichkeiten aufzeigte, die für die Krankenpflege zur Verfügung standen, strömten mir die Tränen übers Gesicht. Dieser weitere schmerzliche Verlust war mehr, als ich ertragen konnte.

Mithilfe der engagierten Sozialberaterin fanden wir einen Platz in einem nahe gelegenen Hospiz. Dort wurde mein Vater von Fachpersonal und Schmerztherapeuten betreut, und meine Familie wechselte sich mit Besuchen ab, sodass während des Tages immer jemand bei ihm war. Mein Vater hatte die Diagnose sehr gefasst aufgenommen, und er war es, der uns tröstete und Mut zusprach. Besonders meine Mutter besuchte ihn täglich in der Klinik, denn sie wusste, dass ihr nicht mehr viel Zeit mit ihrem Mann blieb. Fast fünfzig Jahre hatten die beiden gemeinsam verbracht, und sie schob den Gedanken von sich, dass diese Zeit bald zu Ende sein würde. In Gegenwart meines Vaters gab sie sich stets zuversichtlich und fröhlich, aber ich spürte, wie viel Energie sie das Lächeln und die aufmunternden Worte kosteten, denn es war nicht zu übersehen, dass die Krankheit rapide fortschritt. Mein Vater verfiel und wurde täglich schwächer, und er nahm kaum noch Nahrung zu sich.

Tod meines Vaters

Für uns alle war es schrecklich, hilflos diesem langsamen, schmerzhaften Sterben zusehen zu müssen. An manchen Tagen konnte ich nicht die Kraft aufbringen, meinen Vater im Hospiz zu besuchen, und fühlte mich danach doppelt schuldig, weil ich mich so feige vor diesen Besuchen drückte. Wenn ich den einst so vitalen, tatkräftigen Mann bewegungslos im Bett liegen sah, konnte ich nur schwer die Tränen zurückhalten. Doch ich hatte meiner Mutter versprochen, nicht vor ihm zu weinen und ihm dadurch zusätzlichen Kummer zu bereiten.

An manchen Tagen verbrachte ich meine Mittagspause am Bett meines Vaters, denn das Hospiz lag ganz in der Nähe meiner Arbeitsstelle. Auch an diesem Tag wollte ich meinen Vater besuchen, doch als ich das Zimmer betrat, schlief er fest. Mittlerweile bekam er Morphin-Präparate zur Schmerzlinderung und lag nach der Behandlung in einem komaähnlichen Schlaf.

Ich setzte mich zu ihm und nahm seine völlig abgemagerte Hand in meine. Wie jedes Mal, wenn ich meinen Vater so liegen sah, dachte ich: Vielleicht das letzte Mal, dass ich ihn lebend sehe. Ich verabschiedete mich mit einem Kuss auf seine Wange, in der Hoffnung, dass er meine Anwesenheit gespürt hatte.

Unglücklich und bedrückt kam ich ins Büro zurück. Dort wurde ich bereits von Professor Sandner und seiner aufgebrachten Assistentin erwartet. Ich hatte ihrer Meinung nach eine Materialbestellung für Schreibstifte auf einen falschen Namen getätigt, und dafür wollten sie mich nun zur Rechenschaft ziehen.

Regungslos hörte ich mir das Gekeife der beiden an, während meine Gedanken im Krankenzimmer meines Vaters waren. Erst als die Anschuldigungen persönlich wurden, stand ich auf und verließ kommentarlos das Zimmer. Nun konnte ich die Tränen nicht mehr zurückhalten. Ich nahm Mantel und Tasche, schob die Assistentin zur Seite, die mir immer weiter Vorhaltungen wegen meines unprofessionellen Verhaltens machte, und ging schnurstracks zur Tür hinaus.

Es war genug, mehr konnte ich nicht ertragen. Sie hatten mich fast drei Jahre lang gedemütigt, verletzt und gequält. Ich wollte mich nicht mehr weiter ihren Intrigen aussetzen. Aufgrund meiner angeschlagenen Gesundheit war ich nun wieder einmal arbeitsunfähig.

Drei Tage nach diesem Vorfall starb mein Vater. Obwohl wir Bescheid gewusst und die Ärzte uns täglich auf seinen schlechten Gesundheitszustand hingewiesen hatten, war die Nachricht ein Schock. Nur wenige Monate waren seit der Diagnose vergangen, viel zu wenig Zeit war uns mit ihm geblieben. In aller Stille trugen wir meinen Vater im Kreis seiner Familie zu Grabe.

Ich war am Ende meiner Kräfte, noch immer geschwächt vom Pfeifferschen Drüsenfieber und den ständigen Intrigen, die mir mein Berufsleben zur Hölle machten. Zu viel war passiert in den letzten Jahren, meine Kraftreserven waren restlos aufgebraucht. Gelegentlich hatte ich darüber nachgedacht, wie es wohl wäre, einen endgültigen Schlussstrich zu ziehen, doch der Gedanke an mein Kind hatte mich vor einer unüberlegten Handlung bewahrt.

Es war meine Therapeutin, die sofort reagierte, als ich sie das nächste Mal besuchte. Auf der Stelle beantragte sie eine Rehabilitationsmaßnahme für mich. Zwei Monate sollte diese dauern und mir helfen, mein seelisches Gleichgewicht wiederzufinden.

Erstaunlich rasch waren alle Formalitäten erledigt, für Iskander erwirkte ich die Schulbefreiung und reiste mit meinem Sohn in den Taunus, um in einem Sanatorium Erholung zu finden und neue Kräfte zu tanken.

Bereits in der ersten Woche meines Aufenthalts erreichte mich die Nachricht, dass Professor Sandner einem Ruf nach Berlin folgen und mitsamt seinem Mitarbeiterstab die Klinik verlassen würde. Das war für mich die beste Nachricht seit Langem. Wer immer seinen Platz einnehmen würde, schlimmer als in den vergangenen drei Jahren konnten die Arbeitsbedingungen für mich nicht werden. Ich hatte bereits mit dem Gedanken gespielt, meine Stelle in der Klinik zu kündigen, doch nun schöpfte ich neuen Mut.

In Therapiesitzungen und Gruppengesprächen kam endlich alles zur Sprache, was mir in den letzten Jahren widerfahren war: Der Heiratsschwindel meines Mannes und die Bedrohung durch ihn an meinem neuen Wohnort, die permanente Angst um mein Kind, die fortwährenden Erniedrigungen am Arbeitsplatz und die plötzliche Krankheit und der Tod meines Vaters.

Lange Gespräche mit anderen Betroffenen halfen mir, meine Situation richtig einzuschätzen und damit umzugehen. Längst Vergessenes oder Verdrängtes kam an die Oberfläche und wurde thematisiert. Es waren schmerzhafte Erfahrungen und Erkenntnisse, aber sie hatten eine erst befreiende, dann heilende Wirkung auf mich. Das erste Mal seit langer Zeit fühlte ich mich ausgeglichen und glaubte, nun alle Schwierigkeiten überwunden zu haben.

Der Überfall

In gelöster Stimmung trafen Iskander und ich nach zwei Monaten zu Hause ein. Meinen Chef sah ich kaum noch, denn er kam nur noch sporadisch in die Klinik, um persönliche Dinge und Post abzuholen. Sang- und klanglos war er eines Tages verschwunden, ohne sich zu verabschieden. Nun machte es mir wieder Spaß, ins Büro zu kommen und die tägliche Arbeit zu erledigen, denn mit Professor Sandner und seiner intriganten Truppe war auch der harsche Umgangston verschwunden.

Mein Vater fehlte mir, ich vermisste ihn jeden Tag aufs Neue. Nur langsam ließ der Schmerz nach; was blieb, waren die Erinnerungen an ihn.

An einem der letzten warmen Sommerwochenenden verabredete ich mich mit Arbeitskollegen zu einem Klassik-Open-Air-Konzert. Iskander verbrachte den Abend bei einem Schulfreund und wollte auch dort übernachten, also musste ich nicht sofort nach Konzertende nach Hause, sondern konnte den Abend gemächlich ausklingen lassen.

Es war sehr spät in der Nacht, als ich bei meiner Wohnung ankam. Wie üblich war weit und breit keine Parklücke frei, deshalb stellte ich mein Auto in der gegenüberliegenden Tiefgarage ab. Sonst vermied ich es nach Möglichkeit, dort zu parken, denn die schummrige Beleuchtung erzeugte eine leicht gruselige Atmosphäre, die mir stets Gänsehaut verursachte.

Um diese Nachtstunde war alles still und noch düsterer als sonst. Schnellen Schrittes eilte ich zum Ausgang und atmete erleichtert auf, als ich endlich im Freien war. Nun schlug ich eine langsamere Gangart an, denn es waren nur wenige Meter bis zu unserer Haustür.

Kurz bevor ich sie erreichte, wurde ich von hinten am Hals gepackt und auf das Pflaster geschleudert. Außer mir vor Angst und Entsetzen schrie ich, so laut ich konnte, bevor mir der Mann die Hand auf den Mund presste.

»So, du Schlampe, hab ich dich endlich!«

Schreckensstarr erkannte ich Kamal, der sich über mich beugte und mir seinen alkoholschweren Atem ins Gesicht blies. Ich versuchte, um mich zu schlagen und mit den Füßen zu treten, aber er hatte sich auf meinen rechten Arm gekniet. Seine linke Hand krallte sich in meine Haare und hielt mich so am Boden. Als ich ihm in die andere Hand beißen wollte, die er immer noch auf meinen Mund gepresst hielt, zog er sie schnell zurück, griff in seine Jackentasche und zog daraus eine lange, spitze Schere hervor. In Panik schrie ich noch lauter als zuvor und versuchte verzweifelt, ihn abzuschütteln, aus Angst, er wolle auf mich einstechen. Aber er hatte anderes im Sinn.

»Ich werde dich kahl scheren, du hinterlistiges, verlogenes Miststück! Du willst die Scheidung? Ich werde dir zeigen, was du von mir bekommst!«

Und damit schnitt er dicht an meiner Kopfhaut vorbei in mein hüftlanges, dichtes Haar. Nun brüllte ich aus voller Kehle und zappelte nach Leibeskräften. Ungerührt schnitt er weiter, die Schere kratzte über meinen Kopf, ein heftiger Schmerz zuckte über meine Schädeldecke, und ich fühlte warmes Blut herabtropfen.

Doch plötzlich ließ mein Peiniger von mir ab, sprang auf und rannte in langen Sätzen davon. Nur wenige Sekunden später beugte sich mein Nachbar mit schreckverzerrtem Gesicht über mich. »Tina! Um Himmels willen, hörst du mich? Was ist denn passiert?«

Ich war in einem Schockzustand, unfähig zu sprechen, unfähig mich zu bewegen. Ich lag auf dem Gehweg und um mich herum meine abgeschnittenen Haarsträhnen. Mein Nachbar half mir auf die Füße, dann zückte er sein Mobiltelefon und wählte den Notruf. Währenddessen hielt er mich fest im Arm und redete mit leiser Stimme beruhigend auf mich ein. Ich klammerte mich an ihn, vor Angst wie gelähmt. Wenige Minuten später fuhr die Ambulanz vor, und wie in Trance nahm ich wahr, dass mir warme Decken um die Schulter und ich selbst auf eine Trage gelegt und in den Ambulanzwagen geschoben wurde. Selbst das Polizeiauto, das nur eine Minute später vor Ort war, nahm ich nicht mehr wahr. Im Krankenhaus bekam ich starke Beruhigungsmittel und sank in einen ohnmachtähnlichen, traumlosen Schlaf.

Erst am nächsten Tag schaute ich mir die Blessuren an, die mein Mann mir zugefügt hatte. Mein rechter Arm war schwarzblau verfärbt und stark geschwollen, und wo er mich am Hals gepackt hatte, waren dunkle Hämatome zu sehen. Mein Rücken, auf den ich heftig gefallen war, schmerzte von oben bis unten. Am Kopf hatte ich von der Schere verursachte lange Schnittwunden. Aber das alles war nichts gegen das, was mit meinen Haaren passiert war. An der rechten Seite und auf dem Oberkopf waren große kahle Stellen zu sehen. Völlig außer Fassung, brach ich in heftiges Weinen aus, als ich mein entstelltes Spiegelbild sah, und konnte mich nicht mehr beruhigen. So lange hatte ich nichts von ihm gehört oder gesehen, dass ich die Bedrohung, die von ihm ausging, fast vergessen hätte. Mit diesem brutalen Angriff wurde mir wieder bewusst, dass er präsent war, jetzt und in Zukunft, denn er hatte eine Anlaufstelle in meiner Heimatstadt, die er immer wieder in Anspruch nehmen konnte. Sein Bruder und dessen Frau waren sicher nur zu gern bereit gewesen, ihm Unterschlupf zu gewähren, damit er in Ruhe diese Tat vorbereiten konnte. Wie lange hatten sie mich wohl schon beobachtet und ausspioniert?

Der Gedanke an die ständig währende Bedrohung, die von Lydia und Mounir ausging, ließ mich frösteln. Solange diese Kreaturen wussten, wo mein Zuhause war, würde ich keine ruhige Minute mehr haben. Mein Entschluss stand fest, ich würde mir eine andere Bleibe suchen müssen.

Noch am gleichen Nachmittag wurde ich von zwei Polizisten zu dem Überfall befragt. Nachdem ich angegeben hatte, dass mein Mann sozusagen einen »Stützpunkt« in der Stadt hatte, wurde wieder einmal eine Polizeistreife zu Lydias Wohnung geschickt. Meine Vermutung bewahrheitete sich; mein Mann hatte dort zwar Unterschlupf gefunden, aber nach dem Angriff auf mich sofort das Weite gesucht. Er war untergetaucht und nicht mehr auffindbar. Keiner wusste, ob er in Deutschland geblieben war, sich ins benachbarte Ausland abgesetzt oder nach Tunesien zurückgekehrt war. Alle Nachforschungen waren vergebens.

Nachdem meine Kopfwunden verheilt waren, musste ich die noch verbliebenen langen Strähnen abschneiden lassen. Mein blasses, eingefallenes Gesicht war nun von streichholzkurzem Haar umrahmt. Ich war immer so stolz auf meine langen Haare gewesen; ich fühlte mich, als hätte man mir einen Körperteil abgetrennt.

Nie würde ich zur Ruhe kommen, ständig musste ich damit rechnen, dass mein Mann irgendwann vor mir auftauchen würde, hasserfüllt und rachedurstig. Die Angst vor ihm und seiner Verfolgung würde bleiben; nach diesem Angriff mehr denn je. Jeden Morgen erwachte ich mit dem Gedanken, dass er sich Iskander schnappen und mit ihm auf Nimmerwiedersehen verschwinden würde.

Seit dieser schrecklichen Nacht habe ich von Lydia und Mounir glücklicherweise nichts mehr gehört. Ich kann nicht sagen, ob sie noch ein Paar sind. Gelegentlich sehe ich Lydia in der Stadt, gehe ihr aber aus dem Weg, vermeide jeglichen Kontakt. Mounir habe ich nie mehr gesehen und auch nichts mehr von ihm gehört. Ich weiß nicht, ob er noch in meiner Heimatstadt wohnt oder schon weitergezogen ist.

Mein Scheidungsvorhaben habe ich – trotz der Angst vor meinem Mann – durchgezogen und das alleinige Sorgerecht für meinen Sohn erstritten. Ich selbst habe davon wenig mitbekommen, denn meine äußerst engagierte Anwältin kümmerte sich um alles und nahm mir das meiste ab. Allein die Zustellung der Scheidungs-, Unterhalts- und Sorgerechtsklagen innerhalb der tunesischen Behörden und an den Beklagten nahm mehr als vier Jahre in Anspruch. Erst danach konnte vor dem deutschen Amtsgericht ein Scheidungstermin anberaumt werden, zu dem nur meine Anwältin und ich erschienen. Mein Mann hatte weder einen Anwalt beauftragt noch es für nötig gehalten, selbst zu erscheinen, sodass ein Versäumnisurteil erging. Geblieben sind mir 4500 Euro Gerichtskosten, die ich immer noch abbezahle.

Von Kamal habe ich nach seinem Überfall auf mich noch zwei hasserfüllte Briefe voll wilder Drohungen und wüster Beschimpfungen erhalten, die ich an die Polizei weitergegeben habe. Da sowohl meine Familie als auch ich Geheimnummern haben, kann er uns nicht mehr mit Telefonanrufen belästigen. Vor etwa zwei Jahren hat er ein letztes Mal bei den Freunden meiner Eltern angerufen, die er bei unserer Hochzeit kennengelernt hatte, um sich nach seinem Sohn zu erkundigen. Er hat keine Auskunft erhalten und sich danach nie mehr gemeldet.

Mein Exmann ist schon längst kein unbeschriebenes Blatt mehr und wird in mehreren Ländern als Gefühlsbetrüger und Heiratsschwindler auf den schwarzen Listen der europäischen *Bezness*-Internetseiten geführt.

Wie ich erfahren habe, ist es ihm dennoch vor Kurzem erneut gelungen, sich mit einer Europäerin zu verheiraten. Er hat Djerba verlassen und lebt im Heimatland seiner jetzigen Ehefrau, sodass in absehbarer Zeit einer unbeschränkten Aufenthaltsgenehmigung in der Europäischen Union nichts mehr im Wege steht.

Besonders tief verletzt war ich darüber, dass weder mein Schwiegervater noch Amany sich je wieder bei mir gemeldet haben, was mir deutlich zeigt, wie wenig Iskander und ich ihnen in Wahrheit bedeutet haben. Meinem Schwiegervater bin ich trotzdem dankbar für seine Hilfe und Unterstützung bei meiner Abreise aus Djerba.

Seit einigen Monaten habe ich einen neuen Vorgesetzten, einen jungen, dynamischen Klinikleiter, der viel Ähnlichkeit mit Professor Heinrich hat. Unsere Zusammenarbeit ist harmonisch und respektvoll. Ich kann wieder mit Freude und ohne Anspannung meiner Tätigkeit nachgehen.

Wäre ich nicht durch die *Bezness*-Beziehung, die nachfolgende ständige Bedrohung durch meinen Ehemann, die schwere Krankheit meines Vaters und seinen schnellen Tod völlig zermürbt gewesen, hätte ich mich mit anderen Mitteln gegen Professor Sandner und seine infamen Intrigen zur Wehr gesetzt. Zu diesem Zeitpunkt aber waren meine Ressourcen bereits aufgebraucht, ich war nicht mehr in der Lage, Widerstand zu leisten. Der Betrug durch meinen Ehemann hat mein ganzes Wesen verändert, denn vor meiner Ehe hätte ich mir dieses Mobbing nicht gefallen lassen. Zudem habe ich während meiner Zeit bei Professor Sandner tagtäglich um meinen Job gebangt, denn ich musste jederzeit damit rechnen, dass ich – falls ich ihm als aufmüpfig erschiene – gekündigt würde.

Iskander und ich haben unsere lieb gewonnene Wohnung aufgegeben und uns eine neue Behausung gesucht. Die Anonymität der fremden Umgebung gibt uns einen gewissen Schutz und ein wenig Sicherheit.

Aber in völliger Sicherheit werden wir wohl nie leben können …

Nachwort und Danksagung

Mit Tunesien verbinden die meisten von uns Sonne, Strand, Meer, luxuriöse Hotels zu günstigen Preisen und freundliches, aufmerksames und liebenswürdiges Servicepersonal. Oberflächlich besehen scheint alles sehr europäisch, locker und aufgeschlossen; man hat sich in diesem islamischen Land, so scheint es, unseren Sitten und Gepflogenheiten angepasst. Doch hinter der westlich angestrichenen Fassade lebt ein Tunesien mit strengen Moralvorstellungen, uns fremden Ehrbegriffen und konservativen Strukturen. In dieser Welt wäre es völlig undenkbar, weil ehrlos und zutiefst verachtenswert, wenn ein Mann eine Frau um Geld bäte, wenn er ihr gestatten würde, sich freizügig in der Öffentlichkeit zu präsentieren, zu rauchen oder Alkohol zu trinken. Beziehungen mit »Ungläubigen« werden von ehrbaren Tunesiern misstrauisch beäugt und abgelehnt. Wünschenswert für junge Männer ist eine Ehe mit einer muslimischen tunesischen Jungfrau, am besten aus der eigenen Familie. Und dennoch: Eine Ehe mit einer Europäerin hat auch Vorteile, denn sie garantiert nicht nur das Ticket nach Europa, sondern bringt begehrte Devisen in die Haushaltskasse und schafft die wirtschaftliche Basis für eine mögliche neue, »rechtgläubige« Verbindung. Nach der Scheidung von der europäischen Frau kann dann die von der Familie arrangierte Ehe – zum Beispiel mit der Cousine – eingegangen werden.

Aus diesem Grund warne ich jede Touristin, egal aus welcher sozialen Schicht oder Altersgruppe, während des Urlaubs allzu leichtfertig und gutgläubig eine binationale Beziehung einzugehen. Animateure, Kellner, Barmänner, Strandverkäufer, Reit- und Tauchlehrer wissen, was Touristinnen gefällt und womit sie ihre Aufmerksamkeit erregen können. Ich will mit meiner Geschichte nicht in Abrede stellen, dass dabei auch glückliche binationale Beziehungen entstehen können. Aber auch wenn anfangs noch keine Geldforderungen gestellt werden, ist das kein Garant dafür, dass es sich nicht um eine *Bezness*-Beziehung handelt, um den gezielten Liebesbetrug von Orientalen an europäischen Frauen. *Bezness* leitet sich vom deutschen Wort »Beziehung« und dem englischen Begriff »business« (Geschäft) ab – und nichts anderes ist es: ein Geschäft mit den Gefühlen argloser Frauen, die von den männlichen Akteuren untereinander oft verächtlich als »Müll«, »Abfall« und »Dreck« bezeichnet, dementsprechend schlecht behandelt und brutal ausgenutzt werden. Ich wünsche jeder Frau, die in einer solchen Beziehung gefangen ist, dass sie den Mut und die Kraft aufbringt, sich daraus zu befreien. Sie sollte sich nicht vor dem Gang zur Polizei und/oder den Gerichten scheuen, wenn sie betrogen, misshandelt, geschlagen oder bedroht worden ist. Es gibt nichts, wofür sie sich zu schämen braucht, denn nicht wir Frauen sind die Schuldigen, sondern die Männer, die uns mit ihrem falschen Spiel getäuscht haben.

Ich habe in diesem Buch meine Geschichte wahrheitsgetreu erzählt. Einiges habe ich ausgelassen, weil es mir für den Handlungsverlauf nicht relevant erschien. Einige Geschehnisse habe ich stilistisch ein wenig »geglättet« und somit verändert, um die Geschichte besser verständlich zu machen und mich nicht in ausschweifenden Erklärungen ergehen zu müssen. Die Namen aller beteiligten Personen und einiger Örtlichkeiten sind frei erfunden, doch die dahinterstehenden Menschen und Orte existieren. Im vierten Teil des Buches habe ich meine Arbeitsplätze erst in eine Anwaltskanzlei, danach in eine Klinik verlegt, was im realen Leben nicht der Fall war.

Mein besonderer Dank gilt an dieser Stelle meiner Mutter, die in jeder Krisensituation vorbehaltlos zu mir gehalten und mich mit all ihrer Kraft unterstützt hat. Auch meinem verstorbenen Vater, der sich täglich um meinen Sohn gekümmert und mich in jeder erdenklichen Weise entlastet hat, danke ich von ganzem Herzen. Dank auch an meine Pateneltern, die meinen Sohn als ihr zweites Enkelkind angenommen haben und ihm ihre ganze Zuneigung schenken.

Unterstützt haben mich bei der Entstehung dieses Buches meine Agentin Susan Bindermann, die stets Zeit für mich hatte und mir mit Rat und Tat zur Seite stand, sowie meine Freundinnen Angela, Birgit, Monika und Susan, die mir bereitwillige Gesprächspartner waren und eifrig Korrektur gelesen haben. Ohne ihre Freundschaft und ihren Zuspruch wäre dieses Buch nie entstanden. Dafür und für ihre endlose Geduld herzlichen Dank.

Tina Sachs
im Juni 2010

Glossar

as-slama	Begrüßung; ähnlich dem »Hallo«
baba	»Vater«; auch Anrede für einen älteren Mann
baklava	mit Pistazien und Nüssen gefülltes Blätterteiggebäck, das in einen Sirup aus Honig und Zucker eingelegt und danach in rautenförmige Stücke geschnitten wird
bes-slama	Abschiedsgruß; »Bleib gesund« im Sinne von »Tschüss«
binti	»meine Tochter« (als Anrede)
brik	Blätterteigtasche, gefüllt mit Kartoffeln, Kapern und Ei
canoun	in den Boden eingelassenes Holzkohlebecken aus Ton oder Metall, das zum Kochen und Erwärmen von Speisen und Getränken dient
cara mia (italienisch)	»meine Liebe«, »mein Schatz«

darbuka	arabische Trommel mit einem kelchförmigen Körper, der aus Ton geformt und mit Tierhaut bespannt wird
djinn	Dämon, böser Geist
fes	kegelstumpfförmige Kopfbedeckung aus rotem Filz für Männer
fuddah	weißes oder rotes, an den Rändern besticktes Wickelgewand
habibati	»mein Liebling«, »meine Geliebte« (als Anrede)
halva	weißer Nougat, bestehend aus Sesamsamen, Zucker, Honig und Öl. Zumeist werden auch Pistazien und Nüsse untergemischt oder zur Verzierung verwendet.
hammam	öffentliches arabisches Dampfbad, das zumeist aus Marmor besteht. In der Mitte des Raumes befindet sich eine kreisrunde Liegefläche, an den Wänden hängen Waschbecken mit warmem und kaltem Wasser.
khalili	»Liebste« (als Anrede)
khalili marti	»Geliebte Frau« (als Anrede); wörtlich: »Gott möge meine Ehefrau beschützen«
lawaj	Miettaxi, Großraumtaxi
madlass	bunt bestickte Matratzen, meist in quadratischer Form, die in dem Empfangszimmer eines arabischen Hauses liegen. Daneben stehen meist kleine, runde Tische.

ma douce (französisch)	»meine Süße«, »mein Schatz«
marga jilbana	Eintopf mit Lamm (oder Rind) und Erbsen
marti	»meine Frau« (als Anrede)
mizmar	arabisches Blasinstrument
nana	die älteste Schwester
ochti	»meine Schwester« (als Anrede)
rajli	»mein Mann« (als Anrede)
shorba	Suppe
slabia	in Honig eingelegtes, schneckenförmiges Gebäck
tajine	rundes, aus Ton bestehendes Schmorgefäß mit kegelförmigem Deckel; bezeichnet auch die darin gekochten Speisen, meist Eintöpfe aus Kartoffeln, Gemüse und Fleisch oder Fisch
tay ben-na-na	Tee mit Minze, ein sehr beliebtes Getränk in Tunesien
wu enti men ahl el-cher	wörtlich: »dass du den Auserwählten angehörst«; ein besonders herzlicher Gutenachtgruß
ya lili, ya aini	»mein Augenlicht« (als Liebkosung)
ya sayyed	»oh (mein) Herr« (als Anrede)
zaghQaried	Freudentriller der Frauen

Weitere Titel
von Fackelträger

Fackelträger